Klaus W. Vopel / Rainer E. Kirsten

Kommunikation und Kooperation

Ein gruppendynamisches Trainingsprogramm

Verlag J. Pfeiffer · München

Mitglied der »verlagsgruppe engagement«

Nr. 11
Reihe »Leben lernen«
herausgegeben von Lorenz Wachinger

Printed in Germany
Druck: Manz, Dillingen/Donau
Zeichnungen von Hilke Peters
Umschlagentwurf: Hermann Wernhard

ISBN 3-7904-0137-4

Inhalt

Vorwort

Das gruppendynamische Trainingsprogramm »Kommunikation und Kooperation« ist im Rahmen eines hochschuldidaktischen Forschungsprojekts entwickelt worden, das die Leiter von Lern- und Arbeitsgruppen sowie deren Mitglieder darauf vorbereiten soll, effektiver mit und in einer Gruppe zu lernen. Ausgangspunkt ist die Hypothese, daß intellektuelles Lernen und Arbeiten für den einzelnen um so ergiebiger wird, je intensiver die emotionelle Beteiligung am Lernprozeß ist: Lehren und Lernen in der Gruppe werden schöpferisch und motivierend, wenn der Erwerb von Sachwissen und die Lösung von Problemen von lebendigen Interaktionen zwischen *allen* Gruppenmitgliedern begleitet werden.

Das Forschungsprojekt wurde Anfang des Jahres 1971 von mir konzipiert und im Juli unter dem Arbeitstitel GIS (Entwicklung eines Kompaktkurses für Gruppendynamik, Interaktionsanalyse und Simulated Social Skill Training) dem Wissenschaftlichen Beirat der Arbeitsgruppe »Fernstudium im Medienverbund« (FIM) am Deutschen Institut für Fernstudien vorgelegt. Antragsteller war Prof. D. *H.-R. Müller-Schwefe* für das Institut für Praktische Theologie an der Universität Hamburg. Dort wurde das Projekt organisatorisch angebunden, als der Projektantrag Ende 1971 genehmigt wurde.

Anregungen für das Projekt kamen zunächst von verschiedenen Gruppenverfahren, die im Feld der humanistischen Psychologie in den letzten Jahren entwickelt wurden, um die affektiven und kognitiven Elemente des Lernens methodisch miteinander zu verbinden. Therapeuten und Pädagogen wie z. B. *Carl Rogers* (1969), *Neill Postman* (1969), *Terry Borton* (1970), *William Glasser* (1969), *Fritz Perls* (1951) und *Ruth C. Cohn* (1970) hatten Lernstrategien für Gruppen entwickelt, bei denen die Lernenden persönlich beteiligt sind, so daß sie Lernen wieder als einen phantasievollen und anregenden Prozeß erleben können.

Die Gruppenpraxis der genannten humanistischen Psychologen hatte jedoch einen wesentlichen Nachteil: Sie arbeiteten mit speziell trainierten Gruppenleitern, welche die Interaktio-

nen in den von ihnen veranstalteten Gruppen strukturieren. Angesichts der geringen Anzahl von verfügbaren Trainern in der BRD und des mit solchen Trainings verbundenen hohen Aufwands an Zeit und Geld stellte sich die Frage, ob die Ausbildung von Gruppenleitern und -mitgliedern auch ohne professionelle Trainer möglich sei.
An dieser Stelle wurden für die Projektplanung die positiven Erfahrungen wichtig, die in den USA mit programmierten Gruppen gemacht worden waren. Dort hatten Tonbänder, Übungsmanuale, Schallplatten, Fragebögen usw. die Funktion des Gruppenleiters übernommen.
Forschungsprogramme am Human Development Institute (Berlin, 1964), am Western Behavioral Sciences Institute (*Berzon* and *Solomon,* 1966) und in verschiedenen Psychiatrischen Kliniken (*Johnson, Hansen, Rothaus, Morton, Lyle* und *Moyer*, 1965) hatten erwiesen, daß programmierte Gruppen wirksame Lernprozesse für die Gruppenteilnehmer ermöglichen. *Gibb* hat in seiner Auswertung der vorliegenden Forschungsberichte über Human Relations Training und Therapiegruppen* darauf hingewiesen, daß es keine klaren Hinweise dafür gibt, daß programmierte Gruppen andere Lernergebnisse herbeiführen als nichtprogrammierte; es spricht vielmehr einiges dafür, daß sie – entsprechend der Güte der verwendeten Programme – ebenso effektiv sein können wie Gruppen, die von guten professionellen Trainern geleitet werden (*Gibb,* S. 852).

An diese amerikanischen Erfahrungen anknüpfend, wurden im GIS-Projekt der Kommunikations- und der Kooperationskurs so programmiert, daß Gruppen ohne professionellen Trainer damit arbeiten können. Die Programme wurden während der Erprobung in über dreißig Gruppen dreimal gründlich revidiert und so verfeinert, daß sie über den ursprünglichen Universitätsbereich hinaus heute in Schulen, psychiatrischen Kliniken, Fachhochschulen, in der staatlichen Verwaltung und im Managementtraining erfolgreich benutzt werden.

Besonderer Dank gilt meiner Frau, *Renate Vopel,* die bei der Weiterentwicklung des Trainingsdesigns beider Kurse als kri-

* *Jack R. Gibb,* The Effects of Human Relations Trainings, S. 839 ff.

tischer und anregender Gesprächspartner den Verfassern oft auf die Sprünge half.
Wir danken weiter den beiden Projektberatern, *Ulla Schwarz* und *Jürgen Halberstadt*, sowie den Mitgliedern des Beraterkreises an der Universität Hamburg, die alle den Verfassern mit Rat und Tat zur Seite standen. Schließlich danken wir dem Wissenschaftlichen Beirat des FIM, daß er das Risiko einging, ein *gruppendynamisches* Forschungsprojekt zu verantworten, und der Stiftung Volkswagenwerk, aus deren Mitteln das Projekt finanziert wurde.

Hamburg, im Juli 1974 *Kaus W. Vopel*

Einleitung

1. PROBLEMSTELLUNG

Die vorliegenden zahlreichen Berichte über Schwierigkeiten in Lern- und Arbeitsgruppen (vgl. Stiftung Volkswagenwerk 1970, *Sader* 1970, *Sperling* 1970) lassen immer wieder erkennen, daß sowohl die Mitglieder von Arbeitsgruppen als auch die Gruppenleiter oft genug nicht angemessen auf die besonderen Erfordernisse der Kleingruppenarbeit vorbereitet sind.

Als *Störfaktoren auf seiten der Gruppenteilnehmer* lassen sich etwa nennen:

- extrinsische Motivation als Straf- und Sanktionsvermeidung, bedingt durch ungünstige Sozialisation im Elternhaus und in der Schule,
- utopische Erwartungen, daß Kleingruppenarbeit die intensive Einzelarbeit ersetzt,
- Konkurrenzstreben, bedingt durch die gesellschaftliche Überbewertung des Leistungsprinzips,
- verdeckte Machtkämpfe unter den Gruppenmitgliedern,
- Konsensusschwierigkeiten über methodisches Vorgehen und Auswahl der Inhalte,
- Schwierigkeiten in der Abklärung der gemeinsamen Interessen und in der Bestimmung des Gruppenziels,
- Mißtrauenssymptome (Konfliktvermeidung; Zweifel an der Fähigkeit der Gruppe; Beharren auf rigiden Kontrollmechanismen; Vermeidung von Gefühlen),
- Kommunikationsschwierigkeiten (Unfähigkeit, aufeinander zu hören und Gefühle und Wahrnehmungen präzise und aufrichtig mitzuteilen),
- Abhängigkeit vom Gruppenleiter

usw.

Als *Störfaktoren auf seiten der Gruppenleiter* lassen sich anführen:

- Furcht, Mißtrauen und mangelndes Zutrauen zu den Fähigkeiten der Gruppenmitglieder und dadurch bedingte per-

fektionistische Führung und Planung ohne Transparenz für die Gruppenmitglieder,
- Betonung konvergenten Denkens (die Teilnehmer sollen die – und nur die – Arbeitsergebnisse erzielen, die dem Leiter schon bekannt sind oder ihm vorschweben),
- Prüfungs- und Leistungsorientierung, Belohnung angepaßten Verhaltens,
- Übernahme der alleinigen Verantwortlichkeit und Führung durch Überredung und Bevormundung,
- Versuch, die Gruppenmitglieder von sich abhängig zu machen,
- Formalisierung der Gruppenarbeit durch zu feste Rollenverteilung und Arbeitsvorschriften

usw.

Durch das Zusammenwirken der verschiedenen hier genannten Schwierigkeiten wird die Gruppenarbeit schwer belastet, alle Beteiligten müssen mit unverhältnismäßig hoher psychischer Energie arbeiten und verlieren so schnell das Vergnügen an der Gruppenarbeit, sie reagieren mit Apathie oder Aggressivität, ihre Arbeitsergebnisse bleiben unbefriedigend usw.

Die Ursache für diese Schwierigkeiten liegt nicht primär in den fachlichen Qualitäten der Beteiligten, sondern vor allem in deren unzweckmäßigen psychosozialen Interaktionen; Gruppenmitglieder und -leiter übersehen allzuleicht, daß Lernen nicht nur intellektuelles Verhalten erfordert, sondern von affektiven Prozessen begleitet wird, und daß eine Arbeitsgruppe ein soziales System ist, das an Einsichten und Einstellungen *aller* Mitglieder bestimmte Anforderungen stellt. »Der Weg zur Themenbewältigung in der kleinen Gruppe führt unvermeidlich über die Klärung der emotionalen Beziehungen der Gruppenmitglieder untereinander. ... Es ist unmöglich, in notwendigerweise länger bestehenden kleinen Gruppen Sachfragen zu lösen, ohne zu wissen, was man von den einzelnen Mitgliedern als Person zu halten hat, oder – anders ausgedrückt – ohne ein Problembewußtsein für Emotionales zu entwickeln und eine höhere Stufe der Bewußtheit anzustreben« (*Sperling,* 1970).

2. ADRESSATEN DES TRAININGSPROGRAMMS

Kommunikations- und Kooperationskurs sollen die Moderatoren kleiner Lern- und Arbeitsgruppen für ihre spätere Tätigkeit gruppendynamisch ausbilden. Damit wird ein Beitrag zur Ausbildung der Ausbilder geleistet.
Wenn man darüber hinaus davon ausgeht, daß heute in allen Bereichen den Teilnehmern von Lern- und Arbeitsgruppen in zunehmendem Maße Gelegenheit zur Selbstorganisation ihrer Arbeit und zu schöpferischer Aktivität gegeben werden soll, dann erweist sich die Ausbildung nur der Ausbilder als unzureichend; es müssen vielmehr soweit wie möglich auch die Mitglieder von Lern- und Arbeitsgruppen für ihre Tätigkeit im Team ausgebildet werden. Daher soll das Tranningsprogramm gleichfalls einen Beitrag zum gruppendynamischen Training der Mitglieder von Projektgruppen, Studienzirkeln, Arbeitsgruppen usw. leisten (Team-Training).
Adressaten der Kurse sind also zum einen Moderatoren von Lern- und Arbeitsgruppen, zum anderen die Mitglieder von Lern- und Arbeitsgruppen mit und ohne formellen Leiter. Auf diese Weise ist eine flexible Anwendung des Trainingsprogramms möglich, indem je nach Bedarf entweder die Ausbilder oder die Auszubildenden selbst auf die Erfordernisse der Kleingruppenarbeit vorbereitet werden.

3. CHARAKTERISIERUNG DES GEWÜNSCHTEN NACHHER-VERHALTENS DER ADRESSATEN

Im folgenden soll der kategoriale Bezugsrahmen für die soziale Entwicklung von Gruppen dargestellt werden, auf dem das Trainingsprogramm aufbaut. *Gibb* (1964; 1968) unterscheidet vier Kategorien interpersoneller Beziehungen, die in allen Arten von Gruppen von entscheidender Bedeutung sind, und die jeweils Merkmale im Verhalten auf seiten der Leiter und/oder auf seiten der Teilnehmer umfassen. Die Kategorien beziehen sich auf vier Verhaltensbereiche, und zwar auf Akzeptierung, Information, Ziel und Kontrolle.

Bei der Kategorie *Akzeptierung* handelt es sich um die Akzeptierung der eigenen und fremden Persönlichkeit, d. h. um die Abnahme von Furcht vor bestimmten eigenen Eigenschaften,

Verhaltensweisen usw. sowie vor Eigenschaften und Verhaltensweisen anderer, ferner um die Entwicklung von Vertrauen zu den eigenen Möglichkeiten und zu den Fähigkeiten anderer.

Bei der Kategorie *Information* handelt es sich um den offenen Austausch von Daten über Gefühle und Wahrnehmungen, Haltungen und Einstellungen, Ideen und Probleme usw.

Bei der Kategorie *Ziel* geht es um die Entwicklung von Zielvorstellungen beim einzelnen und in der gesamten Gruppe sowie um die Integration der unterschiedlichen Zielvorstellungen im Handeln bei Entscheidungen und Problemlösungen.

Bei der Kategorie *Kontrolle* geht es sowohl um intra- wie um interpersonelle Kontroll- und Regulationsmechanismen, die zu geordneten Verhaltenssequenzen führen und zur Integration von verschiedenen Funktionen in strukturiertes soziales Verhalten.

Nach *Gibb* kann man annehmen, daß die Lösung der in einem der genannten Verhaltensbereiche auftretenden Probleme stets die Lösung der Schwierigkeiten in den jeweils vorgeordneten Verhaltensbereichen erfordert, und zwar in folgender Sequenz: Akzeptierung – Information – Ziel – Kontrolle.
Das heißt also, daß der einzelne nur dann die Probleme der Kommunikation (Kategorie Information) lösen kann, wenn er vorher die Probleme der Selbstakzeptierung (Kategorie Akzeptierung) gelöst hat. Für Gruppen wiederum bedeutet dieser Sachverhalt zum Beispiel, daß die Probleme der Orientierung (Kategorie Ziel) – etwa die Einigung auf eine gemeinsame Aufgabe – nur dann erfolgreich gelöst werden können, wenn vorher die Probleme der Kommunikation (Kategorie Information) gelöst sind, d. h. wenn die Gruppenmitglieder frei und offen miteinander sprechen können.

Sowohl auf seiten von Gruppenleitern und/oder auf seiten von Gruppenmitgliedern unterscheidet *Gibb* in seinen verschiedenen Publikationen über Gruppen mit und ohne Leiter persuasive und partizipative Verhaltensweisen. Während *persuasive* Verhaltensweisen das Gruppenwachstum beeinträchtigen, da sie zu Furcht und Mißtrauen, fassadenhaftem Verhalten, Unsicherheit und Verwirrung, Bevormundung und Abhängigkeit,

Gegenabhängigkeit und Feindseligkeit führen, fördern *partizipative* Verhaltensweisen die Gruppenentwicklung. Partizipative Verhaltensweisen führen zu Zuversicht und gegenseitiger Akzeptierung, Offenheit und Spontaneität, intrinsischer Motivation und Ich-Stärke, Permissivität und Interdependenz, Mitbestimmung und Kreativität.
Die Persönlichkeitsentwicklung des einzelnen sowie die Reifung der Gruppe werden durch partizipative Verhaltensweisen in folgenden entscheidenden Wachstumsdimensionen (in der Reihenfolge der Problemlösung in den einzelnen der obengenannten Verhaltensbereichen) gefördert:

Im Blick auf den einzelnen:
Vertrauen – Offenheit – Problemlöseverhalten und intrinsische Motivation – Permissivität und Interdependenz.

Im Blick auf die Gruppe:
freundliches Klima – wirklichkeitsbezogene Kommunikation – Zielintegration – funktionale Interdependenz.

Gibb folgend, sollen die Adressaten des Kommunikations- und Kooperationskurses *partizipative Verhaltensweisen* lernen, die wie folgt charakterisiert werden können:
Sie akzeptieren sich selbst und vertrauen den anderen (Kategorie Akzeptierung). Sie pflegen offene und freie Kommunikation und wirken mit an transparenten Entscheidungsprozessen. Sie formulieren ihre eigenen Gefühle und Wahrnehmungen spontan und bemühen sich um eine optimale Information durch alle relevanten Daten. Sie fördern spontane Aktionen anderer und sind selbst spontan (Kategorie Information). Bei Zielfindungsprozessen gestatten sie anderen, ihre eigenen Ziele herauszufinden und diese auf selbstbestimmte Weise zu realisieren (Kategorie Ziel). In organisatorischen Fragen realisieren sie ein interdependentes Verhalten und bemühen sich um eine lockere und informelle Organisation der Gruppe (Kategorie Kontrolle).

4. DIDAKTISCHE PRINZIPIEN FÜR DIE SEQUENTIERUNG DER LERNSCHRITTE

Verschiedene humanwissenschaftliche Forschungsergebnisse (*Abt* 1970; *Berzon* 1969; *Gibb* 1964, 1968; *Pfeiffer* usw. 1968 ff.)

lassen erwarten, daß der Erwerb partizipativer Verhaltensweisen dann optimal begünstigt wird, wenn

a) die einzelnen Lernschritte so angelegt sind, daß ein unmittelbar erfahrungsbezogenes Lernen durch die Teilnahme an den Interaktionen einer Gruppe ermöglicht wird, so daß der einzelne in der Lage ist,
   - neue, alternative Verhaltensweisen, Einstellungen und Werthaltungen zu erproben,
   - konstruktive persönliche Veränderungen (personal growth) an sich zu erleben,
   - zu erfahren, ein wichtiges Gruppenmitglied zu sein,
   - mehr Verantwortlichkeit für das eigene Verhalten zu übernehmen,
   - eine realistische Theorie für das eigene Verhalten herauszufinden, zu verbalisieren und zu erproben (Selbstkonzept);

b) der Lernprozeß auf der Basis mehr oder weniger strukturierter sozialer Situationen es dem Teilnehmer gestattet,
   - Denken, Fühlen und Handeln immer wieder zu integrieren durch die Kombination von Experimentierphasen mit Informations- und Diskussionsphasen,
   - Intensität und Richtung seiner Beteiligung an den Gruppenaktivitäten selbst zu bestimmen, so daß die emotionalen und intellektuellen Lernerfahrungen im wesentlichen selbst gesteuert und dosiert werden (vgl. dazu *C. W. Abt*, 1970),
   - mit seinem Verhalten zu experimentieren, es anschließend zu analysieren, um dann über eventuelle Konsequenzen (neue Verhaltensweisen usw.) selbst zu entscheiden,
   - die in den Experimentierphasen gemachten Erfahrungen durch kognitive Strukturen zu ordnen, und zwar durch eigene geistige Anstrengung, in der Diskussion mit den anderen Gruppenmitgliedern und mit Hilfe schriftlicher Informationsmaterialien sowie durch geeignete Informationen;

c) die Abfolge der einzelnen Lerneinheiten schwerpunktmäßig die Bearbeitung intra- und interpersoneller Probleme gestattet, die jeweils vorrangig gelöst werden müssen (sequentieller Erwerb von Kommunikations- und Kooperationsfertigkeiten).

5. ABFOLGE DER LERNEINHEITEN IM KURSPROGRAMM

Der *Kommunikationskurs* ist die Basis für den Kooperationskurs, da die Teilnehmer hier Probleme in den Verhaltensbereichen der Informationsbewältigung und sozialen Akzeptierung bearbeiten können, während sie im *Kooperationskurs* die Gelegenheit haben, die (komplexeren) Probleme in den Verhaltensbereichen der Entwicklung und Realisierung von Zielvorstellungen sowie von intra- und interpersonellen Kontroll- und Regulationsprozessen zu bearbeiten.
Es ist daher erforderlich, daß bei einem Training für Gruppenleiter oder für Teammitglieder zunächst der Kommunikationskurs absolviert wird, um dann unmittelbar anschließend oder in einigem zeitlichen Abstand das Kooperationstraining zu veranstalten. Die Lernerfahrungen aus dem Kommunikationskurs sind die Voraussetzung für ein erfolgreiches Kooperationstraining.

- *Kurzcharakteristik des Kommunikationskurses*

Es handelt sich bei diesem Kurs um ein kommunikationsbezogenes Lernprogramm für eine sich selbst steuernde Kleingruppe mit einem Moderator, der keine gruppendynamische Vorerfahrung benötigt.
Als Arbeitsmittel dienen verschiedene Interaktionsspiele (insbesondere Simulated Social Skill Training, Selbstkonfrontations- und Kommunikationsübungen). Informationsmaterial über Kommunikations- und Interaktionsprozesse ergänzt das Lernprogramm.
Der Kurs hat das Grobziel, die Kommunikationskompetenz der Teilnehmer zu verbessern. Lernziele im affektiven Bereich sind Offenheit und Vertrauen. Der Kurs besteht aus zehn etwa dreistündigen Sitzungen. Die optimale Gruppengröße liegt zwischen 10 und 14 Teilnehmern einschließlich Moderator.

• *Kurzcharakteristik des Kooperationskurses*
Hier handelt es sich um ein kooperationsbezogenes Lernprogramm für eine sich ebenfalls selbst steuernde Kleingruppe mit einem Moderator, der wiederum keine gruppendynamische Vorerfahrung zu haben braucht. Als Arbeitsmittel dienen verschiedene Interaktionsspiele (insbesondere Simulated Social Skill Training, problemlösungsorientierte Simulationsspiele und interaktionsanalytische Verfahren). Informationsmaterial über Kooperationsprozesse in Gruppen runden das Lernprogramm ab.
Der Kurs hat das Grobziel, die Kooperationskompetenz der Teilnehmer zu verbessern. Lernziele im affektiven Bereich sind Permissivität und Interdependenz. Der Kurs besteht aus zehn etwa dreistündigen Sitzungen. Die optimale Gruppengröße liegt auch hier zwischen 10 und 14 Teilnehmern einschließlich Moderator.

Die Lernziele für die einzelnen Übungseinheiten sind jeweils am Anfang der Kursunterlagen in einer Übersicht aufgeführt. Sie werden bei den Moderatorinformationen noch einmal wiederholt, da der Moderator zu Beginn jeder Übungseinheit den Teilnehmern einen kurzen Überblick über die Lernziele der bevorstehenden Stunde geben soll (nicht über die Übungsfolge!).

6. LERNEN DURCH INTERAKTIONSSPIELE

In den letzten zehn Jahren ist in den USA eine zunehmende Forschungstätigkeit zu beobachten, Interaktionsspiele für Kleingruppen mit und ohne Leiter zu entwickeln. Zu den bekanntesten Humanwissenschaftlern, die auf diesem Gebiet gearbeitet haben, gehören u. a. *R. Assagioli* (1965), *J. I. Berlin, B. Wyckoff* (1964), *B. Berzon, L. N. Solomon, J. I. Reisel* (1968), *J. I. Berlin* (1965), *G. I. Brown* (1971), *L. A. Huxley* (1962), *W. I. Malamud, S. Machover* (1965), *J. W. Pfeiffer, J. E. Jones* (1969 ff.), *M. Shiffman* (1967), *W. C. Schutz* (1967), *E. L. Shostrom* (1967), *L. N. Solomon, B. Berzon, C. W. Weedman* (1965).
Für das hier vorliegende Trainingsprogramm wurden eine Reihe geeigneter Interaktionsspiele von den amerikanischen

Kollegen unverändert übernommen, einige wurden abgewandelt, eine ganze Anzahl wurde neu entwickelt.

Interaktionsspiele sollen ein erfahrungsbezogenes Lernen in Gruppen ermöglichen. Sie isolieren aus den komplexen Aspekten wirklicher sozialer Situationen einige wenige, aber wesentliche Elemente, so daß die emotionale und intellektuelle Energie der Teilnehmer auf einen Brennpunkt gerichtet wird. Die Interaktionsspiele sind in der Regel so neuartig, daß die sozialen Fassaden der Teilnehmer gelockert werden und sie die Möglichkeit finden, sich selbst und andere aus ungewohnten Perspektiven zu sehen. Sie bieten Gelegenheit für neue Wege der Selbsterfahrung, der Fähigkeit, sich auszudrücken, und des sozialen Kontaktes.

Interaktionsspiele führen nur zu einer mäßigen psychischen Belastung bei den Teilnehmern durch die inhaltlichen und zeitlichen Grenzen, die mit der strukturierten Lernsituation gesetzt werden. Die Teilnehmer können sich in der Übungsphase sehr engagieren und in der Auswertungsphase – aus einem emotionalen Abstand heraus – ihr vorangegangenes Verhalten analysieren. Die Methode der Interaktionsspiele hilft den Teilnehmern, ihr Selbstkonzept zu überprüfen, es in eine von ihnen selbst gewünschte Richtung weiterzuentwickeln und neue Verhaltensweisen zu lernen.

Dabei können in den Interaktionsspielen Handlungsabläufe reproduziert bzw. variiert werden, die in der sozialen Realität nur schwer erprobt werden können, weil hier der Ernstfall-Charakter ein großzügiges Experimentieren erschwert. Die Chance, mit seinem Verhalten zu experimentieren und die sozialen Konsequenzen verschiedener Handlungsalternativen zu vergleichen, bedeutet eine wesentliche Verstärkung des Lernprozesses.

Insgesamt bieten Interaktionsspiele eine relative Sicherheit für die Beteiligten. Denn erstens sind die Auswirkungen des eigenen Handelns transparenter als in der sozialen Realität (vor allem durch Feedback der Gruppenmitglieder), zweitens reduziert der Laboratoriumscharakter der Gruppe (alle wollen experimentieren, so daß eine Situation entsteht, in der spielerische und ernsthafte Elemente beständig miteinander abwechseln) die Angst vor neuen Verhaltensweisen.

Die Interaktionsspiele im vorliegenden Trainingsprogramm sind strukturierte kommunikations- bzw. kooperationsbezogene Gruppenübungen, welche die Gruppenmitglieder dazu ermutigen, mit einer Mischung von Neugier, Spielverhalten und Risikobereitschaft mit sich und anderen zu experimentieren.

Sie stellen meist locker strukturierte soziale Situationen her, deren Handlungsanweisungen ein starkes Ausmaß an sozialer Sicherheit gewähren. (Dabei haben die Teilnehmer stets die Möglichkeit, an bestimmten Übungen, denen sie sich nicht gewachsen fühlen, nicht teilzunehmen.)

Die Interaktionsspiele finden in verschiedenen Settings statt (z. B. Übung in der Paarverbindung, im Quartett, in Siebenergruppen usw., im Plenum) und beinhalten unterschiedliche psychische Techniken (Gestalttechniken, Selbstkonfrontationsübungen, nonverbale Übungen, Rollenspiel, Simulated Social Skill Training).

Dabei zielen die Interaktionsspiele nicht so sehr darauf ab, persönliche Probleme und persönliche Schwächen aufzudekken, sondern vielmehr darauf, dem einzelnen Erfahrungsmöglichkeiten anzubieten, seine Stärken und Möglichkeiten besser kennenzulernen.

Die verwendeten Interaktionsspiele ermöglichen den Gruppenteilnehmern,

- besseren Kontakt zur eigenen Gefühlswelt und zu den Gefühlen anderer zu entwickeln,
- eine größere Offenheit für eigene Erfahrungen zu entwikkeln und eigene Erfahrungen nicht defensiv zu erforschen,
- mehr Verständnis für das eigene Verhalten in Gruppen zu entwickeln,
- die Auswirkungen des eigenen Verhaltens auf andere realistischer einzuschätzen,
- neues kommunikatives und kooperatives Verhalten in der Gruppe zu erproben,
- das eigene Selbstkonzept kritisch zu überprüfen, mit dem eigenen aktuellen Verhalten zu vergleichen und ggf. zu modifizieren.

Die im Kommunikations- und Kooperationskurs verwendeten Interaktionsspiele erfüllen eine Reihe weiterer wichtiger Kriterien:

- Sie basieren nicht auf simplen Reiz-Reaktions-Techniken, sondern berücksichtigen kognitive Komponenten.
- Sie sind relativ leiterunabhängig, d. h. sie können ohne gruppendynamisch vorgebildeten Leiter verwendet werden.
- Sie können sowohl im Rahmen des Trainingsprogramms angewendet werden als auch im alltäglichen Rahmen von Arbeits- und Lerngruppen, die ein Teamtraining absolviert haben. Einzelne Interaktionsspiele können dann spezifische Skills, die in der Gruppe momentan fehlen, einüben.

7. TEILNEHMER DES TRAININGSPROGRAMMS

Das Programm wurde ursprünglich für Kleingruppenleiter an der Universität entwickelt. Inzwischen ist das Programm erfolgreich auch in anderen Bereichen angewandt worden. Positive Ergebnisse berichteten Schülergruppen an Gymnasien, Lehrergruppen an verschiedenen Schultypen, Studentengruppen von Fachschulen, Managementtrainingsgruppen, Gruppen mit Führungskräften aus der Verwaltung.

Die optimale Gruppengröße liegt zwischen 12 und 14 Teilnehmern. Der Kurs darf nicht zu klein sein, weil sonst die für die aktuelle Lernsituation notwendige Dynamik fehlt; er darf nicht zu groß sein, weil dann die Gruppenkohäsion leiden würde und die Entwicklung von Offenheit und Vertrauen möglicherweise behindert wird.

Wesentlich für den Erfolg ist die Motivation der Teilnehmer; diese ist ideal, wenn die Teilnehmer genau das lernen wollen, was sie im Programm lernen können. Daher ist es sinnvoll, den potentiellen Teilnehmern spezifische Informationen über das Lernangebot der Kurse vor Beginn zukommen zu lassen, z. B. durch das ausführliche Papier »Was Sie im Kommunikationskurs lernen können« oder durch eine mündliche Kursbeschreibung usw.

Besonders aussichtsreich ist die Verwendung des Programms im Teamtraining, d. h. für Leute, die in natürlichen Gruppen zusammenarbeiten.

Dabei können Normen ausgebildet werden, welche die neuen Kommunikations- und Kooperationsfertigkeiten der Teilnehmer als sozial erwünscht deklarieren. Diese Chance ist nicht gegeben, wenn einzelne an einem Training teilnehmen und hinterher – sozusagen als Einzelkämpfer – versuchen, neue Verhaltensweisen im Umgang mit ihren nicht trainierten Kollegen zu realisieren.
Ein Gesichtspunkt ist für ein Teamtraining allerdings außerordentlich wichtig: Gerade hier müssen *alle* Teilnehmer an der Trainingserfahrung interessiert sein. Teams mit überdurchschnittlich starken Konflikten sollten zwar ebenfalls ihre Kommunikation und Kooperation durch ein Training verbessern, in diesem Fall aber mit einem in der Organisationsentwicklung erfahrenen Human-Relations-Trainer (1).

8. DURCHFÜHRUNG DES TRAININGSPROGRAMMS

Die erfolgreiche Organisation der Trainingskurse für Kommunikation und Kooperation hängt von folgenden Faktoren ab:

1. Die Teilnehmer müssen motiviert sein. Es ist wichtig, daß sie freiwillig an dem Training teilnehmen und daß sie über Lernziele und Lernstrategien informiert sind*. Es ist unbedingt erforderlich, daß die Gruppenmitglieder bei jeder Sitzung anwesend sind, da die Lernprozesse in Sequenzen und kumulativ erfolgen.
2. Der Moderator sollte das Programm vorher gründlich studiert haben. Wenn er zuvor als Teilnehmer an dem Trainingsprogramm teilgenommen hat, wird ihm seine Aufgabe noch leichter fallen.
3. Zu den Aufgaben des Moderators gehört die Vervielfältigung der Teilnehmermaterialien, die Bestandteil jeder Lerneinheit sind.
4. Ein spezifischer Zeitplan für die Abfolge der Übungseinheiten ist notwendig und sollte zu Beginn des Kurses vom Moderator mit der Gruppe festgelegt werden.

Möglichkeiten für die Abfolge der zehn Sitzungen jedes Kurses ergeben z. B. folgende Zeitpläne:

---

* (s. S. 40 »Was Sie im Kommunikationskurs lernen können«).

- ein 3-Tage-Kurs,
- zwei Wochenendkurse mit jeweils fünf Sitzungen,
- ein 10-Tage-Programm mit jeweils einer Sitzung pro Tag,
- ein 5-Tage-Programm mit jeweils zwei Sitzungen am Tag,
- ein 10-Wochen-Programm mit jeweils einer Sitzung wöchentlich,
- ein 5-Wochen-Programm mit jeweils zwei Sitzungen wöchentlich.

Je nach den zeitlichen Möglichkeiten der Teilnehmer und den örtlichen Gegebenheiten kann das Programm sehr flexibel eingesetzt werden. Eine zeitlich gestreckte Absolvierung des Programms gibt manchen Teilnehmern unter Umständen eine bessere Möglichkeit zur Assimilation des Gelernten. Andererseits bietet die Zusammenziehung des Programms auf einen 3-Tage-Kurs intensivere Lernerfahrungen und eine bessere Gruppenkohäsion.

Insbesondere für Teamtrainings hat sich das dreitägige Format als optimal erwiesen. Dabei ist es wichtig, ausreichend Zeit für Pausen einzuplanen.

Ein bewährter Zeitplan für den Kommunikations- bzw. Kooperationskurs sieht folgendermaßen aus (mit abendlicher Anfangssitzung):

	1. Tag	2. Tag	3. Tag	4. Tag
9.00 bis 12.00 Uhr	–	ÜE 2	ÜE 5	ÜE 8
		Mittagessen		
14.00 bis 17.00 Uhr	–	ÜE 3	ÜE 6	ÜE 9
		Abendessen		
	Anreise			
19.00 bis 22.00 Uhr	ÜE 1	ÜE 4	ÜE 7	ÜE 10

5. *Als Trainingsraum* sollte ein ruhiger Raum von etwa 40 qm dienen mit beweglichen Stühlen, Teppichboden und ohne Tische. Der Raum muß auf jeden Fall groß genug sein, daß auch Paar- und Trioaktivitäten gleichzeitig stattfinden können, ohne daß sich die Teilnehmer gegenseitig behindern. Die Arbeit im selben Raum ist nötig, damit der Moderator seine Informationen allen geben kann.

9. KURSUNTERLAGEN

In dem Trainingsprogramm wird deutlich unterschieden zwischen Moderatorinformationen (MI) und Teilnehmermaterialien (TM). Die Moderatorinformationen sind das Kernstück des Programms. Sie strukturieren als Übungsanweisungen die Gruppenlernsituation. Sie sind nur für die Hand des Moderators bestimmt. (Es ist ungünstig, wenn die Teilnehmer die Moderatorinformationen vorher lesen, da die Kenntnis der Interaktionsspiele die gewünschte offene und experimentelle Haltung erschwert und bei einzelnen Teilnehmern Befangenheit und Lampenfieber hervorrufen könnte.)

Nur die genaue Befolgung der erprobten Übungsanleitungen gewährleistet die erwünschte (relative) Standardisierung und Kontrollierbarkeit der Interaktionen und damit den Lernerfolg. Insgesamt folgt die Anordnung der Interaktionsspiele zwei Prinzipien:

1. Die Interaktionsspiele führen zum sequentiellen Erwerb bestimmter Kommunikations- und Kooperationsfertigkeiten; sie sind so angeordnet, daß jede Übung Anwendung und Transfer der zuvor erlernten Fertigkeiten erlaubt.
2. Die Interaktionsspiele folgen einem gruppendynamischen Modell der Gruppenentwicklung und bearbeiten auch typische, aus der Eigendynamik der Gruppe sich ergebende Interaktionsprobleme.

Die Teilnehmermaterialien müssen vom Moderator vervielfältigt werden und an den angegebenen Stellen an die Gruppenmitglieder verteilt werden.
Es ist günstig, wenn die Teilnehmer die Materialien in einem Schnellhefter sammeln, so daß sie bei Bedarf auf früher erhaltene Informationen zurückgreifen können.
Die Teilnehmermaterialien sind nach folgenden Prinzipien entwickelt worden:

1. Das Teilnehmermaterial ist entsprechend den einzelnen Interaktionsspielen ebenfalls in Abschnitte aufgeteilt.
2. Die Teilnehmermaterialien beziehen sich jeweils auf ein Interaktionsspiel. So wird die gewünschte Lern-

aktivität gewahrt. Außerdem erleichtert das Informationsmaterial die intellektuelle Vorbereitung bzw. Verarbeitung der Experimente.

3. Die Teilnehmermaterialien sind möglichst kurz gehalten und möglichst einfach formuliert.
4. Sie werden durch zahlreiche Beispiele und Bilder konkretisiert, um den gewünschten Lerneffekt in der zur Verfügung stehenden kurzen Zeit zu erreichen.

10. KURSLEITUNG

Die Aufgaben des Moderators sind ausführlich in den »Hinweisen für den Moderator« am Anfang des Kommunikationskurses (s. S. 35) beschrieben.

Der Moderator gibt die Anweisungen für die Interaktionsspiele, er teilt die Teilnehmermaterialien aus, er sorgt für die zeitliche Strukturierung des gesamten Kurses und der einzelnen Sitzung, er leitet die Gruppendiskussion in den Auswertungsphasen.

Seine wichtigste Aufgabe ist es, sicherzustellen, daß kein Gruppenmitglied auf irgendeine Weise von anderen zu irgendeinem Verhalten (z. B. auch zur Teilnahme an einer bestimmten Übung) gezwungen wird, zu dem der Betreffende selbst nicht *freiwillig* bereit ist.

Darüber hinaus gehört es zu seiner Funktion, die Einhaltung der Kommunikationsspielregeln zu gewährleisten, die im Vorspann »Was Sie im Kommunikationskurs lernen können« aufgeführt sind.

Das Programm erfordert nicht, daß der Moderator ein Experte für Kommunikations- und Kooperationsprozesse ist. Der Moderator hat keine Verantwortung für den Lernerfolg der Teilnehmer, er soll die Gruppenmitglieder auch nicht in den Fertigkeiten unterrichten, die gelernt werden sollen. Diese Funktion übernimmt das Trainingsprogramm selbst und die gemeinsamen Bemühungen der Teilnehmer in Interaktionsspielen und Auswertungsdiskussionen.

Die Moderatorinformationen geben dem Moderator die notwendigen Instruktionen für seine Tätigkeit. Der Moderator sollte sie so gründlich studieren, daß er in den Sitzungen in der Lage ist, sie in eigenen Worten und in seinem persönlichen Stil weiterzugeben. Es ist wichtig, daß der Moderator sich knapp und verständlich ausdrückt, mit einer gewissen Leichtigkeit und nicht wie ein preußischer Exerziermeister.

Für alle Moderatoren, die nicht beträchtliche gruppendynamische Vorerfahrungen durch solides professionelles Training haben, gilt:

Keine Veränderungen an dem einzelnen Interaktionsspiel und an ihrer Abfolge.

Der Erfolg des Trainingsprogramms als Ganzem und der vieler Interaktionsspiele hängt von der Einhaltung der Sequenz ab.

Eine ganze Reihe der Interaktionsspiele aus dem Programm läßt sich auch im Kontext der normalen Arbeit in Lern- und Arbeitsgruppen zur Bearbeitung von Störungen und zur Verbesserung der aktuellen Kommunikations- und Kooperationskompetenz aller Beteiligten verwenden.

Für gruppendynamisch nicht speziell trainierte Leiter gilt hier: Die Verwendung einzelner Interaktionsspiele ist dann problemlos, wenn die Gruppe ein Teamtraining absolviert hat (mindestens den Kommunikationskurs, besser auch noch den Kooperationskurs) und wenn alle Mitglieder zu einem solchen Experiment bereit sind.

Im Rahmen des GIS-Forschungsprojektes wurde speziell für die laufende Bearbeitung gruppendynamischer Prozesse in Lern- und Arbeitsgruppen ein Transferseminar entwickelt, das Kleingruppenleiter auf diese Arbeit vorbereitet. Die Erfahrungen haben gezeigt, daß ein solches Transferseminar auf die Mitwirkung eines professionellen Leiters angewiesen ist, d. h., es ist nicht unbegrenzt reproduzierbar und standardisierbar wie das vorliegende Trainingsprogramm. Gruppenleiter, die ihre Kompetenz in der angegebenen Richtung erweitern wollen, müssen sich an geeignete Trainingsinstitutionen wenden (2).

11. ERWARTETE TRAININGSERGEBNISSE

Ein detaillierter Erfahrungsbericht über die Evaluation des Kommunikations- und Kooperationstrainings im Rahmen des GIS-Projekts wird im November 1974 erhältlich sein.

Wenn das vorliegende Trainingsprogramm instruktionsgemäß veranstaltet wird, kann damit gerechnet werden, daß zwischen 90 und 95% der Teilnehmer ihre Lernerfolge als positiv einschätzen. Diese Erwartung ist dann gültig, wenn

- die Teilnehmer noch nicht über die im Programm erwerbbaren Kompetenzen verfügen,
- die Teilnehmer mit realistischen Erwartungen an das Programm herangehen,
- die Teilnehmer gern und freiwillig teilnehmen.

Im einzelnen kann erwartet werden, daß

- die Persönlichkeitsentwicklung (personal growth) der Teilnehmer gefördert wird,
- die Teilnehmer ihre in den Lernzielkatalogen der beiden Kurse spezifisch angegebenen Kommunikations- und Kooperationskompetenzen erweitern,
- Gruppenleiter ihre Kompetenz im Sinne einer mehr partizipativen Gruppenleitung verbessern,
- langfristig zusammenarbeitende Gruppen in ihrer Kommunikations- und Kooperationsfähigkeit gestärkt werden.

Damit das Trainingsprogramm weiter verbessert und ggf. auch spezifische neue Programme für weitere Ziele entwickelt werden können, bitten wir Sie, uns Ihre Erfahrungen und Anregungen mitzuteilen. Schreiben Sie bitte an den Verlag oder direkt an die Verfasser (3).

Klaus W. Vopel

1 DAGG, c/o *Pio Sbandi,* A-6020 Innsbruck, Sillgasse 6
Zentrum für Gruppendynamik Bonn, 53 Bonn, H.-Fritsch-Str. 9
ISKO, 2 Hamburg 26, Sievekingallee 86

2 WILL-Europa, c/ *Louis Lambelet,* CH-4051 Basel, Rütlistraße 47
ISKO, 2 Hamburg 26, Sievekingsallee 86

3 *Rainer E. Kirsten,* 2 Hamburg 13, Hartungstraße 7a
Klaus W. Vopel, 2 Hamburg 26, Sievekingsallee 86

ERKLÄRUNG DER ABKÜRZUNGEN UND ZEICHEN

MI *Moderatorinformation*

Die Moderatorinformationen sind für den schnelleren Überblick in der rechten oberen Ecke mit diesem Zeichen versehen.

TM *Teilnehmermaterial*

Bei diesen Blättern handelt es sich jeweils um Teilnehmermaterialien.

Ü.E. *Übungseinheit*

► Dieses Zeichen weist hin auf einen besonders wichtigen Gedanken.

● Dieses Zeichen hebt die Beispiele hervor, die den Text konkretisieren.

Klaus W. Vopel

Kommunikationskurs

Hinweise für den Moderator

Der Kommunikationskurs enthält zwei Typen von Papieren, die Moderatorinformationen und die Teilnehmermaterialien.
Die Moderatorinformationen sind nur für die Hand des Moderators gedacht, der sie schrittweise an die Gruppe übermitteln soll. Damit soll kein Geheimwissen für den Moderator gegeben, sondern es soll erreicht werden, daß die Teilnehmer unvoreingenommen die jeweilige Übung praktizieren können. Für viele Teilnehmer würde die Information: »In der nächsten Sitzung ist der Heiße Stuhl an der Reihe« dazu führen, daß sie anfangen, sich vorzustellen, welche Schwierigkeiten auf sie zukommen und wie sie diesen am besten begegnen können. Das aber würde eine spontane und situationsgerechte Teilnahme an der Übung erschweren.

Bitte bereiten Sie sich gut auf die einzelnen Sitzungen vor, indem Sie sich insbesondere mit den Moderatorinformationen vertraut machen. Bitte versuchen Sie, die Übungsanweisungen frei und in Ihren eigenen Worten zu formulieren.
Versuchen Sie, sich mit der spezifischen Eigenart der jeweiligen Übung vertraut zu machen, und überprüfen Sie Ihre eigene emotionale Reaktion auf die Übung. Wenn Sie feststellen, daß Sie selbst neugierig sind, können Sie das später durch die Art Ihrer Einführung den Teilnehmern vermitteln und so die Gruppe vielleicht anregen. Ebenso sollten Sie den Teilnehmern nicht verheimlichen, wenn Sie ein ambivalentes Gefühl haben. In diesem Fall könnten Sie sagen: »Die kommende Übung finde ich selbst ziemlich schwierig, und ich fühle mich etwas unsicher. Laßt euch aber nicht durch meine Einstellung beeinflussen, vielleicht könnt ihr ja sogar besonders viel mit der Übung anfangen.«
Achten Sie vor jeder Sitzung darauf, daß Sie alle Materialien beisammen haben, so daß Sie diese programmgemäß an die Teilnehmer verteilen können*.
Überzeugen Sie sich am Ende jeder Sitzung davon, daß alle

* Da die Teilnehmermaterialien ein wesentlicher Bestandteil des Trainingsprogramms sind, gibt Ihnen der Verlag das Recht, diese für Ihre Gruppenmitglieder zu vervielfältigen.

Teilnehmer die vorgesehenen Materialien erhalten haben. Machen Sie den Teilnehmern den Vorschlag, die Materialien in einem Schnellhefter zu sammeln und diesen zu jeder Gruppensitzung mitzubringen.
Weisen Sie die Teilnehmer auch bitte darauf hin, daß sie die Übungsmaterialien behalten dürfen, daß sie jedoch nicht berechtigt sind, diese Materialien zu vervielfältigen.

Eine situationsgerechte Einteilung der verfügbaren Zeit gehört zu Ihren wichtigsten Aufgaben. Wenn Sie zu schnell oder zu langsam vorgehen, frustrieren Sie viele Gruppenmitglieder. Andererseits können Sie damit rechnen, daß für einzelne Teilnehmer das Tempo in der jeweiligen Situation doch zu schnell oder zu langsam ist. Sie müssen einen Mittelweg herausfinden, der dem Arbeitstempo Ihrer spezifischen Gruppe angemessen ist. Die angegebenen Richtzeiten sollen Ihnen eine Orientierungshilfe sein.
In einzelnen Fällen kann es notwendig sein, die Zeiten zu überschreiten, insbesondere dann, wenn Übungen und Diskussionen im Plenum stattfinden. Wird die Plenumsdiskussion allerdings theoretisch und allgemein und läßt sich diese Situation nicht ändern, brechen Sie bitte mit einem entsprechenden Hinweis ab.
In diesem Fall ist entweder das Interesse am Thema erschöpft, oder das anstehende Problem überfordert die Gruppe emotional und/oder intellektuell.

Bitte verändern Sie die Übungsabfolge nicht. Sie bringen sonst die planmäßige Abfolge von Lernschritten durcheinander. Es ist allenfalls möglich, einzelne Einheiten bei Zeitmangel auszulassen.
Versuchen Sie, in Ihrem eigenen Verhalten ebenfalls die Kommunikationsregeln zu beachten, und teilen Sie der Gruppe Ihre eigenen emotionalen Reaktionen mit, insbesondere wenn Sie sich durch bestimmte Ereignisse oder Verhaltensweisen bei Gruppenmitgliedern gestört bzw. überfordert fühlen.

Ihre wichtigste Funktion besteht darin, daß Sie zwei Grundgesetze des Kommunikationskurses beachten, sie den Teilnehmern von Zeit zu Zeit erklären und ggf. ihre Einhaltung durchsetzen:

- Kein Teilnehmer darf gezwungen werden, etwas zu tun oder zu sagen, wozu er nicht selbst bereit ist.

  Beispiel: Die Gruppe bedrängt Erika, auf jeden Fall auf den Heißen Stuhl zu gehen. Sie als Moderator sagen: Ihr wißt, daß Freiwilligkeit die Voraussetzung für jede Übung ist. Bitte, Erika, sage selbst klipp und klar, ob du auf den Heißen Stuhl willst oder nicht. Tu es auf keinen Fall nur, um die Gruppe zufriedenzustellen.
  Oder Sie sehen, daß Hans längere Zeit im Mittelpunkt des Gruppeninteresses steht. Sie sind nicht sicher, wie Hans die Situation erlebt und fragen ihn: Hans, hast du eigentlich noch Lust, daß sich die Gruppe weiter mit dir beschäftigt?

- Interpretationen haben keinen Platz im Kommunikationskurs.

  Wenn Interpretationen kommen, machen Sie darauf aufmerksam, daß es sich um eine Interpretation handelt. Fordern Sie den entsprechenden Teilnehmer auf, seine persönliche Reaktion anstelle der Interpretation mitzuteilen.

Mit der Einhaltung dieser beiden Grundregeln können Sie sicherstellen, daß niemand stark verletzt wird.

Wenn ein Gruppenmitglied aus irgendeinem Grund in einer Sitzung anfängt zu weinen und/oder auf andere Weise zeigt, daß es emotional verwirrt ist, dann verhindern Sie, daß einzelne Teilnehmer mit billigen Tröstungen beginnen. (Das ist doch gar nicht so schlimm! – Du brauchst nicht traurig zu sein! usw.) Es ist sehr wichtig, gerade diese negativen Gefühle ernst zu nehmen, und die wichtigste Hilfe besteht darin, Verständnis für die Situation des betroffenen Teilnehmers auszudrücken und zum Ausdruck zu bringen, daß seine Trauer respektiert wird.

Zum Beispiel: Klara berichtet nach einer nonverbalen Übung, daß sie sich nicht daran erinnern kann, von ihrem Vater jemals zärtlich berührt worden zu sein. Sie bricht in Tränen aus. Alle Teilnehmer schweigen betroffen, einige zeigen, daß sie sich selbst der Situation nicht gewachsen fühlen. In diesem Fall sagen Sie: Klara, du berichtest etwas, was mich sehr betrifft. Ich kann dir deinen Kummer nicht abnehmen, aber ich will dir sagen, daß ich mich dir sehr nahe fühle und daß ich mich freue, daß du so viel Vertrauen zu der Gruppe hast, um deinen Schmerz hier auszudrücken.

Stoppen Sie auf jeden Fall alle Versuche, die Ursache des Problems weiter zu erforschen. Sie können auch fragen, ob andere ähnliche Erfahrungen gemacht haben.

Versuchen Sie, möglichst alle Übungen selbst aktiv mitzumachen. Wenn durch fehlende Teilnehmer die geplante Verteilung der Gruppenmitglieder auf die vorgesehenen Kleingruppen nicht möglich ist, improvisieren Sie und sehen Sie zu, daß alle Teilnehmer in irgendeiner Form beteiligt werden.

Bitte sorgen Sie dafür, daß während der Sitzungen nicht gegessen oder getrunken wird. Auf keinen Fall darf Alkohol genossen werden, damit die Wahrnehmungsmöglichkeit nicht eingeschränkt wird und keine Pseudostimulation das Prinzip der Selbstverantwortlichkeit aufhebt.

Versuchen Sie, die Sitzungen in einem möglichst behaglichen Raum (Teppichfußboden) stattfinden zu lassen, der auch einen störungsfreien Verlauf der Gruppensitzungen garantiert, um auf diese Weise zu einem entspannten Gruppenklima beizutragen.

Wenn Sie den Kurs als Moderator einer ambulanten Gruppe (mit wöchentlich einer Abendsitzung) durchführen, so weisen Sie die Teilnehmer bitte darauf hin, daß ihre Präsenz während aller Sitzungen unbedingt erforderlich ist, daß sie sonst selbst wichtige Lernschritte versäumen und andererseits auch als Partner für die anderen Teilnehmer ausfallen.

Bitte behalten Sie immer im Auge, daß der Kurs kognitive und emotionale Lernziele in gleicher Weise anstrebt und daß eine einseitige Betonung emotionaler oder intellektueller Prozesse in gleicher Weise ungünstig ist.

Weisen Sie – wenn nötig – die Teilnehmer darauf hin.

Das ist besonders wichtig im Hinblick auf die an die einzelnen Übungen anschließenden Auswertungsphasen. Versuchen Sie, die Teilnehmer in den Auswertungsgesprächen auf folgende Gesichtspunkte hinzuweisen:

- Was habe ich wahrgenommen?
  (z. B. Ich habe oft den Blickkontakt mit meinem Partner vermieden.)
- Was habe ich gefühlt?
  (z. B. Ich war zu Beginn der Übung sehr ängstlich und fühlte mich auch am Ende noch etwas unwohl.)
- Was bedeutet das für mein Verhalten?
  (z. B. Ich habe offensichtlich Schwierigkeiten, anderen Leuten lange in die Augen zu sehen, wenn ich dabei nicht sprechen kann. Das geht mir auch sonst so.)
- Was will ich mit diesen Erfahrungen anfangen?
  (z. B. Ich möchte üben, anderen Teilnehmern in die Augen zu sehen. Ich würde das gern einmal mit Peter versuchen, da ich vor ihm hier die wenigste Angst habe.)

Bitte weisen Sie bei den ersten Kurseinheiten immer wieder auf dieses Auswertungsschema hin, damit die Gruppe sich an diese Arbeitsform gewöhnt. Ohne solide Auswertung sind die Übungen nur halb so ergiebig. Insbesondere der letzte Schritt kann für den einzelnen von großer Bedeutung sein.

Was Sie im Kommunikationskurs lernen können

Bitte lesen Sie diese Einführung gründlich, damit Sie ungefähr einschätzen können, welche Fertigkeiten Sie in dem Kurs erwerben können.
Sie können diese Vorausinformationen auch noch auf eine besondere Weise für sich nutzbar machen: Unterstreichen Sie alles, was für Sie beim Lesen wichtig ist, was Sie gefühlsmäßig berührt. Gehen Sie anschließend den Text noch einmal durch, und wählen Sie die drei unterstrichenen Wörter bzw. Wortkombinationen aus, die Sie am emotional wichtigsten finden. Schreiben Sie diese auf ein Papier, und prägen Sie sich diese drei Items gut ein. Schließen Sie dann die Augen und machen Sie folgendes:
Sie nehmen an, daß eines dieser Items in irgendeinem Zusammenhang mit einer wichtigen Kindheitserfahrung steht. Lassen Sie Ihr Bewußtsein zurückgehen in die Zeit Ihrer Kindheit, und versuchen Sie herauszufinden, was Ihnen einfällt – sei es im Blick auf Ihre Eltern, die Geschwister und Spielkameraden, sei es im Blick auf Kindergarten, Schule usw.
Versuchen Sie dann, sich klarzuwerden, was diese Kindheitserfahrung für Ihr Verhalten bisher bedeutet hat und ob Sie daraus irgendein sehr persönliches Lernziel für sich aufstellen wollen.

> Zum Beispiel: Ich möchte meine Meinung zu einem Problem auch dann ausführlich vortragen, wenn andere mich schon beim ersten Satz unterbrechen und mir sagen, daß sie eine bessere Lösung haben; genau auf diese Weise hat mich mein Vater immer gehindert, selbständige Lösungen zu finden.

Notieren Sie bitte dieses Lernziel am Ende der Vorausinformationen, und nehmen Sie die Vorausinformationen auch während des Kurses ab und zu zur Hand (etwa nach der dritten, sechsten und neunten Übungseinheit), um festzustellen, wie weit Sie Ihrem persönlichen Lernziel nähergekommen sind.

• KURSZIELE

Der Kurs wurde für Leiter bzw. Mitglieder von kleinen Lern- und Arbeitsgruppen entwickelt. Die Serie der hierfür zusammengestellten Übungen bringt einige grundlegende Informationen über Kommunikationsprozesse. Wir nehmen an, daß Sie sicher mit einigen der kommenden Informationen bereits vertraut sind. Zugleich werden Sie aber nicht immer alle Kommunikationsprozesse genügend beachten. Der Kurs gibt Ihnen die Chance, Kommunikationsprozesse, an denen Sie und andere beteiligt sind, bewußter zu erleben, so daß Sie Ihre Kommunikationsfertigkeiten überprüfen und vielleicht verbessern können. Dazu bietet Ihnen jede Übung die Gelegenheit, ein bestimmtes Kommunikationsverhalten zu praktizieren und dann von den anderen Teilnehmern Informationen darüber zu erhalten, welche intellektuellen und emotionalen Auswirkungen Ihr Verhalten auf sie hat.
Der Kurs strebt also ebenso ein praktisches Kommunikationslernen an wie eine Erweiterung von Kenntnissen über Kommunikationsprozesse in Gruppen.
Um besser kommunizieren zu lernen, brauchen Sie die Interaktionen mit anderen in einer Gruppe. Der Kurs stellt Ihnen diese Gruppe zur Verfügung.
Damit Sie Ihr Kommunikationsverhalten nun nicht nur nach dem Lernprinzip von Versuch und Irrtum erforschen müssen, liegt dem Kurs ein ausgearbeitetes Übungsprogramm zugrunde. Damit Sie die im Rahmen des Programms möglichen Erfahrungen auch tatsächlich machen können, bitten wir Sie im folgenden um die Einhaltung einer Reihe von Kommunikationsregeln. Der Zweck dieser Regeln besteht darin, Ihnen eine hilfreiche Struktur für Ihre Gruppenerfahrung anzubieten. Bitte informieren Sie sich jetzt über die Kommunikationsregeln des Kurses sorgfältig und treffen Sie dann Ihre Entscheidung, ob Sie wirklich teilnehmen wollen.

Wenn Sie an dem Kurs teilnehmen wollen,
müssen Sie versuchen, sich an die
Kommunikationsregeln zu halten.

Wenn Sie in einen Tennisclub eintreten oder in eine Fußballmannschaft, wird ebenfalls von Ihnen erwartet, daß Sie die

dort geltenden Spielregeln akzeptieren. Genauso ist es im Kommunikationskurs.
Die Ziele des Kurses sind dementsprechend pädagogischer Natur (es geht darum, Kommunizieren zu *lernen*); es handelt sich nicht um irgendeine Art von Gruppentherapie, die sich mit der Durcharbeitung von Konflikten beschäftigt, die der einzelne in der Vergangenheit erlebt hat.
Am Ende des Kurses werden Sie voraussichtlich
- mehr über Kommunikationsprozesse wissen,
- wirksamer (d. h. offener, spontaner, klarer) kommunizieren können und
- motiviert und befähigt sein, in Gruppen, in denen Sie als Mitglied oder Leiter teilnehmen, an einer Verbesserung der Kommunikation mitzuwirken.

Um die erworbenen Fähigkeiten und Kenntnisse auf andere Gruppen zu übertragen, können Sie folgendes tun:
- Sie können durch eigenes Kommunikationsverhalten als Modellpartizipant wirken, der andere motiviert, günstige Kommunikationsweisen zu übernehmen.
- Sie können in Ihren Gruppen bestimmte, Ihnen wichtig erscheinende Kommunikationsregeln einführen.
- Sie können einzelne dieser Übungen in Ihrer Gruppe als »Kommunikationsexperte« vorschlagen und moderieren.
- Sie können ggf. den ganzen Kurs mit einer Gruppe durcharbeiten – am besten zu Beginn der betreffenden Gruppe.

• GRUPPENLEITUNG

Die Gruppe hat einen Moderator, der jedoch nicht als Gruppenleiter im traditionellen Sinn zu verstehen ist. Er ist auch kein gruppendynamischer Trainer. Im Normalfall wird der Moderator keine spezielle gruppendynamische Vorerfahrung haben. Er gibt die Anweisungen für die Übungen, teilt das Material aus und klärt die Gruppe über die Schritte jeder einzelnen Übungseinheit auf. Er sorgt für die zeitliche Strukturierung der Einheiten und moderiert die Gruppendiskussion, wobei er auf die Einhaltung der Kommunikationsregeln achten soll.
Niemals ist es die Aufgabe des Leiters, Sie in den Kommuni-

kationsfertigkeiten, die Sie lernen wollen, zu unterrichten. Als Lernhilfe dienen das schriftliche Material und die Übungen. Der Moderator erfüllt seine Rolle am besten als ein »Zeremonienmeister« und nicht als gruppendynamischer Spezialist.
Der Moderator ist ein Gruppenmitglied wie Sie auch und ebenfalls daran interessiert, seine Kommunikationskompetenz zu verbessern. Sehen Sie bitte in ihm weder eine allwissende Persönlichkeit noch einen mächtigen Führer. Die Aktivitäten der Gruppe sollen in erster Linie durch das Programm strukturiert werden, und wenn Ihnen hier oder da etwas am Programm mißfällt, geben Sie bitte die Schuld daran nicht dem Moderator.
Bitte beachten Sie, daß am Anfang einer Gruppe häufig viel Zeit damit verbracht wird, sich auf den Leiter zu konzentrieren, indem die Teilnehmer aus ihm eine Vaterfigur machen und Autoritätsprobleme mit ihm auszutragen suchen. Denken Sie im Kommunikationskurs daran, daß der Moderator hier – wie Sie selbst auch – lernen möchte, freier und offener zu kommunizieren.

• DAS PROGRAMM

Der Kommunikationskurs besteht aus zehn Übungseinheiten, die jeweils eine Übungszeit von etwa drei Stunden erfordern. Die Übungseinheiten sollen in der vorgegebenen Reihenfolge stattfinden, denn viele Übungen bauen auf den Fertigkeiten auf, die vorher erworben wurden.

• LERNPRINZIPIEN

▶ EXPERIMENTIEREN IM HIER UND JETZT

Sie können von dem Kommunikationskurs am meisten profitieren, wenn Sie eine experimentelle Einstellung mitbringen, d. h. Neugier und etwas Risikobereitschaft. Wir erwarten von Ihnen, daß Sie selbst aktiv mit den anderen kommunizieren. Dazu gehört, daß Sie bereit sind, darüber zu sprechen, in welcher Weise Sie sich selbst in der Gruppe erleben, in welcher Weise Sie Ihre Beziehungen zu den anderen Teilnehmern sehen und welche Reaktionen auf das Kommunikationsverhalten der anderen Gruppenmitglieder Sie bei sich entdecken. Der Kurs ist auf Experimentieren mit sich und anderen an-

gelegt. Sie haben Gelegenheit, in Ihrem Kommunikationsverhalten neue Wege zu gehen und Alternativen der Verständigung mit anderen zu erproben.
Hier haben Sie die Chance, sich so auszudrücken, wie Sie es im Alltag nicht tun. Wenn Sie normalerweise in einer Gruppe zu den Schweigern gehören, können Sie hier versuchen, häufiger das Wort zu ergreifen. Gehören Sie normalerweise zu den Wortführern einer Gruppe, können Sie hier üben, auf die Vorschläge anderer einzugehen und sie mit eigenen Vorstellungen zu verknüpfen.
Derjenige, der an dem Kommunikationskurs mit der Überzeugung teilnimmt, daß bei der Sache doch nichts herauskommen kann, wird für seine Person feststellen können, daß seine Prophezeiung wahrscheinlich eingetreten ist. Wir bitten Sie also, auf positive oder negative Vor-Urteile hinsichtlich des Gelingens des Kurses zu verzichten und sich Ihr Urteil immer erst aufgrund der konkreten eigenen Erfahrung zu bilden. Es gibt nur eine Möglichkeit festzustellen, was eine Kommunikationsübung für Sie bringen kann: die aktive Teilnahme und die anschließende Auswertung in der Gruppe.

Versuchen Sie, sich vor allem auf das Hier und Jetzt im Kurs einzustellen. Konzentrieren Sie sich auf die Erfahrungen, die Sie im Augenblick machen: diese sind für Ihre Lernprozesse entscheidender als die Beschäftigung mit vergangenen Erlebnissen oder zukünftigen Ereignissen. Wenn Sie es lernen, das Hier und Jetzt ernst zu nehmen und seinen Ansprüchen nicht zu entfliehen, werden Sie feststellen, daß Sie ein neues Gefühl von Selbstsicherheit und innerer Ausgeglichenheit in sich entwickeln können.
Wenn Sie über Ereignisse außerhalb der Gruppe sprechen wollen, dann versuchen Sie, deren Bedeutung zu verdeutlichen für das, was Sie im Augenblick erleben.

● Zum Beispiel: Ich möchte jetzt über das Problem der Schweiger sprechen. Als Tutor in meiner Arbeitsgruppe weiß ich oft nicht, wie ich die Schweiger aktivieren soll. In unserer Gruppe hier weiß ich im Augenblick auch nicht, was ich tun kann, damit Andreas, Franz und Beate ihr Dauerschweigen aufgeben.

Wenn Sie beständig über Dinge außerhalb der Gruppe sprechen, laufen Sie Gefahr, das Interesse der anderen zu verlieren. Bedenken Sie, daß Gespräche über Ereignisse außerhalb der Gruppe auch ein Versuch sein können, vor intensiven angenehmen und unangenehmen Gruppenerfahrungen zu fliehen.

Sie können im Kommunikationskurs Ihre Ziele nur verwirklichen, wenn Sie mit den anderen Teilnehmern kooperieren. Dazu gehört vor allem, daß Sie akzeptieren, daß jeder in der Gruppe spezifische Gefühle und Reaktionen zeigt, die nicht immer mit Ihren übereinstimmen müssen. Die Gruppe soll nicht dadurch zusammengehalten werden, daß alle dasselbe denken und fühlen, sondern durch die gemeinsame Überzeugung, daß Differenzen eine Realität sind, daß sie ausgesprochen und in ihren praktischen Auswirkungen untersucht werden müssen.
Geben Sie sich auf keinen Fall den Anschein, ein nettes Gruppenmitglied zu sein, nur um nicht aufzufallen. Sie können auch Ihre aggressiven Gefühle ausdrücken, solange Sie damit nicht den Anspruch erheben, daß sich andere so verhalten, daß Sie sich nicht ärgern müssen.

- Zum Beispiel: Peter, mich ärgert, daß du mich dauernd unterbrichst. Wenn du willst, daß ich mich in dieser Beziehung wohler fühle, kannst du versuchen, mich aussprechen zu lassen.

▶ KONKRETHEIT UND OFFENHEIT

Äußern Sie sich konkret und spezifisch.

- Sagen Sie also nicht: Mit einigen aus der Gruppe kann ich gut zusammenarbeiten.
  Sagen Sie lieber: Ich glaube, am besten kann ich mit dir, Klara, und mit dir, Frieder, zusammenarbeiten.

Reden Sie auch nicht die Gruppe insgesamt an, sondern wenden Sie sich möglichst an einzelne Teilnehmer.

- Sagen Sie also nicht: In der Gruppe scheint man heute wenig aufeinander zu hören.

Sagen Sie lieber: Peter, ich glaube, du hörst mir überhaupt nicht zu.

Wenn Sie sich an die ganze Gruppe wenden, hören Ihnen die anderen bestenfalls zu, in vielen Fällen bekommen Sie aber hierauf kein Echo.

Versuchen Sie, so konkret wie möglich zu sein, und vermeiden Sie vage Aussagen.

- So sagen Sie besser nicht: Ich habe heute keine Lust zum Arbeiten, wenn Sie statt dessen sagen können: Ich habe keine Lust mitzuarbeiten, weil ich bei Vera vorhin keine Beachtung gefunden habe, und darüber bin ich enttäuscht.

Wenn Sie auf diese Weise konkret sind, haben Sie die beste Chance, Kontakt zu anderen zu bekommen und Schwierigkeiten und Probleme besser zu bewältigen.

Bitte versuchen Sie, offener zu sprechen als normalerweise. Das bedeutet, daß Sie Ihre persönlichen Reaktionen, Gefühle und Auffassungen zum Ausdruck bringen und nicht danach streben, möglichst allgemeingültige Aussagen zu machen.

- Sagen Sie also nicht: In der Anfangsphase einer Gruppe neigen alle Teilnehmer dazu, besonders vorsichtig und zurückhaltend zu sein.
  Sagen Sie lieber: Am Anfang einer Gruppe versuche ich, mich zu vergewissern, daß ich wenigstens zu einem oder zwei Teilnehmern ein gutes Verhältnis habe, und ich versuche auch, das den Betreffenden zu zeigen. Auf diese Weise fühle ich mich sicherer.

Kommunikative Offenheit bedeutet nicht, daß Sie alle Ihre Geheimnisse und Schwächen in der Gruppe preisgeben sollen. Es liegt ganz bei Ihnen, wieviel Sie über sich und was Sie über sich sagen wollen. Sie werden sicherlich zunächst so offen über sich sein, daß Sie sich selbst dabei noch wohl fühlen können. In manchen Fällen werden Sie vielleicht noch ein bißchen weitergehen, so daß Sie das Gefühl haben, etwas zu riskieren. Ein leichter Grad eigener Ängstlichkeit in der

Gruppe kann für Sie durchaus ein Zeichen sein, daß Sie unübliches Verhalten ausprobieren, und das kann – wenn die Angst nicht zu groß wird – eher helfen als schaden.

Wenn Sie Schwierigkeiten haben, offen über sich zu sprechen, dann hängt das unter Umständen mit Ihrer Furcht vor Zurückweisung durch andere zusammen. Es kann ebensogut sein, daß Sie Angst vor Intimität haben, zu der eine größere Offenheit führen kann. In jedem Fall ist es gut, wenn Sie Ihre Befürchtungen der Gruppe mitteilen.

Besonders wenn Sie gelangweilt sind, sagen Sie es in der Gruppe. Es ist unfair, gelangweilt in einer Gruppe zu sitzen und den anderen erst hinterher zu sagen, daß Sie sich gelangweilt haben: Dann ist kaum noch etwas daran zu ändern. Bedenken Sie, daß Sie selbst verantwortlich sind für Ihre Langeweile, wenn Sie Ihre Störung nicht anmelden.

Es kann Dinge geben, die Sie mit anderen außerhalb der Gruppe besprechen (in der Pause vielleicht), um Probleme, die sich in der Gruppe ergeben haben, weiter zu bearbeiten. Dagegen ist nichts einzuwenden unter der Voraussetzung, daß die wichtigen Ergebnisse solcher Klärungsprozesse als Information wieder in die Gruppe zurückgelangen. Die Gruppe lebt davon, daß möglichst wenig Sachverhalte geheimgehalten werden. Auf diese Weise werden die grundlegenden Sicherheitsbedürfnisse aller Teilnehmer am besten respektiert.

- Wenn Sie z. B. in der Gruppe mit einem Bekannten zusammen sind und Sie sprechen sich mit ihm ab, daß Sie sich in der Gruppe verhältnismäßig stark aus dem Wege gehen wollen, weil Sie sich ohnehin schon gut kennen und lieber die Bekanntschaft anderer Leute machen wollen, dann wäre es gut, das der Gruppe mitzuteilen, damit nicht der Eindruck entsteht, daß Sie einander aus dem Wege gehen, weil Sie Angst voreinander haben oder weil Sie sich nicht mögen.

Dasselbe gilt natürlich auch für andere Sachverhalte.

- Wenn Sie sich mit einem Teilnehmer befreunden, könnte es gut sein, der Gruppe eine entsprechende Information zu geben, damit die anderen Ihr Verhalten verstehen können.

Selbstverständlich liegt es bei Ihnen zu entscheiden, wie weit Sie solche Informationen zur Verfügung stellen wollen. Bedenken Sie dabei immer, daß Sie unbegründeten Spekulationen oder Phantasien den Boden häufig durch eine kleine Information nehmen können.

• KOMMUNIKATIONSREGELN

Im folgenden schlagen wir Ihnen eine Reihe von Kommunikationsregeln vor, die in allen Lern- und Arbeitsgruppen hilfreich für eine lebendige Kommunikation sind. Die Beachtung dieser Regeln gibt jeder Gruppe, in der Sie arbeiten, eine besonders große Effektivität, und wir bitten Sie, diese Regeln gründlich durchzulesen und sie auch in diesem Kurs anzuwenden. Sie werden selbst am meisten davon profitieren, wenn Sie Ihr Kommunikationsverhalten konsequent an diesen Regeln orientieren. Die aufgeführten Kommunikationsregeln entstammen im wesentlichen der themenzentrierten Interaktion, über die Sie sich an anderer Stelle ausführlicher informieren können*.

Berücksichtigen Sie Ihre Gefühle,
und geben Sie ihnen klaren Ausdruck.

Gestatten Sie sich, Gefühle zu haben, insbesondere auch auf das Verhalten der anderen Teilnehmer hin. Versuchen Sie nicht, Ihre Gefühle zu verbergen, indem Sie obenhin intellektuell sind. Reflexionen und Emotionen sind in gleicher Weise wichtig. Daher sagen Sie den anderen Teilnehmern nicht nur, was Sie über ganz bestimmte Dinge meinen und denken, sondern auch, was Sie dabei für Gefühle haben. Auch das ist gut zu erkennen und zu akzeptieren.
Achten Sie auch darauf, wie Sie Ihre Gedanken und Gefühle in Sprache umsetzen. Versuchen Sie herauszufinden, inwieweit Ihr Sprachvermögen Ihr wesentliches Selbst zum Aus-

* Anmerkungen am Ende der Einführung.

druck bringt oder inwieweit es nur Ihre soziale Fassade repräsentiert. Wenn Sie normalerweise sich in Ihren alltäglichen Kontakten konventionell ausdrücken, versuchen Sie hier, einen neuen Sprachgebrauch einzuüben, der auch eine »poetische« Dimension beinhalten kann.

- Sagen Sie also nicht: Karl, du gehörst zu dem Typ von Gruppenleitern, der sich zu Beginn der Arbeit sehr sozial integrativ gebärdet, um seine Position zu festigen.
  Sagen Sie lieber: Karl, es stört mich, daß du in den letzten zwanzig Minuten zehnmal andere mit bewegenden Worten gelobt hast. Du kommst mir vor wie jemand von der Heilsarmee, der die schwachen Brüder und Schwestern durch seinen warmen Händedruck retten zu müssen glaubt.

Sprechen Sie nicht per »man« oder »wir«, sondern sprechen Sie per »ich«.

Allgemein gebrauchte Wendungen wie »Wir wissen doch alle, daß...« oder »Man sollte doch...« sind häufig ein Mittel, einen gar nicht bestehenden Konsensus vorzutäuschen. Fragen Sie sich einmal, inwieweit Sie beim Gebrauch solcher kollektivierender Wendungen die Verantwortung für das, was Sie sagen, vermeiden wollen. Verstecken Sie im Kommunikationskurs nicht Ihre Auffassungen und Bedürfnisse, sondern exponieren Sie sich als Sie selbst, indem Sie per »ich« reden.

- Sagen Sie also nicht: Wir brauchen jetzt eine Pause.
  Sagen Sie lieber: Ich bin müde und möchte einen Augenblick Pause haben. Was denkt ihr darüber?

Persönliche Aussagen sind besser als inquisitorische Fragen.

Versuchen Sie, möglichst wenig Fragen zu stellen, und machen Sie statt dessen lieber persönliche Aussagen. Unvermeidbare Fragen leiten Sie dadurch ein, indem Sie kurz erklären, welches Interesse hinter Ihrer Frage steht. Häufig werden in Gruppendiskussionen Fragen gestellt, die wenig Bereitschaft erkennen lassen, daß der Fragende auch eigene Erfahrungen und Gedanken zum jeweiligen Punkt beisteuern will. Solche nur Informationen einsammelnden Fragen sind hemmend für eine lebendige Diskussion. Sie können sogar in eine Art Inquisitionsspiel ausarten, in dessen Verlauf sich der Befragte in die Enge getrieben fühlt und defensiv reagiert.

- Sagen Sie also nicht: Peter, was machst du, wenn du als Gruppenleiter von einer Teilnehmerin heftig angegriffen wirst?
  Sagen Sie lieber: Ich fühle mich gelähmt, wenn ich von einer Teilnehmerin als Gruppenleiter angegriffen werde. Ich habe aber den Eindruck, daß du, Peter, ähnliche Schwierigkeiten hast. Hast du irgend etwas herausgefunden, was dir in einer solchen Situation helfen kann?

Achten Sie auch einmal darauf, wie häufig Ihre Fragen verhüllte Aussagen enthalten, deren Informationsgehalt von dem Befragten aber oft nicht erfaßt werden kann.

- So läßt sich z. B. die Frage: Warum trägst du so oft das graue Kleid? besser ersetzen durch: Ich mag das graue Kleid an dir nicht gern. Es erinnert mich daran, daß du häufig sehr langweilige Dinge sagst. Ich möchte lieber die lebendige Seite an dir erleben.

Verzichten Sie auf jeden Fall auf Warum-Fragen. Sie fordern zu Interpretationen heraus, die allzuleicht abstrakt und intellektualisierend geraten. Die Frage »Was?« führt zu einer konkreten Antwort, während die Frage »Warum?« ins Niemandsland psychologischer Spekulationen führen kann.

- Fragen Sie also nicht: Warum bist du unfreundlich zu mir?
  Fragen Sie lieber: Welche Gefühle hast du mir gegenüber, daß du mich mit kurzen und für mich hart klingenden Gesprächsbeiträgen abspeist?

Auf die erste Frage wird vielleicht die Antwort kommen: Weil du auf mich arrogant wirkst (Gegenangriff).
Auf die zweite Frage kann die Antwort kommen: Ich fühle mich von dir bedroht, weil du vorhin sagtest, daß hier in der Gruppe so viele ängstliche Gemüter seien. Ich habe das auf mich bezogen und wollte dir zeigen, daß ich auch hart sein kann.

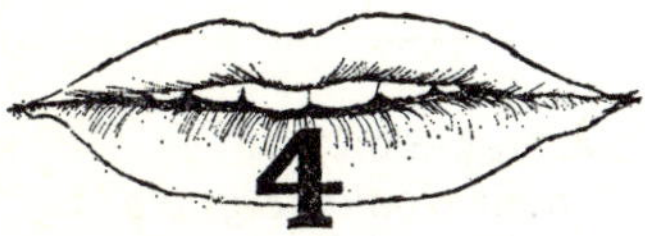

Vermeiden Sie Seitengespräche.

Häufig werden in Seitengesprächen wichtige Dinge verarbeitet, die die Betreffenden aus irgendwelchen Gründen nicht der ganzen Gruppe mitteilen wollen. Sie sind in der Regel ein Zeichen für einen gestörten Gruppenprozeß, ein Alarmsignal. Die Betreffenden können gelangweilt sein oder sehen sich nicht imstande, sich an der Gruppendiskussion zu beteiligen, weil die anderen pausenlos reden. Durch die Veröffentlichung eines Seitengesprächs kann für die Betreffenden der Kontakt zur Gesamtgruppe wiederhergestellt werden. Sowohl Gruppenleiter als auch Teilnehmer sollen darauf achten, daß Seitengespräche in die Gruppe gebracht werden.

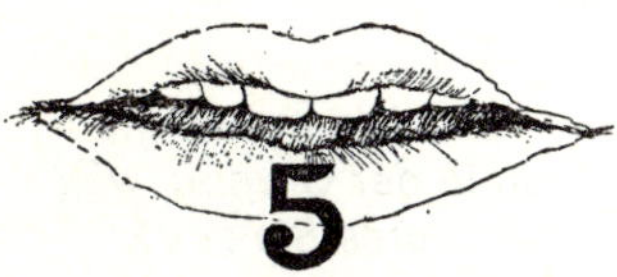

Interpretieren Sie nicht das Verhalten anderer, geben Sie lieber Ihre persönliche Reaktion.

Diese sehr wichtige Kommunikationsregel verhindert, daß Sie ins Psychologisieren verfallen und das Spiel »Therapeut – Patient« spielen. Psychologische Interpretationen sind allzuhäufig nur eine Projektion dessen, der sie äußert.

- Sagen Sie also nicht: Klara, du redest so wenig, weil du Angst hast, etwas Dummes zu sagen.

Sagen Sie lieber: Klara, ich bin enttäuscht, daß du überhaupt nichts sagst. Ich möchte gern wissen, was du denkst und empfindest. Ich finde dich nämlich sympathisch und möchte mehr Kontakt zu dir bekommen.

Selbst wenn Interpretationen zutreffend sind, belasten sie doch häufig nur die psychische Situation des Interpretierten. Sie blockieren ihn und setzen Verteidigungsmechanismen in Gang.

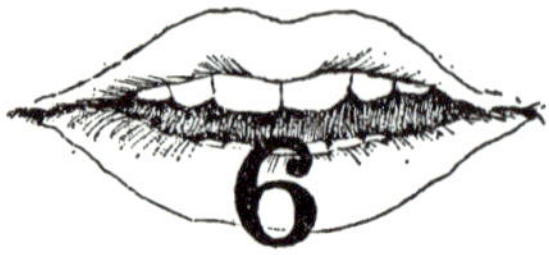

Beachten Sie die nonverbalen Signale bei sich und anderen.

Diese Kommunikationsregel richtet sich gegen die kulturbedingte Überbetonung unserer verbalen Möglichkeiten und soll Ihre Wahrnehmungsfähigkeit für die nichtsprachlichen Kommunikationsvorgänge bei sich und anderen steigern. Zu solchen wichtigen nonverbalen Signalen gehören sowohl das eigene Herzklopfen wie bestimmte Körperhaltungen bei anderen.

- So können Sie z. B. sagen: Bernd, ich sehe, daß du bei unserer Unterhaltung dauernd auf die Uhr siehst. Langweile ich dich? Gibt es etwas anderes, was du lieber tun möchtest?

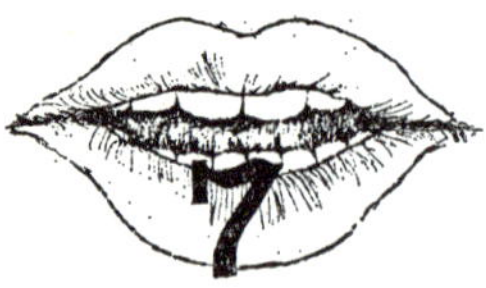

Wenn Sie nicht mitarbeiten können in der Gruppe, weil etwas anderes Sie stark beschäftigt, teilen Sie es der Gruppe mit.

Diese Regel geht davon aus, daß bei Arbeits- und Lernprozessen »Störungen« den Vorrang haben sollten, da abgelenkte Gruppenmitglieder zur Erreichung des Gruppenziels nichts beitragen können. Durch ein Ansprechen der Störung ist es vermutlich leichter möglich, daß der Betreffende wieder seine

Aufmerksamkeit den gemeinsamen Zielen zuwenden kann. Die Störung wird auf diese Weise nicht immer behoben, doch kann die Mitteilung allein schon zu einer Erleichterung führen. Der Zeitverlust, der durch das Ansprechen einer Störung entsteht, wird aufgewogen durch den Gewinn für das gestörte Gruppenmitglied, für den Zusammenhalt und die Arbeitsfähigkeit der ganzen Gruppe.
Es ist gut, wenn der Gruppenleiter häufiger fragt: Gibt es irgendwelche Störungen, unangenehme und blockierende Erfahrungen, die euch im Augenblick belasten?

- SELBSTVERANTWORTLICHKEIT

Der Kommunikationskurs, Moderator und die anderen Gruppenmitglieder geben Ihnen die Möglichkeit, in einem akzeptierenden Klima mit sich und anderen zu experimentieren. Das schließt jedoch nicht aus, daß Sie sich manchmal unwohl fühlen und lieber aus der Gruppe gehen würden. Achten Sie dann darauf, welche Art von »Fluchtmanövern« Sie versuchen (ob es sich z. B. um spaßige Bemerkungen handelt, um Intellektualisieren, um eine Grundsatzdebatte usw.). Manchmal werden Sie fliehen wollen, wenn Sie eine bestimmte, für Sie unangenehme Erfahrung gemacht haben, mit deren Konsequenzen Sie sich nicht weiter auseinandersetzen wollen.

- Sie entdecken z. B., daß Sie sich nonverbal nicht frei ausdrücken können, und das gibt Ihnen ein Gefühl der Scham, weil Sie sich nicht gern inkompetent fühlen. Daraufhin machen Sie sich über nonverbale Kommunikation lustig und preisen das Abstraktionsvermögen des Menschen.

Ebenso unproduktiv ist die Form der Flucht, die bereits stattfindet, ehe Sie eine möglicherweise unangenehme Erfahrung machen, indem Sie sich z. B. einreden, daß eine bestimmte Übung für Sie keine Bedeutung haben wird.
Schweigen und Passivität sind weitere verbreitete Formen der Flucht. Im Kommunikationskurs schaden passive Mitglieder darüber hinaus nicht nur sich selbst, sondern auch den anderen Teilnehmern, weil sie als Resonanzquellen ausfallen.

Der Kurs bietet Ihnen die Möglichkeit, neue Erfahrungen mit Ihrem Kommunikationsverhalten zu machen. Es liegt ganz bei Ihnen, wie Sie diese Möglichkeiten nutzen. Sie selbst müssen Mittel und Wege finden, sich gemäß Ihren persönlichen Wünschen und Interessen zu verhalten.
Dabei werden Sie aus dem Kurs nur so viel herausbekommen, wie Sie selbst investieren. Einige Experimente werden für Sie erfolgreich sein, andere weniger oder unbedeutend. Bedenken Sie, daß es Ihre Erfahrungen sind, und akzeptieren Sie, daß Sie selbst Ihre Erfahrungen produzieren.

● Wenn Sie z. B. traurig sind, weil mehrere Teilnehmer Ihnen sagen, daß sie Ihre Nase groß und unangenehm finden, dann sagen Sie sich: Franz, Maria und Ole mögen meine Nase nicht. Ist es für mich eigentlich wichtig, daß diese drei meine Nase mögen? Ich finde meine Nase ganz okay, und ich bin nicht darauf angewiesen, daß alle Leute von meiner Nase begeistert sind.

Die beste Möglichkeit herauszubekommen, was für Sie an Erfahrungen in diesem Kurs steckt, besteht darin, daß Sie möglichst engagiert und experimentierfreudig mitmachen. Versuchen Sie vor allem, Ihre eigenen Reaktionen zu erforschen, und sagen Sie sich dabei häufig im stillen:

● So bin ich jetzt. – So geht es mir im Augenblick. – So verhalte ich mich heute. – Diese Reaktion bekomme ich zur Zeit und von diesen Leuten.

Seien Sie sich zugleich bewußt, daß Sie einiges ändern können, einiges vielleicht nicht, und fragen Sie sich, wieweit Sie selbst irgend etwas ändern *wollen*. Ändern Sie sich nicht, weil es andere von Ihnen erwarten, sondern nur, wenn Sie selbst vital an einer Änderung interessiert sind.

▶ Die am wenigsten anstrengende Art und Weise, mich selbst zu verändern, besteht darin, voll zu akzeptieren, was ich im Augenblick fühle und denke.

ANMERKUNGEN

Zur themenzentrierten Interaktion vgl.

Ruth C. Cohn, Das Thema als Mittelpunkt interaktioneller Gruppen. In: Gruppenpsychotherapie und Gruppendynamik, Band 3, Heft 2, Göttingen 1970.

Matthias Kröger, Themenzentrierte Seelsorge. Stuttgart 1973.

Klaus W. Vopel, Zur Theorie der themenzentrierten interaktionellen Methode. In: *B. Genser, K. W. Vopel* et al., Theorie und Praxis der themenzentrierten interaktionellen Methode. Blickpunkt Hochschuldidaktik Heft 25, Hamburg 1972.

ÜBERSICHT ÜBER DIE EINZELNEN ÜBUNGSEINHEITEN DES KOMMUNIKATIONSKURSES

Übungseinheit 1 *Umschreiben*

Die Teilnehmer sollen sich kennenlernen und überprüfen, welche »ersten Eindrücke« sie bei den anderen hervorrufen. Mit der Kommunikationstechnik des Umschreibens können sie lernen, Gesprächsbeiträge anderer so zu wiederholen, daß deutlich wird, daß sie die Bedeutung der Mitteilung genau verstanden haben.

Übungseinheit 2 *Verhaltensbeschreibung*

Die Teilnehmer sollen ihre Fähigkeit entwickeln, spezifisches Verhalten anderer zu beschreiben, anstatt Vermutungen über Persönlichkeitszüge oder Motive anzustellen.
Andererseits sollen sie lernen, über ihnen mitgeteilte Verhaltensbeschreibungen eigenes Verhalten und eigene Verhaltensmuster zu identifizieren, um später selbst über Verhaltensalternativen entscheiden zu können.

Übungseinheit 3 *Beschreibung von Gefühlen*

Die Teilnehmer sollen lernen, daß ein und dieselbe Gefühlslage sich auf unterschiedliche Weise ausdrücken kann.
Sie sollen lernen, zwischen indirektem verbalen Ausdruck von Gefühlen und direktem verbalen Ausdruck von Gefühlen zu unterscheiden. Die Teilnehmer können versuchen, mehr Kontakt zu den eigenen Gefühlen zu finden und diese nach spezifischen Prinzipien anderen mitzuteilen.

Übungseinheit 4 *Wahrnehmungsüberprüfung*

Die Teilnehmer sollen erfahren, daß nonverbales Verhalten prinzipiell vieldeutig ist und daher von Fall zu Fall der Wahrnehmungsüberprüfung bedarf.

Sie sollen die Fähigkeit entwickeln, bei sich und anderen nonverbale Signale zu identifizieren und die begleitenden Gefühle durch Wahrnehmungsüberprüfung herauszufinden.

Schließlich sollen sie motiviert werden, ihre individuellen nonverbalen Kommunikationsmöglichkeiten besser kennenzulernen.

Übungseinheit 5 *Feedback*

Die Teilnehmer sollen erfahren, daß durch das Geben bzw. Empfangen von Feedback die Wahrnehmung in zwischenmenschlichen Beziehungen erweitert wird.

Sie sollen Kriterien für das Geben und Empfangen von Feedback kennenlernen und deren kommunikative Funktion verstehen.

Die Teilnehmer sollen das Geben und Empfangen von Feedback unter Anwendung bestimmter Kriterien üben, um unter anderem auch die Angst vor Feedback abzubauen.

Übungseinheit 6 *Soziale Wahrnehmung*

Die Teilnehmer können überprüfen, inwieweit sie die Auswirkungen des eigenen Verhaltens und der eigenen Persönlichkeit auf die anderen Gruppenmitglieder realistisch einschätzen.

Übungseinheit 7 *Umgang mit Gefühlen*

Die Teilnehmer sollen Kriterien für den konstruktiven Umgang mit Gefühlen kennenlernen. Dabei können sie unterschiedliche Möglichkeiten erfahren, wie der einzelne – insbesondere auch als Gruppenleiter – mit zwei wichtigen Gefühlen umgehen kann: mit Kontrollbedürfnissen und Vertrauenswünschen.
Zugleich sollen die Teilnehmer in der Interaktion mit einem anderen Gruppenmitglied erleben, wie Kontrollbedürfnisse und Vertrauenswünsche bei ihnen selbst ausgeprägt sind.

Übungseinheit 8 *Offene Kommunikation*

Die Teilnehmer werden über Verhaltensweisen informiert, die eine offene Kommunikation begünstigen bzw. hemmen.
Sie haben Gelegenheit, selbst Verbalverhalten zu erproben, das bestärkende bzw. entmutigende Auswirkungen auf den Gesprächspartner hat.
Schließlich können die Teilnehmer bisher nicht angesprochene Reaktionen anderen Gruppenmitgliedern mitteilen und somit ein höheres Maß kommunikativer Offenheit »im Ernstfall« realisieren.

Übungseinheit 9 *Kommunikationsnormen*

Die Teilnehmer sollen sich mit der Wirkungsweise sozialer Normen auseinandersetzen und Normen benennen, die das Verhalten der Teilnehmer dieser Gruppe prägen.

Übungseinheit 10 *Übergänge*

Die Teilnehmer sollen ihre Lernerfolge im Kurs beurteilen. Gleichzeitig erhalten sie Gelegenheit zu überprüfen, wie weit ihr soziales Einfühlungsvermögen im Blick auf die anderen Kursteilnehmer entwickelt ist.

Die Sitzung soll gleichzeitig den Übergang in die Back-home-Situation anbahnen.

Umschreiben

▶ LERNZIELE

Die Teilnehmer sollen sich kennenlernen und überprüfen, welche »ersten Eindrücke« sie bei den anderen hervorrufen.
Mit der Kommunikationstechnik des Umschreibens können die Teilnehmer lernen, Gesprächsbeiträge anderer so zu wiederholen, daß deutlich wird, daß sie die Bedeutung der Mitteilung genau erfaßt haben.
Teilnehmermaterial: Umschreiben

▶ ÜBUNGSANWEISUNGEN

Bitte erklären Sie den Teilnehmern kurz die Lernziele der ersten Übungseinheit. Vermeiden Sie lange theoretische Ausführungen. Geben Sie eine persönliche Information über Ihre eigene Situation zu Beginn des Kurses.

> Zum Beispiel: Ich habe noch nie einen gruppendynamisch orientierten Kurs geleitet und bin im Augenblick etwas aufgeregt. Ich hoffe, wir arbeiten gut zusammen. Wenn euch irgend etwas stört, sagt es möglichst bald, so daß wir uns darüber einigen können.

- Nonverbale Übung (ohne Teilnahme des Moderators).
  MARKTPLATZ*

Sie können diese Übung dann wie folgt einleiten:

> Ich möchte euch ein kleines Spiel vorschlagen, damit ihr euch (besser) kennenlernt und euch freier fühlen könnt in dieser Gruppe. Bitte stellt euch einmal auf und schiebt eure Stühle ein wenig nach hinten, so daß wir einen großen kreisrunden Platz in der Mitte bekommen.
> Stellt euch vor, ihr seid auf dem Marktplatz einer fremden Stadt unter lauter Leuten, die ihr nicht kennt und deren Sprache ihr nicht versteht. Außerdem haben die

* Nach *T. Amaral,* der diese Übung in seinen Encountergruppen verwendet.

Leute, die ihr hier seht, auch noch die Angewohnheit, überhaupt nicht zu sprechen. Beachtet also bitte, daß ihr für die ganze Dauer dieses Spiels kein Wort sagt, auch wenn das vielleicht zunächst etwas ungewöhnlich ist.

Lauft ziellos herum und kümmert euch nicht darum, wohin ihr geht. Schaut bitte vor euch auf den Boden und vermeidet den Kontakt mit den anderen Personen, die um euch herumspazieren. Schaut sie nicht an. Verhaltet euch bitte so, als wäret ihr in einer fremden Stadt, in der ihr gedankenverloren herumwandert. Versucht, niemanden anzustoßen, vermeidet auf jeden Fall Augenkontakt. Achtet beim Herumgehen auf eure Gefühle. Überprüft, ob sich eure Gefühle ändern, wenn ihr weiter herumgeht.

(2 Minuten warten)

Dieser Anfang mit der Isolierung des einzelnen ist für die meisten Menschen am wenigsten bedrohlich und gibt ihnen am Anfang eine gewisse Sicherheit, vielleicht auch das Verlangen, später Beziehungen zu den anderen aufzunehmen.

Jetzt möchte ich gern, daß ihr aufschaut und bemerkt, daß noch eine ganze Reihe anderer Leute mit euch herumgehen. Fangt einmal an, euch diese Leute anzuschauen.

(1 Minute warten)

Ich möchte noch etwas hinzufügen: Seht euch in die Augen, wenn ihr aneinander vorbeigeht. Vielleicht könnt ihr dabei sogar feststellen, welche Augenfarbe der andere hat?

(1 Minute warten)

Berührt einander jetzt leicht an der Schulter oder irgendwo anders. Vielleicht könnt ihr euch einen kleinen Schlag auf die Schulter geben. Seht einmal zu, wen ihr auf diese Weise begrüßen könnt. Denkt daran, daß ihr nicht sprecht.

(1 Minute warten)

Normalerweise machen die Gruppenmitglieder diesen Schritt gern und mit Heiterkeit mit.

Ich möchte euch einen weiteren Vorschlag machen: Zieht euch doch gegenseitig ein wenig am Ohrläppchen, während ihr aneinander vorbeigeht. In dem fremden

Land ist dies die Begrüßungsgeste. Mit wem wollt ihr das gern tun?

(2 Minuten warten)

Unvermeidlich gibt es hier Gelächter und Vergnügen. Das Eis in der Gruppe beginnt stärker zu schmelzen, wenn sich die Teilnehmer gegenseitig am Ohrläppchen ziehen.

Jetzt könnt ihr auch noch etwas anderes tun, wenn ihr aneinander vorbeigeht: Schaut euch in die Augen, faßt einander bei den Schultern und schüttelt euch ein wenig. Seht zu, mit welchen Gruppenmitgliedern ihr das gern machen wollt.

(2 Minuten warten)

Ihr habt jetzt eine ganze Menge Eindrücke über die anderen gewonnen. Geht langsam weiter durcheinander – noch immer schweigend – und sucht euch jetzt einen Partner aus, der euch interessiert und auf den ihr neugierig seid. Setzt euch mit eurem Partner auf den Boden.

Sobald alle Gruppenmitglieder einen Partner gefunden haben, beginnen Sie mit der folgenden Übung.

- Paarübung

WICHTIGE INFORMATION*

Ich möchte, daß der Kleinere von euch mit dieser Übung beginnt. Bitte, gib deinem Partner ein paar wichtige Informationen über dich. Wähle solche Informationen aus, die du auch anderen mitzuteilen bereit wärst. Du hast dafür drei Minuten Zeit, nicht mehr und nicht weniger. Danach ist dann dein Partner an der Reihe, etwas über sich zu erzählen. Beginnt jetzt.

(3 Minuten warten)

Der Moderator gibt jetzt das Signal zum Wechsel.

Bitte wechselt jetzt die Rollen, so daß nun der Längere von euch drei Minuten Gelegenheit hat, etwas Wichtiges über sich zu erzählen.

(3 Minuten warten)

Bitte kommt wieder zurück in den Kreis und setzt euch paarweise nebeneinander. Versucht jetzt einmal, euch mit eurem Partner zu identifizieren. Wer ist er? Welche

* Nach *Z. Moreno.*

Besonderheiten hat seine Persönlichkeit? Wie geht es ihm im Augenblick? Bitte bedenkt das schweigend.

(1 Minute warten)

Wenn Partner A glaubt, eine klare Vorstellung von der Persönlichkeit seines Partners (B) zu haben, kann er folgendes tun: Er stellt sich hinter B, legt ihm die Hände auf die Schulter und stellt sich den übrigen Teilnehmern so vor, als wäre er der sitzende Partner B.

Er kann z. B. sagen: Ich heiße B. Ich bin ziemlich groß und stark und trete nach außen hin sehr sicher auf. Im Grunde fühle ich mich jedoch nicht so wohl mit lauter Leuten, die ich nicht kenne, aber ich gebe mir Mühe, mein Unbehagen nicht allzu deutlich merken zu lassen.

Wenn A fertig ist, bittet er seinen Partner B um eine kurze Stellungnahme, wieweit dieser sich angemessen der Gruppe vorgestellt fühlt. Dann werden die Rollen gewechselt, und B stellt sich der Gruppe vor, als wäre er sein Partner A.

Auf diese Weise stellen nach und nach alle Teilnehmer ihre Partner der Gruppe vor. Dabei sollen die anderen Gruppenmitglieder noch keine Rückfragen und Reaktionen äußern, sondern damit bis zur ersten Auswertungsphase warten.

Jetzt fordert der Moderator die Teilnehmer auf, noch einmal den eigenen Namen zu nennen und der Gruppe zu sagen, wie sie gern in diesem Kurs angesprochen werden möchten.

- AUSWERTUNGSGESPRÄCH

Fordern Sie die Teilnehmer auf, ihre Reaktionen auf die bisher gemachten Erfahrungen auszutauschen und greifen Sie dabei auf die Gesichtspunkte zurück, die bei den Hinweisen für den Moderator für die Auswertungsphase gegeben wurden. Ermuntern Sie die Teilnehmer, sich direkt anzusprechen und — wenn sie den Namen nicht wissen — nachzufragen, damit sich diese schnell einprägen.

Dauer des Auswertungsgesprächs etwa 30 Minuten.

- Informationsphase
  UMSCHREIBEN

Geben Sie jetzt bitte das Teilnehmermaterial dieser Übungseinheit aus. Die Gruppenmitglieder sollen etwa 5 Minuten Zeit zum Lesen haben.

- Gruppenspiel
  ERSTE EINDRÜCKE*

Bitten Sie jetzt die Teilnehmer, im Plenum ein Kommunikationsspiel zu machen, das die Kommunikationsfertigkeit des Umschreibens trainieren soll und das gleichzeitig einen Beitrag dazu liefern kann, abzuklären, wie weit der einzelne darüber Informationen hat, welchen Eindruck er auf andere macht. Sie können dazu etwa folgendes sagen:

> Das Kommunikationsspiel Erste Eindrücke geht etwa so: Ein Teilnehmer startet, indem er sich an irgendeinen anderen Teilnehmer wendet, dem er gern eine Information darüber geben möchte, was seiner Meinung nach der erste Eindruck ist, den gewöhnlich andere Leute von ihm haben. Sobald der Angesprochene die Information erhalten hat, versucht er, eine Umschreibung der Information zu geben und – ist der andere mit dieser Umschreibung zufrieden – fügt er seinerseits hinzu, welches nun tatsächlich der erste Eindruck gewesen ist, den er von dem Betreffenden gewonnen hat. Hat er das abgeschlossen, setzt er das Spiel fort, indem er seinerseits ein anderes Gruppenmitglied anspricht und dem Betreffenden sagt, welchen ersten Eindruck er selbst gewöhnlich auf andere Leute zu machen glaubt, usw. Ich möchte dafür ein Beispiel geben:

● Franz beginnt und sagt zu Angelika: Normalerweise wirke ich ruhig und zurückhaltend auf Leute, die mich neu kennenlernen. Sie vermuten in mir einen ausgeglichenen Menschen, der sich ohne Schwierigkeiten mit anderen zurechtfindet. Aber damit sehen sie nur einen Teil der Wirklichkeit.
Jetzt versucht Angelika das Umschreiben. Sie hat in diesem Fall eine relativ kurze Information bekommen, und es wäre die Aufgabe des Umschreibens, ein wenig genauer an das heranzukommen, was Franz eigentlich sagen wollte. Vielleicht sagt Angelika folgendes:

---

* Nach *K. W. Vopel.*

Ich habe dich so verstanden, daß du zwar äußerlich auf andere Leute ruhig wirkst, daß du aber im Inneren ziemlich aufgeregt und unruhig bist, wenn du mit anderen Leuten zusammen bist. Ist dir der Umstand unbehaglich, daß du nicht recht zeigen magst, daß du gar nicht immer der große Bär bist, als der du äußerlich erscheinst? So habe ich dich verstanden. Erkennst du dich darin wieder?

Darauf kann Franz antworten und die Umschreibung von Angelika entweder bestätigen oder korrigieren. Sobald die beiden sich hinreichend verstanden haben, gibt Angelika ihren tatsächlichen ersten Eindruck von Franz:

Auf mich hast du hier in der ersten Zeit in Wirklichkeit eher unsicher gewirkt. Als wir vorhin im Kreis herumgingen, hast du deine Augen niedergeschlagen, als wir uns begegneten, und du hast mich auch nur sehr zaghaft am Ohrläppchen gezogen. Ich glaube, du hast ein bißchen Angst gehabt.

Soweit dieses Beispiel. Ich hoffe, ihr habt gesehen, worauf es bei der Umschreibung ankommt, nämlich dem anderen zu zeigen, daß ich mir Mühe gebe, seine psychische Welt zu verstehen, und daß ich auch Kontakt aufnehmen möchte mit seinen Motivationen, seinen Gefühlen, Stimmungen – weil ich an ihm interessiert bin.

Ich möchte jetzt selbst den Ball ins Rollen bringen und beginne dieses Spiel . . .

Die Übung sollte insgesamt ungefähr 30 Minuten laufen. Am Anfang ist es Sache des Moderators, darauf zu achten, daß wirklich der Versuch des Umschreibens gemacht wird und daß es richtig gemacht wird. Mit der Zeit werden eine Reihe von Teilnehmern beteiligt. Es ist durchaus möglich, daß einige nicht beteiligt werden. Darauf sollte der Moderator achten und nach ungefähr 20 Minuten das Spiel abbrechen und sagen:

So, jetzt möchte ich allen denjenigen, die noch nicht drangekommen sind, Gelegenheit geben, ihrerseits irgendeinem anderen ihren ersten Eindruck zum Ausdruck zu bringen. Wer möchte das tun?

Wahrscheinlich werden eine Reihe von Teilnehmern davon Gebrauch machen, so daß jedes Mitglied wenigstens einmal Gelegenheit hat, sich zu äußern. Wenn das Spiel zu Ende ist, beginnt der Moderator das

- AUSWERTUNGSGESPRÄCH

Als zusätzlicher Gesichtspunkt sollte dabei die Frage gestellt werden: Kann und will ich diese Kommunikationstechnik in meinen Arbeitsbereich übertragen? Für diese Auswertungsdiskussion sollten etwa 15 Minuten zur Verfügung stehen.

- Gruppenspiel
  EINDRUCKSBOMBARDIERUNG*

Ganz am Ende der Sitzung, wenn vielleicht noch ein bißchen Zeit ist, kann der Moderator folgendes vorschlagen:

> Ich möchte einigen Freiwilligen noch Gelegenheit geben, nicht nur von einem einzelnen zu erfahren, welchen ersten Eindruck er auf ihn gemacht hat, sondern von mehreren Teilnehmern.
> Das geht dann so: Die Zielperson meldet sich freiwillig und hört sich ohne Kommentar die ersten Eindrücke der verschiedenen Teilnehmer an. Jeder kann seinen ersten Eindruck kurz vorbringen. Wenn aus der Gruppe kein weiterer Eindruck genannt wird, kann sich ein anderer Freiwilliger melden.

Mehr als drei Freiwillige sollten nicht ausgewählt werden, damit die Sitzung nicht langweilig endet.

* Encounter-Tradition.

Umschreiben

Wenn Sie einem auswärtigen Besucher beschreiben, auf welche Weise er Ihre Wohnung mit seinem Wagen erreichen kann, wird er Ihre Ausführungen gewöhnlich wiederholen, um sicherzustellen, daß er den Weg zu Ihnen findet. Andererseits werden aber die meisten Leute, wenn sie z. B. in einer Unterhaltung über Kindererziehung eine persönlich Stellungnahme hören (»Ich lege Wert darauf, daß meine Kinder ab und zu dabei sind, wenn ich mich mit meinem Mann streite . . .«), sogleich Zustimmung oder Ablehnung zum Ausdruck bringen, ohne sich zu vergewissern, ob sie genau verstanden haben, was der Sprecher gemeint hat.
Die meisten Leute scheinen anzunehmen, daß sie vor allem bei sehr persönlichen Aussagen in der Regel genau das verstehen, was der Gesprächspartner gemeint hat.

Wie stellen Sie sicher, daß Sie die Gesprächsbeiträge Ihres Kommunikationspartners so verstehen, wie sie tatsächlich gemeint sind?
Eine erste Möglichkeit besteht darin, daß Sie nachfragen: »Was meinen Sie?« – »Ich habe Sie noch nicht ganz verstanden. Sagen Sie mehr darüber.«
Aber auch dann stehen Sie vor demselben Problem, ob Sie nämlich die Aussage so verstanden haben, wie sie gemeint war.

▶ Wenn Sie dagegen in eigenen Worten das ausdrücken, was der Partner Ihnen mitgeteilt hat (Umschreiben), dann kann er entscheiden, ob seine Mitteilung von Ihnen so verstanden wurde, wie er es beabsichtigte. Wenn er sich nämlich mißverstanden fühlt, kann er spezifisch das Mißverständnis ansprechen, das jetzt deutlich geworden ist.

Sie können die Kommunikationsfertigkeit des Umschreibens auch dann praktizieren, wenn Sie Ihrem Gesprächspartner zeigen möchten, daß seine Ausführungen für Sie wichtig sind. Auf diese Weise erfährt der andere, daß Sie ihm nicht nur oberflächlich zuhören; er merkt, daß Sie ganz genau verstehen wollen, was er Ihnen zu sagen hat, daß Sie seine persönliche Sicht der Dinge interessiert. Wenn Sie ihm die Gewißheit geben, daß Sie ihn wirklich verstehen wollen, wird er auch eher bereit sein, auch Ihren Standpunkt und Ihre Aussagen genau verstehen zu wollen.

▶ In vielen Fällen ist das Umschreiben ein nützlicher Versuch, Kommunikationslücken zu schließen. Dabei wird erstens die Klarheit der Kommunikation verbessert. Zweitens verbessert das Umschreiben das Gesprächsklima. Wer ist nicht beglückt darüber, wenn sich andere für seine persönlichen Vorstellungen, Einstellungen, Reaktionen usw. interessieren? Ich fühle mich dann akzeptiert und kann mich offener und lebendiger äußern.

Ein Mißverständnis wäre die Annahme, daß Umschreiben lediglich darin besteht, die Ausführungen des Partners mit anderen Worten zu wiederholen. Eine solche Wiederholung führt jedoch nicht zu besserem Verständnis, wie das folgende Beispiel zeigt:

● Hermann: Daniel hätte lieber nicht Hochschullehrer werden sollen.
Gisela: Willst du sagen, daß Dozent nicht der richtige Beruf für ihn ist?
Hermann: Genau! Hochschullehrer ist nicht der richtige Job für Daniel.

Anstelle Hermanns Aussage mit anderen Worten zu wiederholen, hätte Gisela auch den Versuch machen können, sich zu fragen: Was will Hermann mit seiner Bemerkung eigentlich sagen?
Dann hätte der Dialog folgendermaßen aussehen können:

Hermann: Daniel hätte lieber nicht Hochschullehrer werden sollen.
Gisela: Willst du sagen, daß er Schwierigkeiten mit Studenten hat?
Hermann: O nein! Ich wollte sagen, daß er soviel politisches Temperament hat, das er an der Universität nicht voll ausleben kann.

Gisela: Ach so, ich verstehe. Du denkst, er sollte lieber ganz in die Politik gehen, um für seine Ziele konsequenter und mit aller Energie arbeiten zu können.

Hermann: Genau!

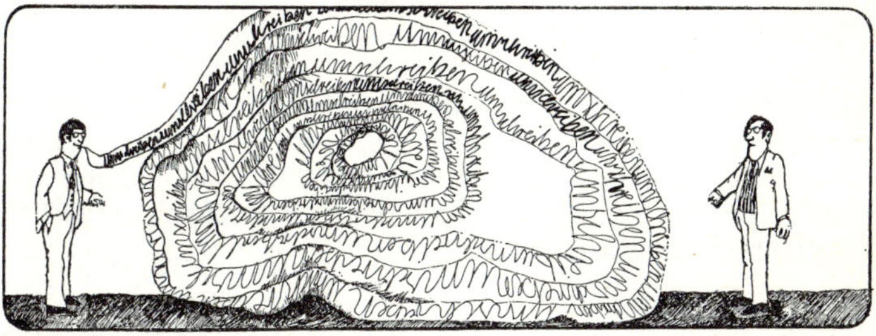

Wirksames Umschreiben ist kein Kommunikationstrick. Es kommt aus einer ganz spezifischen Einstellung, nämlich aus der Bereitschaft, den anderen ernst zu nehmen, und aus dem Bedürfnis, zu erfahren, was der andere wirklich meint.

▶ Wenn Sie häufiger das Umschreiben praktizieren, werden Sie sehen, daß Ihre Unterhaltungen und Diskussionen lebendiger verlaufen, daß Kommunikationsängste (Wer ist der Klügere? – Wer hat Recht? – Wie offen kann ich sein? usw.) abgebaut werden und wechselseitiges Vertrauen entstehen kann.

● Wenn z. B. Ihr Freund oder Ihre Freundin zu Ihnen sagt:

»Du arbeitest immer so viel. Vermutlich wirst du es weit bringen.«

Dann können Sie folgende Umschreibung versuchen:

»Meinst du damit, daß du etwas zwiespältige Gefühle hast hinsichtlich meiner Arbeitsenergie? Einerseits bist du vielleicht ganz zufrieden, daß ich mit meiner Arbeit so gut fertig werde – andererseits hättest du es lieber, daß ich mehr Zeit mit dir verbringe? Glaubst du, daß wir uns mehr Zeit füreinander nehmen sollten?«

Versuchen Sie einmal, bei verschiedenen Kommunikationspartnern (Familie, Freunde, Beruf) deren Äußerungen zu umschreiben. Auf diese Weise können Sie trainieren, sich in unterschiedlich intimen Kommunikationssituationen auf Ihre Partner einzustellen. Sie werden dabei herausfinden, mit welchen Partnern Ihnen das Umschreiben besonders schwerfällt (vielleicht mit Ihrem Vater – Ihrem Freund – oder Ihrem Chef).
Überprüfen Sie dann, was dabei so unangenehm ist und versuchen Sie nun, gerade auch mit »schwierigen« Partnern diese Kommunikationsfertigkeit zu praktizieren. Finden Sie heraus, welche Art des Umschreibens zu Ihrem persönlichen Kommunikationsstil am besten paßt.

Versuchen Sie weiter, auch kritische Äußerungen Ihrer Gesprächspartner zu umschreiben, bis Sie sicher sind, daß Sie genau verstanden haben.
Überprüfen Sie dann, welche Auswirkungen das auf Ihre eigenen und die Gefühle des Partners hat.
Vermutlich sparen Sie sich und anderen viele Mißverständnisse und rhetorische Machtkämpfe, indem Sie schneller an die wirklichen Differenzen und ihre konstruktive Bearbeitung kommen.

Verhaltensbeschreibung

▶ LERNZIELE

Die Teilnehmer sollen ihre Fähigkeit entwickeln, spezifisches Verhalten anderer zu beschreiben, anstatt Vermutungen über Persönlichkeitszüge oder Motive anderer anzustellen.
Andererseits sollen sie lernen, über ihnen mitgeteilte Verhaltensbeschreibungen eigenes Verhalten und eigene Verhaltensmuster zu identifizieren, um später selbst über Verhaltensalternativen entscheiden zu können.
Teilnehmermaterial: Verhaltensbeschreibung.

▶ ÜBUNGSANWEISUNGEN

Bitte informieren Sie die Gruppe über die Lernziele der Sitzung und geben Sie einen Überblick über die geplanten Aktivitäten.

- Gruppenübung
  GRUPPENENGAGEMENT*

Diese Übung ist sehr geeignet zur Übertragung in normale Lern- und Arbeitsgruppen mit z. T. wenig motivierten Gruppenmitgliedern.
Sie können dabei den Teilnehmern etwa folgendes sagen:

> Ich möchte euch jetzt eine kleine Übung vorschlagen, die verdeutlichen soll, wie stark zum augenblicklichen Zeitpunkt das Engagement jedes einzelnen an der Arbeit der Gruppe ist. Ich stelle in unsere Mitte diesen Aschenbecher (oder irgendeinen anderen Gegenstand) und bitte euch, daß ihr euch so dicht an diesen Gegenstand heranstellt, wie es eurem Gruppenengagement entspricht. Wenn ihr also stark engagiert seid, stellt euch dicht heran, seid ihr weniger interessiert, stellt euch in entsprechender Entfernung auf. Wählt bitte den Abstand zu diesem Gegenstand so, daß er euer Engagement an der Gruppe angemessen zum Ausdruck bringt. Ihr habt den ganzen Raum zur Verfügung, um

* Nach *John Krop.*

> euch einen geeigneten Ort auszuwählen. Versucht jetzt einmal, diesen Ort zu finden. Bitte sucht euch euren Platz schweigend.

Die Gruppe braucht sicher einige Zeit, um sich im Raum entsprechend zu verteilen. Sobald jeder Teilnehmer seinen Platz eingenommen hat, den er nicht mehr verändern möchte, fordern Sie weiter auf:

> Schaut euch jetzt um, damit ihr sehen könnt, wie die anderen ihr Engagement ausgedrückt haben. Wie fühlt ihr euch an eurem Platz, den ihr gewählt habt? Was bringt er zum Ausdruck? Wie schätzt ihr eure Position ein im Vergleich zur Position der anderen? Was sagt ihr zu dem Platz der anderen? Ich schlage vor, daß sich jeder hierzu kurz äußert.

Die Teilnehmer sollen während dieser kurzen Statements auf dem eingenommenen Platz stehenbleiben. Danach können Sie die Teilnehmer bitten, wieder im Kreis Platz zu nehmen. Fordern Sie dann die Gruppe auf zu einem

- AUSWERTUNGSGESPRÄCH

Sie können dabei auch die Frage aufwerfen, welche Verwendungsmöglichkeiten der einzelne für dieses Experiment sieht in den Gruppen, in denen er sonst arbeitet. Die Übung ist dadurch besonders wichtig, daß hier auch Nichtbeteiligtsein akzeptiert und ausgedrückt werden kann. Versuchen Sie, die Auswertungsdiskussion auf ca. 15 Minuten zu begrenzen.

- Informationsphase
  VERHALTENSBESCHREIBUNG

Teilen Sie das Teilnehmermaterial aus und geben Sie der Gruppe Gelegenheit, es gründlich zu lesen.

- Gruppenübung im Fishbowl
  KINDERTHEATER*

Die Anordnung einer Gruppe im Fishbowl (Aquarium) besagt, daß jeweils die Hälfte der Gruppenmitglieder Beobachter wird (wie die Zuschauer in einem Aquarium), während die

* Von *K. W. Vopel* für diesen Kurs entwickelt.

andere Hälfte in der Mitte eine Aktivität übernimmt (sozusagen als Goldfische).
Kündigen Sie eine Übung an, die der ganzen Gruppe Gelegenheit gibt, Verhaltensbeobachtung zu üben. Fordern Sie die Teilnehmer auf, sich in Paaren zusammenzutun zu dem Zweck, daß der eine den anderen bei der kommenden Übung beobachtet. Bitten Sie die Beobachter, im Außenkreis Platz zu nehmen, während die zu beobachtenden Partner sich im Innenkreis auf den Boden setzen, und zwar so, daß sie von ihrem Beobachter gut gesehen werden können.
Geben Sie jetzt die Spielanleitung für die Teilnehmer im Innenkreis.

> Stellt euch vor, ihr seid Mitglieder einer Schauspieltruppe, die durch das Land zieht. Ihr seid noch keine erstklassigen Schauspieler, aber ihr hofft, daß ihr bald auch an größeren Bühnen spielen könnt. Gegenwärtig geht es euch wirtschaftlich schlecht, nur selten bekommt ihr ein kurzes Engagement an einer Provinzbühne. Das letzte Engagement liegt schon ein paar Wochen zurück, die Kasse ist leer und euer Magen knurrt. Jetzt gibt es eine neue Hoffnung für euch: Ihr sollt für ein paar Wochen am Kindertheater einer mittleren Stadt spielen. Die Voraussetzung, die der Impresario euch nennt, ist folgende: Ihr sollt selbst ein Stück schreiben, in dem nur Tiere auftreten. Jeder von euch soll ein solches Tier darstellen, das gut zu seiner Persönlichkeit paßt. Um mit dem Impresario den Vorvertrag schließen zu können, ist es jetzt eure Aufgabe zu klären, wer von euch welches Tier spielen kann. Wie gesagt: Das Tier muß zur Persönlichkeit passen.
> Ihr habt genau 30 Minuten Zeit, für jeden das passende Tier herauszusuchen. Dazu soll jeweils ein Schauspieler im Mittelpunkt der Diskussion stehen, wobei Vorschläge von ihm selbst und seinen Kollegen kommen können. Jeder Vorschlag muß kurz begründet werden, die endgültige Annahme liegt jedoch beim Schauspieler selbst, er kann ihm unangenehme Tierrollen ablehnen . . .

Stoppen Sie die Diskussion nach 30 Minuten, und fordern Sie die Beobachter auf, ihren Partnern aus der Theatergruppe

nacheinander zu berichten, welches Verhalten sie beobachtet haben. Erinnern Sie an die Grundsätze der Verhaltensbeschreibung, und bitten Sie um kurze, prägnante Darstellung. Achten Sie besonders bei den ersten Berichten darauf, daß möglichst nur beobachtbares Verhalten beschrieben wird (Körperhaltung, Gesichtsausdruck, Gesten, Art der Beiträge, Kommunikationspartner usw.).
Bitten Sie die Teilnehmer, die vorher Beobachter waren, sich nun ihrerseits einen (neuen) Beobachter aus dem Innenkreis zu wählen und in die Mitte des Fishbowl zu gehen. Jetzt sind sie an der Reihe, sich eine Tierrolle auszuwählen. Auch sie haben dafür 30 Minuten Zeit.
Brechen Sie nach 30 Minuten ab, und beginnen Sie das Auswertungsgespräch.

Beschreibung von Verhalten

Stellen Sie sich bitte vor, Sie nehmen sich gemeinsam mit Ihrem Mitarbeiter vor, einmal über Ihre Zusammenarbeit zu sprechen, um sie weiter zu verbessern. Sie müssen dazu beide in der Lage sein, anzugeben, wie jeder von Ihnen den anderen beeinflußt. Das ist gar nicht so einfach. Die meisten Menschen haben Schwierigkeiten, das Verhalten eines anderen klipp und klar zu beschreiben, weil sie sogleich die Handlungen des anderen zu bewerten beginnen (»Du bist schon wieder so gemein zu mir.« – »Du bist bezaubernd.«).
Anstelle das Verhalten des anderen zu beschreiben, bewerten und interpretieren wir ihn lieber, indem wir über seine Einstellungen, Motivationen und Charakterzüge usw. reden. Oft sagen unsere Aussagen mehr über unsere eigene Gefühlslage, als daß sie den anderen darüber informieren, mit welchem spezifischen Verhalten er uns auf die Nerven geht bzw. uns begeistert.

▶ Es ist also wichtig, daß wir zu unterscheiden lernen zwischen dem Verhalten anderer (»Du gähnst andauernd.«) und unseren gefühlsmäßigen Reaktionen darauf (»Das macht mich unsicher. Langweile ich dich? Oder wollen wir einen Spaziergang machen, damit du Sauerstoff tanken kannst?«).

Nehmen Sie einmal an, Sie sagen Ihrem Mitarbeiter: »Sie sind rücksichtslos und kümmern sich nicht um die Meinung anderer.«
Weil er nun nicht gern rücksichtslos sein möchte und weil er der Meinung ist, sich doch Gedanken über die Meinung anderer zu machen, versteht er nicht, was Sie ihm mitteilen und fühlt sich attackiert. Wenn er sich durch Ihre Äußerung sehr bedroht fühlt, geht er vielleicht zu einem Gegenangriff über und sagt:
»Sie neigen ja ganz schön dazu, auf anderen herumzutrampeln und sie zu verletzen.« Im Handumdrehen können Sie sich so in einem Wortgefecht wiederfinden, das Sie beide nicht gewollt haben.

Mit Ihrer bewertenden Äußerung (»Sie sind rücksichtslos ...«) sind Sie also nicht zu einem besseren gegenseitigen Verständnis gekommen.
Wenn Sie den Mitarbeiter aber darauf hinweisen, daß er Sie in den letzten Minuten mehrfach unterbrochen hat und zuletzt selbst pausenlos redete, dann erhält er ein viel klareres Bild seiner Handlungen, die Sie stören.

▶ Verhaltensbeschreibung bedeutet, daß jemand spezifische, beobachtbare Handlungen anderer berichtet, ohne daß er sie als richtig oder falsch, gut oder böse bewertet, ohne daß er Anklagen erhebt, Spekulationen über Motive, Einstellungen und persönliche Einstellungen des anderen anstellt.

Wenn Sie eine Verhaltensbeschreibung geben wollen, versuchen Sie, den anderen wissen zu lassen, auf welches konkrete Verhalten Sie sich beziehen, indem Sie klar und genau darstellen, was Sie beobachtet haben.
Dabei müssen Sie allergrößte Deutlichkeit anstreben, d. h. Verhalten und Handlungen beschreiben, die von jedem anderen auch sinnlich wahrgenommen werden können. Zu diesem Zweck ist es hilfreich, die Verhaltensbeschreibung zu beginnen mit den Worten: »Ich hörte, daß ...« – »Ich sah, daß ...« – damit Sie selbst sich darauf beschränken, wirklich konkretes Verhalten zu beschreiben und keine psychologische Wahrsagekunst auszuüben.

Nehmen Sie einmal folgende Situation an:

- Sie beobachten, daß das Gruppenmitglied Eva ständig lächelt. Sie möchten auf Evas nonverbales Verhalten reagieren.
  Sagen Sie jetzt nicht: »Eva, du bist arrogant.«
  Das ist psychologisches Etikettenkleben, wobei dem anderen ein sozial unerwünschter Verhaltenszug zugeschrieben und damit eine Abwehrreaktion herausgefordert wird.
  Sagen Sie auch nicht: »Eva, du nimmst uns alle nicht ernst.«

Das ist eine Interpretation und ein schlechtes Beispiel für das soziale Spiel: Ich sage dir, wie du bist. – Auch das provoziert eine Abwehrreaktion.
Sagen Sie lieber:
»Eva, du hast mir gerade gesagt, daß du dich geärgert hast, weil ich dir das Buch noch nicht zurückgegeben habe. Während du deinen Ärger mit Worten ausdrückst, lächelst du mich an. Du lächelst auch sonst sehr viel. Mich irritiert dein ständiges Lächeln.«
Jetzt hat Eva Gelegenheit, etwas über ihr Lächeln zu sagen und über ihre Gefühle, die das Lächeln hervorrufen.

Die nichtwertende Beschreibung ihres Verhaltens durch ihren Kommunikationspartner ist für sie vielleicht eine erste Möglichkeit, ein bestimmtes Verhaltensmuster bewußt zu erkennen, bestimmte Konsequenzen ihres Verhaltens einzusehen und das Verhalten gegebenenfalls abzuändern.
Verschiedene Mitglieder der Gruppe hatten schon früher zu Eva gesagt, daß sie arrogant sei. Eva war durch diese Beurteilung verwirrt, weil sie nicht wußte, was sie damit machen sollte. Sie verstand nicht, worauf sich diese Äußerungen bezogen. Sie war verletzt, denn sie hatte nicht das Gefühl, arrogant zu sein. Sie fühlte sich im Gegenteil nervös und unsicher.
Jetzt, nachdem ihr Lächeln angesprochen wurde, konnte sie der Gruppe erklären, daß sie sich den Gruppenmitgliedern unterlegen fühlte und befürchtete, daß diese sie nicht ernst nähmen.
Jetzt kann eine Beziehungsklärung beginnen: die Gruppenmitglieder sagen Eva, was sie von ihr halten; Eva sagt den Gruppenmitgliedern, was sie von ihnen hält.

Das Verhaltensmuster Evas war also folgendes:
Solange sie in der Gruppe nicht über ihre Stellung zu den anderen Mitgliedern gesprochen hatte, fühlte sie sich un-

sicher. Ihre Unsicherheit drückte sich in einem permanenten Lächeln aus, das sie auch zeigte, wenn sie verbal Ärger ausdrückte. So glaubten die anderen Teilnehmer, Eva lächelte über sie. Sie fühlten sich dann gedemütigt und brachten dieses Gefühl darin zum Ausdruck, daß sie sie arrogant nannten.
Die Verhaltensbeschreibung hat diesen Teufelskreis unterbrochen.

Um das Verhalten anderer zu beschreiben, müssen Sie Ihre Beobachtungsfähigkeit für das, was tatsächlich passiert, schärfen. Konzentrieren Sie sich auf Ihre Wahrnehmung, damit Sie Schlußfolgerungen über die Beweggründe des anderen zunächst einmal aufschieben.

Wenn Sie das praktizieren, können Sie herausfinden, daß viele Ihrer psychologischen Annahmen über andere weniger auf beobachtbarer Evidenz basieren als vielmehr auf Ihren eigenen Gefühlen von Zuneigung, Abneigung, Unsicherheit, Angst usw.

Andererseits werden Sie merken, daß Sie gerade durch Verhaltensbeschreibung und den Verzicht auf Psychologisieren und Moralisieren mit Ihrem Kommunikationspartner in einem Klima wechselseitiger Akzeptierung sprechen können, das die Voraussetzung für jede Verhaltensänderung aus Einsicht (und nicht aus sozialem Zwang) ist.

Sie können das üben, indem Sie jetzt drei Minuten hier im Raum herumgehen oder still sitzenbleiben und sich nur auf Ihre Wahrnehmungen konzentrieren.
Sagen Sie zu sich selbst lauter Sätze, die so anfangen: »Ich nehme wahr ...«

zum Beispiel:
Ich nehme wahr, daß Peter noch das Teilnehmermaterial liest.
Ich nehme wahr, daß Angelika im Zimmer herumgeht.
Ich nehme wahr, daß die Decke weiß gestrichen ist.
Ich nehme wahr, daß Christoph die Stirn in Falten zieht.

Vermeiden Sie dabei Beurteilungen und Interpretationen!
Sagen Sie also nicht: Peter ist zu langsam. – Angelika ist nervös usw.

Beschreibung von Gefühlen

▶ LERNZIELE

Die Teilnehmer sollen lernen, daß ein und dieselbe Gefühlslage sich auf unterschiedliche Weise ausdrücken kann.
Sie sollen lernen, zwischen indirektem verbalen Ausdruck von Gefühlen und direktem verbalen Ausdruck von Gefühlen zu unterscheiden.
Weiter sollen die Teilnehmer lernen, mehr Kontakt zu den eigenen Gefühlen zu finden und diese nach spezifischen Prinzipien anderen mitzuteilen.
Teilnehmermaterial: 1. Beschreibung von Gefühlen – 2. Mitteilung von Gefühlen

▶ ÜBUNGSANWEISUNGEN

Bitte informieren Sie die Gruppe über die Lernziele der Sitzung, und geben Sie eine kurze Übersicht über die geplanten Aktivitäten.

- Informationsphase
  BESCHREIBUNG VON GEFÜHLEN

Bitten Sie die Teilnehmer, das Teilnehmermaterial 1 gut durchzulesen. Geben Sie anschließend Gelegenheit, kurz die Reaktionen auf das Gelesene auszutauschen bzw. Verständnisfragen zu stellen. Es ist nicht an eine Diskussion gedacht. Auch Transferprobleme sollten erst am Ende der Sitzung angesprochen werden.

- Gruppenübung (ohne Moderator)
  KARUSSELL DER EMOTIONEN*

Bitten Sie die Teilnehmer, sich in einem Doppelkreis aufzustellen, so daß sich jeweils zwei Teilnehmer gegenüberstehen und einander anschauen. Geben Sie dann etwa folgende Instruktionen:

---

* Von *K. W. Vopel* für diesen Kurs entwickelt.

Bei diesem Experiment geht es darum, daß ihr die Grundsätze für die Beschreibung von Gefühlen einmal praktiziert.

Schaut euren Partner an, ohne zu sprechen. Laßt sein Gesicht etwa eine Minute auf euch wirken. Versucht bitte dabei, das Gefühl bewußt wahrzunehmen, das ihr dabei habt. Seid geduldig, wenn ihr nicht sofort ein Gefühl feststellen könnt. Vielleicht hilft es euch, wenn ihr ein paar Augenblicke die Augen schließt, um mehr Kontakt zu eurer Gefühlswelt zu bekommen.

(Kleine Pause)

Gleich werde ich euch bitten, daß die Teilnehmer im Außenkreis ihrem Partner im Innenkreis ihr gegenwärtiges Gefühl möglichst spezifisch beschreiben, indem sie ihm einen Satz – und zwar nur einen! – sagen, der mit »Jetzt« beginnt:

Z. B.: Jetzt merke ich, daß meine Aufregung ein bißchen nachläßt.

Jetzt freue ich mich über dein Lächeln.

Der Partner im Innenkreis hört das kommentarlos an.

Danach bitten Sie die Teilnehmer im Innenkreis, ihrerseits in einem Satz ihr augenblickliches Gefühl mitzuteilen.

Sprecht sonst nichts weiter zusammen, seht euch nur an ...

Geht jetzt im Außenkreis schweigend einen Partner weiter nach rechts.

Seht euren neuen Partner an, und laßt das Gesicht eures Partners auf euch wirken ...

Wiederholen Sie mit ruhiger Stimme die Anweisungen in etwas gekürzter Form, z. B.

Betrachtet einander ... die Partner im Außenkreis versuchen, das Gefühl auszudrücken, das sie gerade jetzt haben ... jetzt bitte ihr im Innenkreis ... Geht jetzt im Innenkreis einen Partner weiter nach rechts.

Es ist wichtig, daß die Teilnehmer des Innen- und Außenkreises abwechselnd nach rechts weiterrücken. So wird vermieden, daß die eine Hälfte der Gruppe ein Gefühl der Passivität entwickelt. Falls einige Teilnehmer anfangen zu lachen, können Sie sagen:

> Bitte versucht, nicht der Situation durch Lachen auszuweichen. Es ist vielleicht anstrengend, aber ihr könnt dabei eine Menge über euch erfahren.

Das schweigende Anschauen sollte nie länger als 15 Sekunden dauern, um nicht zu viel Belastung zu bewirken.

- AUSWERTUNGSGESPRÄCH

Fordern Sie jetzt die Teilnehmer auf, im Kreis ihre Reaktionen auf dieses Experiment auszutauschen. Setzen Sie dafür eine Zeitgrenze von ca. 30 Minuten.

- Trio-Übung
  MITTEILUNG VON GEFÜHLEN

Bitten Sie die Teilnehmer, Trios zu bilden mit Teilnehmern, die sie noch nicht so gut kennen. Teilen Sie Teilnehmermaterial 2 aus. Weisen Sie darauf hin, daß die Teilnehmer genau nach den schriftlichen Instruktionen arbeiten sollen. Geben Sie dafür ca. 1 Stunde Zeit.

- AUSWERTUNGSGESPRÄCH

Bitte rufen Sie nach ca. einer Stunde die Trios wieder zusammen. Versuchen Sie, mit ein paar einleitenden Sätzen die gegenwärtige Stimmung in der Gruppe zu umschreiben – möglicherweise sind einige Teilnehmer von dieser langen Übung etwas erschöpft. Geben Sie ca. 10 Minuten für ein Auswertungsgespräch.

- Paarübung
  JA – NEIN*

Sagen Sie etwa folgendes:

> Es ist sicherlich nützlich, wenn wir alle lernen, direkt unsere Gefühle mitzuteilen. Andererseits ist es auch gut, nonverbal Gefühle auszudrücken, z. B. durch die Intensität, mit der wir sprechen, durch den Klang unserer Stimme usw.

---

* Das Handlungsmuster dieser Übung entstammt der Encountertradition auf dem Hintergrund der Gestalt-Therapie.

Ich möchte euch eine Paarübung vorschlagen, die wahrscheinlich den meisten viel Spaß machen wird und die geeignet ist, sehr starke Gefühle hervorzubringen. In dieser Übung könnt ihr Frustrationen, Ärger, Aggressionen usw. ausdrücken.
Vorher möchte ich euch die ganze Übung erklären.
Besinnt euch einen Augenblick, mit welchem Teilnehmer ihr zur Zeit die stärksten Differenzen habt – sei es, daß ihr schon einmal ärgerlich auf ihn wart, daß ihr im Augenblick Ärger habt oder daß ihr euch nur vorstellen könnt, es könnte einmal zu Meinungsverschiedenheiten zwischen euch kommen. Ihr könnt aber auch einen Teilnehmer auswählen, bei dem ihr herausfinden wollt, wie weit es zwischen euch möglich ist, Differenzen klar und offen auszutragen.
Im Blick auf die Gruppen, in denen ihr selbst Mitglieder seid oder die ihr leitet, möchte ich noch folgendes hinzufügen: Die meisten Leute in Gruppen haben irgendwann einmal eine Menge Ärger unter der Oberfläche ihres normalen Verhaltens, ob sie nun bereit sind, das zuzugeben oder nicht. Normalerweise macht sich das bemerkbar als Körperspannung, besonders als Anspannung der Nacken- und Schultergegend.
Diese Übung ist eine wirklich gute Möglichkeit, Ärger auszudrücken. Es geht darum, Ja und Nein zu schreien.
Bitte stellt euch dazu nun in Paaren auf, die irgendeinem der genannten Gesichtspunkte entsprechen . . .

Wenn sich alle zu Paaren zusammengefunden haben, sagen Sie etwa folgendes:

Stellt euch einander gegenüber, und seht euch an. Ihr werdet gleich einen ganz einfachen Dialog miteinander haben, indem nämlich einer von euch immer JA sagen wird – und zwar immer und immer wieder –, während der andere immer und immer wieder NEIN sagen wird. Das sind die einzigen Worte in diesem Dialog. Bitte entscheidet euch jetzt, wer Ja und wer Nein sagen wird von euch. Fangt an im normalen Konversationston. Mit Fortgang dieser Übung werdet ihr allmählich lauter werden.
Bitte beginnt jetzt.

Wenn die Lautstärke auf ihrem Höhepunkt angekommen ist, geben Sie der Gruppe durch Zeichen zu verstehen, daß sie abbrechen soll.
Fordern Sie die Teilnehmer auf, die Rollen zu wechseln.
Bitte geben Sie das neue Startsignal, und brechen Sie wieder ab, wenn die Lautstärke ihren Höhepunkt erreicht hat.
Wahrscheinlich hat diese kurze Übung zur Folge, daß Spannungen aus der vorangegangenen Sitzung abgebaut und sie mit einem hohen Energieniveau beendet werden kann.

- AUSWERTUNGSGESPRÄCH

Am Ende der Übung fordern Sie die Teilnehmer auf, in der Paarverbindung kurz ihre Reaktionen auf das Experiment auszutauschen, und zwar unter der Leitfrage: Was habe ich dabei über mich erfahren? Was bedeutet mir diese Übung für die Beziehung zu meinem Partner hier?

Beschreibung von Gefühlen

Wie fühlen Sie sich gerade jetzt?
Lassen Sie sich einen Augenblick Zeit, ehe Sie weiterlesen, und versuchen Sie für sich, das Gefühl zu identifizieren, das im Augenblick da ist.
Sagen Sie sich selbst einen Satz, der Ihr Gefühl zum Ausdruck bringt:

ICH FÜHLE ...

Vielleicht ist dieses kleine Experiment eine Bestätigung dafür, daß es gar nicht so einfach ist, die eigenen Gefühle zu identifizieren und zu beschreiben. Dasselbe gilt in verstärktem Maße hinsichtlich der Gefühle anderer. Um Ihnen den Umgang mit eigenen und fremden Gefühlen zu erleichtern, möchten wir Sie zunächst auf einige grundlegende Schwierigkeiten bei der Kommunikation von Gefühlen aufmerksam machen.

Bedenken Sie zunächst, daß der Ausdruck von Gefühlen verschiedene Formen hat. Gefühle können sich ausdrücken in der Veränderung von Körperzuständen, in Handlungen und Worten.

- Jeder spezifische Gefühlsausdruck kann von sehr verschiedenen Gefühlen herrühren. Ein Stirnrunzeln kann z. B. darauf hindeuten, daß der Betreffende konzentriert zuhört, aber es kann auch andeuten, daß er verärgert ist, verschreckt oder sich unwohl fühlt.
- In gleicher Weise wird ein bestimmtes Gefühl nicht immer in derselben Weise zum Ausdruck gebracht.

● Nehmen wir an, der Student Tim wird von zärtlichen Gefühlen für seine Kommilitonin Annette bewegt. In verschiedenen Situationen kann das zu unterschiedlichem Ausdrucksverhalten führen:
Tim kann erröten, wenn er Annette plötzlich trifft; er kann sie etwas länger als sonst üblich an-

schauen, wenn sie im Seminar diskutieren; er kann seine Hand auf ihren Arm legen, wenn er sie nach ihren Ferienplänen fragt; er kann ihr eine Schallplatte leihen, wenn er von ihr hört, daß sie einen bestimmten Interpreten schätzt; oder er kann Annette sagen, daß er sie gern hat.

Die verschiedenen Verhaltensweisen entspringen alle Tims Gefühl der Zärtlichkeit für Annette.

- Ein weiteres Hindernis für die genaue Kommunikation von Gefühlen besteht darin, daß Ihre Wahrnehmung dessen, was ein anderer fühlt, auf verschiedenen Informationen beruht.

Wenn jemand zu Ihnen spricht, bemerken Sie mehr als nur die Worte, die gesagt werden. Sie sehen Gesten, hören den Klang einer Stimme, sehen die Körperhaltung, den Gesichtsausdruck usw. Zusätzlich sind Sie sich der unmittelbar gegenwärtigen Situation bewußt, nämlich des Kontextes, in dem die Interaktion zwischen Ihnen und Ihrem Kommunikationspartner stattfindet.

● Sie bemerken zum Beispiel, daß ein Dritter Ihrem Gespräch folgt. Deshalb stellen Sie Überlegungen an, welchen Einfluß diese Tatsache auf das Verhalten Ihres Partners haben könnte. Schließlich haben Sie gewisse Erwartungen, die von Ihren Erfahrungen mit dem Kommunikationspartner bestimmt sind.

Sie stellen Schlußfolgerungen auf der Grundlage all dieser Informationen an, und zwar hinsichtlich
- der Worte Ihres Partners,
- seiner nonverbalen Signale,
- des Situationszusammenhangs,
- Ihrer eigenen Erwartungen.

Ihre Erwartungen werden beeinflußt durch Ihren eigenen gegenwärtigen emotionalen Zustand. Daher hängt das, was Sie beim anderen an Gefühlen wahrnehmen, häufig davon ab, was Sie selbst fühlen im Blick auf die Handlungen oder Worte des anderen.

- Wenn Sie sich beispielsweise schuldig fühlen, dann glauben Sie möglicherweise zu sehen, daß der andere mit Ihnen böse ist.
  Wenn Sie sich deprimiert und entmutigt fühlen, scheinen die anderen Ihnen gegenüber Mißachtung zum Ausdruck zu bringen.

Wenn Sie den Versuch machen, Ihre eigenen Gefühle mitzuteilen und die Gefühle anderer zu verstehen, dann ist das eine außerordentlich schwere Aufgabe. Wenn Sie wünschen, daß der andere mit Ihnen nicht nur »Partykonversation« macht, müssen Sie ihm helfen zu verstehen, was Sie fühlen; andererseits müssen Sie versuchen, die emotionalen Reaktionen Ihres Partners ungefiltert zu verstehen.

Die folgende Graphik soll Ihnen helfen, die verschiedenen Ausdrucksmöglichkeiten von Gefühlen zu verstehen.

ABBILDUNG: AUSDRUCK VON GEFÜHLEN*

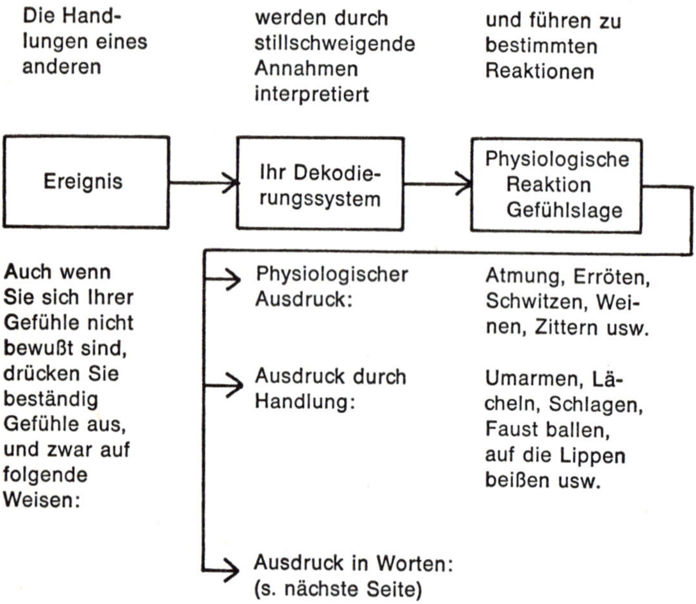

▶ Wenn Sie sichergehen wollen, daß andere Ihre Gefühle adäquat verstehen, müssen Sie Ihre Gefühle explizit beschreiben.

Bedenken Sie, daß die meisten Menschen keine Hellseher sind, sie können also nicht in Sie hineinschauen und Ihre Gefühlslage präzis erfassen!

Die stillschweigende Annahme, meine Kommunikationspartner müßten ohne weiteres meine Gefühle, Wünsche und Bedürfnisse erkennen, ist eine der illusionärsten und verderblichsten Hypothesen über zwischenmenschliche Beziehungen.

Versuchen Sie, ohne diese naive Erwartung zu leben.

- Eine erste Möglichkeit, Gefühle zu beschreiben, besteht darin, sie zu identifizieren und direkt zu benennen.
  Ich bin ärgerlich.
  Ich liebe dich.
  Ich zittere vor Aufregung.

Ausdruck in Worten:

1. Befehle	»Sei ruhig.«
2. Fragen	»Ist es auch sicher, so schnell zu fahren?«
3. Anklagen	»Du kümmerst dich nicht um mich.«
4. Schimpfen	»Du bist roh.«
5. Sarkasmus	»Du vermittelst einem ein ungeheures Gefühl der Wertschätzung.«
6. Urteile:	
Zustimmung:	»Du bist Klasse.«
Ablehnung:	»Du sprichst zuviel.«

BESCHREIBUNG VON GEFÜHLEN

1. Ich bin zu verletzt, um weiter zuzuhören.
2. Ich habe Angst, so schnell gefahren zu werden.
3. Ich war verletzt, als du meinen Geburtstag vergaßt.
4. Ich fühlte mich gedemütigt, als du meine Bemerkung ignoriertest.
5. Ich ärgere mich darüber, daß du offenbar nicht anerkennst, was ich für dich getan habe.
6. Ich genieße deinen Humor.
   Ich fange an mich zu langweilen und abzuschalten.

> Sie können Ihre Gefühle nur beschreiben, wenn Sie sich ihrer ganz spezifisch bewußt sind.

* Nach *John L. Wallen:* Description of Feelings. A Basic Communication Skill for Improving Interpersonal Relationships. In: *Ch. Jung* et al., Interpersonal Communications, Portland 1971, S. 73.

- Wir haben jedoch nicht genug Begriffe, um das ganze Spektrum menschlicher Emotionen zu benennen, und so finden wir andere Wege, unsere Gefühle zu beschreiben, etwa durch Vergleiche:
  Ich fühle mich wie ein kleiner Frosch in einem riesigen Teich.
  Ich fühle mich, als hätte man mich in die Ecke gestellt.
  Ich fühle mich wie ein fünftes Rad am Wagen.
- Eine weitere Möglichkeit, ein Gefühl zu beschreiben, besteht darin, zu berichten, welche Art von Handlungen das Gefühl nahelegt.
  Ich möchte die ganze Welt umarmen.
  Ich möchte mich verkriechen.
  Ich möchte weglaufen und dich allein lassen.
- Schließlich dienen metaphorische Redensarten der Beschreibung von Gefühlen:
  Ich bade im Wohlwollen dieser Gruppe.
  Hier bei euch ist die Hölle für mich.

▶ Wenn Sie versuchen, Ihre Gefühle zu beschreiben, dann gehen Sie folgendermaßen vor:
  - Ihr Statement muß zum Ausdruck bringen, daß es um Sie geht.
  - Es muß das Gefühl spezifizieren, indem das Gefühl genannt, ein Vergleich gebraucht, eine gewünschte Handlung oder eine metaphorische Redewendung genannt wird.

Die folgenden Beispiele zeigen zwei Weisen des Gefühlsausdrucks, nämlich die explizite, die beschreibt, was der Sprecher fühlt, und die implizite, die das nicht tut. Beachten Sie bitte, daß die Aussagen über Gefühle, welche den emotionalen Zustand des Sprechers beschreiben, präziser sind und weniger zu Mißverständnissen führen.

AUSDRUCK VON GEFÜHLEN

expliziter Gefühlsausdruck durch Beschreibung	impliziter Gefühlsausdruck ohne Beschreibung
Ich fühle mich unsicher. Ich fühle mich wohl. Ich bin ärgerlich.	Erröten und nichts sagen
Ich bin zornig. Ich bin darüber traurig. Ich fühle mich verletzt.	Mitten im Gespräch in Schweigen verfallen
Ich bin zu verletzt, um mehr zu hören. Ich bin wütend über mich selbst. Ich bin wütend über dich.	Sei ruhig!

Weil emotionale Zustände sich gleichzeitig in Worten, Handlungen und physiologischen Veränderungen ausdrücken, kann ein Mensch widersprüchliche Botschaften darüber aussenden, was er fühlt. Die Handlungen (z. B. ein Lächeln) können den Worten (z. B. »Ich bin wütend«) widersprechen.
Die klarste zwischenmenschliche emotionale Kommunikation findet statt, wenn der Inhalt der Botschaft zu den Handlungen und dem nonverbalen Gefühlsausdruck des Sprechers paßt.

● So sagt Klaus beispielsweise: »Ich hab dich lieb, Renate.« Seine Stimme klingt warm und zärtlich. Er streichelt ihre Hand und neigt seinen Kopf in ihre Richtung.

▶ Wenn Sie es lernen, Ihre eigenen Gefühle zu beschreiben, werden Sie mehr Resonanz bei Ihren Kommunikationspartnern finden. Schließlich müssen andere wissen, wie Sie fühlen, wenn sie auf Ihre Gefühle eingehen sollen.

Beachten Sie auch, daß eigene negative Gefühle oft Signale dafür sind, daß irgend etwas in Ihrer Beziehung zu dem anderen nicht stimmt. Nehmen Sie negative Gefühle als ein Signal dafür, daß Sie und Ihr Partner etwas in Ihrer Beziehung klären müssen. Nachdem Sie gemeinsam diskutiert haben, wie

jeder die Situation erlebt, können Sie entdecken, daß Ihre Gefühle unter Umständen aus einer falschen Wahrnehmung der Situation herrühren, von der falschen Einschätzung der Motive des anderen. In diesem Fall werden sich Ihre Gefühle möglicherweise ändern.
Andererseits kann Ihr Partner entdecken, daß seine Handlungen Gefühle in Ihnen hervorrufen, über die er sich nicht im klaren war, Gefühle, die auch andere im Zusammenhang mit seinem Verhalten haben, und dann kann er sich möglicherweise ändern.

▶ Auf keinen Fall sollte die Beschreibung Ihrer Gefühle den Zweck haben, den anderen zu zwingen, sich so zu verhalten, daß Sie nur bestimmte, für Sie angenehme Gefühle haben werden.

Wenn Sie überprüfen wollen, ob Sie die Gefühlslage des anderen richtig einschätzen, nehmen Sie eine Wahrnehmungsüberprüfung vor.

▶ Bei der Wahrnehmungsüberprüfung beschreiben Sie, welche nonverbalen Signale Sie beim anderen wahrnehmen. Anschließend teilen Sie dem Partner mit, wie Sie seine Stimmung deuten, um zu überprüfen, ob Sie den Gefühlsausdruck richtig entziffert haben.
Eine gute Wahrnehmungsüberprüfung teilt dem Partner folgendes mit:
Ich sehe, daß ...
Ich möchte deine Gefühle verstehen.
Fühlst du dich ...?

● Sagen Sie nicht: »Warum bist du böse mit mir?«
Das ist Gedankenlesen, aber nicht die Überprüfung einer Wahrnehmung.
Sagen Sie statt dessen:
Ich sehe, daß du mit dem Fuß wippst.
Ich möchte wissen, wie es dir jetzt geht.
Hast du dich über mich geärgert?

Sagen Sie nicht: »Bist du schon wieder depressiv?«
Das ist eine verfeinerte Aggression.

Sagen Sie lieber:
Ich sehe, daß du die Schultern hängen läßt und schweigst.
Bist du enttäuscht, weil keiner deinen Vorschlag kommentiert hat?

Sagen Sie nicht: »Sei doch nicht so empfindlich!«
Damit manipulieren Sie die Gefühle des Partners.
Sagen Sie lieber:
Du bist so plötzlich aufgestanden, während ich sprach.
Ich bin nicht sicher, was das bedeutet.
Hat mein Kommentar dich irritiert oder deine Gefühle verletzt?

Prägen Sie sich ein, daß eine Wahrnehmungsüberprüfung die Gefühle des anderen beschreibt und daß sie in keinem Fall Mißbilligung oder Zustimmung zum Ausdruck bringt. Sie teilt lediglich mit: So fasse ich deine Gefühle auf. Ist das richtig?

Trio-Übung

Mitteilung von Gefühlen

Die folgende Übung soll Ihnen helfen, zu lernen, Gefühle mitzuteilen. Die Übung ist kein Test, sondern eine gemeinsame Aktivität einer Dreiergruppe.

- KOMMUNIKATION DURCH WORTE

Jede Aussage kann Gefühle zum Ausdruck bringen. Sogar die nüchterne Feststellung: »Es ist 3 Uhr nachmittags« kann auf eine solche Weise gesagt werden, daß sie Ärger oder Enttäuschung signalisiert. In diesem Fall bringen jedoch nicht die Worte selbst die Gefühle zum Ausdruck, sondern die nonverbalen Signale des Sprechers, der Klang seiner Stimme, der Tonfall, sein Gesichtsausdruck usw. Bei anderen Aussagen bringt jedoch der Inhalt ein Gefühl direkt zum Ausdruck, z. B.: »Ich bin müde.«
In jedem der folgenden beiden Beispiele teilen die Sätze Gefühle mit. Im ersten Beispiel werden Gefühle direkt kommuniziert, während im zweiten Beispiel Gefühle indirekt mitgeteilt werden.

- Direkter Gefühlsausdruck
  Ich bin enttäuscht.
  Ich fühle mich übergangen.
  Ich liebe dich.
  Jeder Satz teilt Gefühle mit, indem spezifisch beschrieben wird, was der Sprecher fühlt. Der emotionale Zustand des Sprechers ist der Inhalt des Satzes. Die Gefühle werden beschrieben und identifiziert durch ein Wort oder einen Satz (hier: enttäuscht – übergangen – geliebt).

- Indirekter Gefühlsausdruck
  O Eva!
  Geh raus!
  Ich dachte, daß du nie mehr kommen würdest.
  Hinter jedem dieser Sätze stecken offensichtlich starke Gefühle, aber die Aussage beschreibt das

Gefühl nicht selbst. Wir können nur vermuten, was das Gefühl ist, die Aussage selbst identifiziert das Gefühl nicht.

- Bearbeiten Sie nun auf der folgenden Seite die Aufgabe 1 und tragen Sie Ihre Antwort in die Klammer ( ) ein.
- Vergleichen Sie dann Ihre Antworten zu Aufgabe 1 mit denen der anderen Trio-Mitglieder.
  Wenn Sie nicht alle die gleichen Antworten gefunden haben, untersuchen Sie, was Sie zu den unterschiedlichen Antworten führte.
- Nach Ihrer Diskussion schauen Sie bitte in das Papier »Analyse der Antworten« (Seite 97).
- Ein Mitglied Ihres Trios sollte jetzt laut den Abschnitt »Aufgabe 1« aus diesem Papier vorlesen. Besprechen Sie miteinander diese Lösungen.
- Wiederholen Sie nun diese Schritte nacheinander für jede der folgenden Aufgaben 2 bis 10.

10 Übungsaufgaben zur
KOMMUNIKATION VON GEFÜHLEN*
Bitte schreiben Sie ein D vor jeden Satz in der nachfolgenden Reihe, der DIREKT ein Gefühl mitteilt, indem der emotionale Zustand des Sprechers beschrieben wird.
Schreiben Sie ein I vor jeden Satz, der INDIREKT ein Gefühl mitteilt, das Gefühl aber nicht beschreibt und den emotionalen Zustand des Sprechers nicht identifiziert.

Aufgabe
1 ( ) a) Sei still, kein weiteres Wort!
( ) b) Ich bin wütend über das, was du gerade gesagt hast.
2 ( ) a) Kannst du nicht sehen, daß ich beschäftigt bin? Geh raus!
( ) b) Ich ärgere mich darüber, daß du mich dauernd unterbrichst.

* Vgl. »Communication of Feelings«. In: *Ch. Jung* et al., Interpersonal Communications, 1971, S. 78 bis 85. Die Übungsaufgaben wurden im wesentlichen unverändert übernommen, die Analysen der Antworten nach gestalttherapeutischen Prinzipien ergänzt.

( ) c) Du denkst überhaupt nicht an die Gefühle anderer. Du bist egoistisch!

3 ( ) a) Ich fühle mich entmutigt durch das, was heute passiert ist.

( ) b) Das ist ein unangenehmer Tag gewesen!

4 ( ) a) Du bist ein toller Typ!

( ) b) Ich mag dich wirklich gern.

5 ( ) a) Ich fühle mich wohl und frei, wenn ich mit dir zusammen bin.

( ) b) Wir fühlen alle, daß du ein toller Kerl bist!

( ) c) Jeder mag dich!

6 ( ) a) Wenn sich die Zustände hier nicht ändern, suche ich mir einen neuen Job.

( ) b) Hast du jemals von einem so schlechten Team gehört?

( ) c) Ich habe Angst zuzugeben, daß ich bei meiner Arbeit Hilfe brauche.

7 ( ) a) Dies ist eine miese Übung.

( ) b) Ich fühle, daß dies eine miese Übung ist.

( ) c) Ich bin verwirrt, frustriert und sauer durch diese Übung.

8 ( ) a) Ich fühle mich unfähig, wenn ich dieses spezielle Thema bearbeite.

( ) b) Ich bin unfähig, dieses spezielle Thema zu bearbeiten.

9 ( ) a) Ich bin eine Niete. Ich werde nie irgend etwas erreichen.

( ) b) Mein Lehrer ist schrecklich. Er hat mir nichts beigebracht.

( ) c) Ich bin deprimiert, weil ich bei diesem Test so schlecht abgeschnitten habe.

10 ( ) a) Ich fühle mich einsam und isoliert in meiner Gruppe.

( ) b) Ich kriege hier so wenig Aufmerksamkeit, daß ich ebensogut woanders sein könnte.

( ) c) Ich fühle, daß niemand sich darum kümmert, ob ich da bin oder nicht.

ANALYSE DER ANTWORTEN

Bitte beachten Sie unsere schon vorher ausgesprochene Bitte, daß Sie die hier analysierten Antworten erst lesen, wenn Sie im Trio Ihre eigenen Lösungen miteinander verglichen und besprochen haben.
Bitte suchen Sie dann sorgfältig die entsprechende Aufgabe aus. Die Aufgaben sind nämlich nicht in der zahlenmäßigen Reihenfolge hier aufgeführt, damit Sie nicht zufällig auf die Antworten schauen, die sich auf die nächste Aufgabe beziehen, die Sie bearbeiten werden.

Aufgabe
Satz-Nr.

1/a = I. Befehle wie dieser hier übermitteln ein starkes Gefühl, ohne jedoch zu beschreiben, welches spezifische Gefühl zu der Äußerung führte.

1/b = D. Der Sprecher teilt sein Gefühl mit, indem er sich selbst als verärgert beschreibt. Auf diese Weise drückt sein Statement nicht nur ein Gefühl aus, sondern es benennt auch das Gefühl.

7/a = I. Dieser Satz drückt ein negatives Werturteil aus. Er teilt negative Gefühle mit, ohne sie zu beschreiben.

7/b = I. Obgleich der Sprecher mit der Wendung beginnt: »Ich fühle ...«, sagt er nicht, was er fühlt. Statt dessen gibt er ein negatives Werturteil über die Übung ab. Bitte denken Sie daran, daß der bloß dekorative Gebrauch der Redewendung »Ich fühle« bei der Einleitung eines Satzes noch lange keine Beschreibung von Gefühlen ist. Häufig meint der Betreffende nur: »Ich denke« oder »Ich nehme an«. So ist es ziemlich sinnlos, wenn Sie sagen: Ich fühle, daß der HSV das nächste Spiel wieder verlieren wird. – oder: Ich habe die Empfindung, daß die Gruppe gelangweilt ist.
In beiden Fällen sprechen Sie Vermutungen aus, aber Sie beschreiben keine Gefühle.

▶ Es ist sehr wichtig, zwischen der Wahrnehmung von Gefühlen und Werturteilen einerseits, Vermutungen und Prognosen andererseits zu unterscheiden.

7/c = D. Der Sprecher gibt spezifisch an, daß er sich verwirrt, frustriert und verärgert fühlt. Er beschreibt seine Gefühle, aber er bewertet nicht die Übung.
Auch wenn wir ein Werturteil, das durch einen anderen zum Ausdruck gebracht wird, nicht bestätigen, sollten wir die jeweiligen Gefühle des anderen nicht negieren.
Wenn Ingeborg sagt, daß die Übung schlecht ist, und Eva sagt, daß die Übung gut ist, dann kann sich daran eine Diskussion anschließen über die Stichhaltigkeit der beiden Behauptungen. Wenn jedoch Ingeborg sagt, daß sie durch die Übung frustriert war und Eva sagt, daß sie die Übung gern gemacht hat, dann ist es unangebracht, in eine argumentierende Diskussion einzutreten.

▶ Viele Leute, die behaupten, nichts über ihre Gefühle zu wissen, haben die Angewohnheit, Werturteile über andere abzugeben. Sie bemerken dabei nicht, daß sie damit (indirekt) positive bzw. negative Gefühle ausdrücken.

10/a = D. Der Satz bringt Gefühle zum Ausdruck, indem beschrieben wird, daß sich der Sprecher einsam und isoliert fühlt.

10/b = I. Hier werden negative Gefühle zum Ausdruck gebracht, ohne daß jedoch gesagt wird, ob sich der Sprecher zornig, einsam, enttäuscht, verletzt oder wie auch immer fühlt.

10/c = I. Beachten Sie, daß der letzte Teil des Satzes in Wirklichkeit eine Annahme des Sprechers zum Ausdruck bringt, nämlich was seiner Meinung nach die anderen in der Gruppe ihm gegenüber fühlen und nicht, was er selbst fühlt.
Die Sätze a und c stehen im folgenden Verhältnis zueinander:
Weil ich vermute, daß niemand sich in meiner Gruppe darum kümmert, ob ich da bin oder nicht, fühle ich mich einsam und isoliert.
Beachten Sie, daß das hier ausgedrückte Gefühl keine Reaktion auf das wirkliche Gefühl der Gruppenmitglieder ist, sondern eine Reaktion auf die eigenen sozialen Phantasien.

4/a = I. Dieser Satz ist ein Werturteil. Er übermittelt positive Gefühle für den anderen, ohne zu beschreiben, welcher Art diese sind. Mag der Sprecher den anderen gern? Respektiert er ihn? Ist er gern mit ihm zusammen? Liebt er ihn? Oder was sonst? Der Satz sagt nichts darüber.

4/b = D. Der Sprecher teilt positive Gefühle mit, indem er angibt, daß er den anderen gern hat.

2/a = I. Ein starkes Gefühl wird zum Ausdruck gebracht durch die Frage und den anschließenden Befehl. Aber das Gefühl selbst wird nicht beschrieben.

2/b = D. Das Gefühl des Sprechers wird beschrieben, nämlich als Ärger.

2/c = I. Der Sprecher erhebt Anklagen gegen die anderen. Die Anklagen übermitteln starke negative Gefühle. Da die Gefühle jedoch nicht identifiziert werden, kann niemand herausfinden, ob die Anklagen Reaktionen sind auf Ärger, Enttäuschung oder verletzte Gefühle.

6/a = I. Dieser Satz übermittelt negative Gefühle hinsichtlich der Organisation, ohne jedoch diese Gefühle zu beschreiben. Der Sprecher spricht vage über gewisse Zustände in der Organisation, aber nicht über seine Gefühlslage.

6/b = I. Eine rhetorische Frage, die ein negatives Werturteil über die Organisation ausdrückt. Sie teilt ein negatives Gefühl mit, aber sie beschreibt nicht, um welches Gefühl es sich handelt.

6/c = D. Eine klare Beschreibung, wie sich der Sprecher im Blick auf seinen Job fühlt: er hat Angst.
Die Sätze a und b beinhalten Angriffe oder Kritik an der Organisation, die unter Umständen mit der Emotion zu tun haben, wie sie in Satz c beschrieben wird.
Denken Sie daran, daß Ausdrücke, die Ärger mitteilen, häufig aus einem Gefühl der Angst stammen.

▶ Der Ausdruck von Ärger resultiert häufig aus Angst, verletzten Gefühlen, Enttäuschung, Einsamkeit.
Wenn jedoch diese elementaren Gefühle nicht beschrieben werden, kann der Empfänger einer Mitteilung die

wirkliche Gefühlslage des Sprechers nicht verstehen und deshalb nicht adäquat reagieren.

9/a = I. Ein weiteres Beispiel für den wichtigen Unterschied zwischen Minderwertigkeitsgefühlen und tatsächlicher Unzulänglichkeit, entsprechend der Aufgabe 8. Der Sprecher teilt starke negative Gefühle über sich selbst mit. Der Satz beschreibt jedoch nicht seine Gefühle.

9/b = I. Anstatt Selbstkritik zu üben, macht der Sprecher dem Lehrer Vorwürfe. Sein Werturteil teilt negative Gefühle mit, aber es beschreibt nicht, was der Sprecher fühlt.

9/c = D. Dieser Satz teilt Gefühle mit, indem er den emotionalen Zustand des Sprechers als deprimiert und entmutigt beschreibt.

Die Sätze a und c illustrieren den wichtigen Unterschied, daß man sich einmal mit einem Etikett versehen kann (Ich bin eine Niete) und daß man andererseits seine Gefühle beschreiben kann (Ich bin deprimiert).

Gefühle können sich nämlich ändern, und sie tun das in der Tat auch. Wenn Sie jetzt deprimiert und entmutigt sind, heißt das nicht, daß Sie auch in Zukunft dieses Gefühl haben werden. Wenn Sie jedoch sich selbst mit dem Etikett »Niete« bekleben, erhöht sich für Sie die Wahrscheinlichkeit, daß Sie sich auch in Zukunft wie eine Niete verhalten werden, da Sie der Suggestion Ihres pessimistischen Selbstbildes allzuleicht erliegen.

▶ Wenn Sie sich auf Ihre Gefühle im Augenblick konzentrieren, blockieren Sie Ihre eigene emotionale Entwicklung nicht. Wenn Sie an eigene feste Charakterzüge glauben, sperren Sie sich selbst in ein emotionales Gefängnis.

Ein Mädchen kam einmal zu folgender wichtiger Einsicht über sich selbst: Ich dachte immer, daß ich schüchtern sei. Jetzt habe ich entdeckt, daß ich nicht immer schüchtern bin, sondern daß ich mich manchmal schüchtern fühle, besonders in Gegenwart von älteren Frauen.

Diese Einsicht half ihr zu neuen Erfahrungen, da sie sich selbst nicht länger darauf festlegte, schüchtern zu sein.

5/a = D. Eine klare und spezifische Beschreibung, wie sich der Sprecher fühlt, wenn er mit dem anderen zusammen ist.

5/b = I. Obgleich der Satz positive Gefühle dem anderen signalisiert, sagt er nicht, daß auch der Sprecher diese positiven Gefühle mit Sicherheit teilt. Denn der Sprecher versteckt sich hinter dem kollektiven »Wir«. Er bringt seine eigenen Gefühl nur indirekt zum Ausdruck.
Der zweite Teil des Satzes ist ein Werturteil, das nicht angibt, welches Gefühl damit verbunden ist (vgl. Aufgabe 4).

5/c = I. Diese Aussage sagt nichts über den Sprecher und seine Gefühle, sondern ist ganz allgemeiner Natur. Es wird zwar ein Gefühl in dem Satz angesprochen, aber der Sprecher macht nicht klar, was er selbst fühlt. Auch hier versteckt sich der Sprecher hinter einer kollektiven Ausdrucksweise.

▶ Achten Sie einmal darauf, wieviel schöner es für Sie ist, wenn jemand zu Ihnen sagt: Ich habe dich gern – als wenn er sagt: Wir haben dich alle gern.

8/a = D. Dieser Satz übermittelt ein Gefühl, das spezifisch beschrieben wird als Unzulänglichkeit.

8/b = I. Vorsicht! Diese Aussage hört sich ähnlich an wie Satz a. Jedoch wird diesmal gesagt, daß der Betreffende unfähig *ist*. Er gibt sich selbst das Etikett der Unfähigkeit. Auf diese Weise übermittelt er zwar auch negative Gefühle über sich selbst, aber er beschreibt sie nicht.
Viele verwechseln das Gefühl der Unfähigkeit mit tatsächlicher Unfähigkeit. Jemand kann sich unfähig fühlen, wenn er eine bestimmte Aufgabe erfüllen soll, trotzdem kann er die Aufgabe vielleicht ausgezeichnet bewältigen. In gleicher Weise kann sich jemand außerordentlich fähig fühlen und die Aufgabe dennoch nur sehr mäßig erfüllen.

3/a = D. Der Satz beschreibt, daß sich der Sprecher entmutigt fühlt.

3/b = I. Hier werden negative Gefühle mitgeteilt, ohne daß sie beschrieben werden. Scheinbar bezieht sich die Aussage auf einen bestimmten Tag, während sie in Wirklichkeit ein Ausdruck dafür ist, wie sich der Sprecher fühlt. Wir können allerdings nicht erschließen, ob sich der Sprecher deprimiert, verärgert, einsam, gedemütigt oder zurückgewiesen fühlt.

Wahrnehmungsüberprüfung

▶ LERNZIELE

Die Teilnehmer sollen erfahren, daß nonverbales Verhalten prinzipiell vieldeutig ist und daher von Fall zu Fall der Wahrnehmungsüberprüfung bedarf.
Sie sollen die Fähigkeit entwickeln, bei sich und anderen nonverbale Signale zu identifizieren und die begleitenden Gefühle durch Wahrnehmungsüberprüfung herauszufinden.
Schließlich sollen die Teilnehmer motiviert werden, ihre individuellen nonverbalen Kommunikationsmöglichkeiten besser kennenzulernen.
Teilnehmermaterial: 1. Nonverbales Verhalten, 2. Wie drücken Sie Gefühle aus?

▶ ÜBUNGSANWEISUNGEN

Bitte informieren Sie die Gruppe kurz über die Lernziele dieser Übungseinheit.

- Informationsphase
  NONVERBALES VERHALTEN

Teilen Sie Teilnehmermaterial 1 aus, und klären Sie anschließend in einem kurzen Gespräch, ob es Fragen bzw. Reaktionen zu dem Teilnehmermaterial gibt.

- Gruppenübung
  NONVERBALE SIGNALE

Kündigen Sie den Teilnehmern dieses Kommunikationsexperiment an, und geben Sie in etwa folgende Hinweise:

> Ich werde euch gleich bitten, aufzustehen und in dem freien Raum innerhalb des Stuhlkreises langsam umherzuwandern, ohne zu sprechen, indem ihr hier und dort – wo ihr es möchtet – nichtsprachliche Kommunikationssignale aussendet bzw. versucht, die nonverbalen Kommunikationssignale anderer aufzufangen.

Fordern Sie jetzt die Gruppenmitglieder auf, sich zu erheben und dann schweigend umherzuwandern.

Bitte beginnt nun, nonverbale Signale zu senden bzw. zu empfangen. Mit wem wollt ihr kommunizieren? Was wollt ihr senden? Was empfangt ihr?

Stoppen Sie das Experiment nach ungefähr 5 Minuten, und leiten Sie einen kurzen Reaktionsaustausch der Gruppenmitglieder ein. Geben Sie vorab folgende Richtlinien für das

- AUSWERTUNGSGESPRÄCH

  Habt ihr bestimmte nonverbale Kommunikationssignale anderer identifizieren können, und wie habt ihr sie gedeutet?
  Was waren eure gefühlsmäßigen Reaktionen auf die nonverbalen Signale anderer?
  Wollt ihr Informationen darüber einholen, wie andere eure Signale aufgefaßt haben?

- Trioübung
  WIE DRÜCKEN SIE GEFÜHLE AUS?

Bitten Sie die Teilnehmer jetzt, Trios zu bilden (Gruppenmitglieder, die sich besser kennenlernen möchten). Teilen Sie das Teilnehmermaterial 2 aus, und bitten Sie, das Papier instruktionsgemäß zu bearbeiten.

- AUSWERTUNGSGESPRÄCH

Bei dem Auswertungsgespräch machen Sie bitte auf die in den Hinweisen für den Moderator gegebenen Gesichtspunkte aufmerksam.

- Paarübung
  TELEGRAMME*

Bitte sagen Sie den Teilnehmern, daß sie jetzt Gelegenheit haben, verbale und nonverbale Kommunikation in einer Paarübung zu erproben. Geben Sie die folgenden Instruktionen:

Bitte stellt euch wieder auf, und beginnt, ohne zu sprechen, im Kreis herumzugehen. Werdet euch beim Durcheinandergehen darüber klar, mit welchem Partner ihr

* Nach *John O. Stevens*.

die folgende Kommunikationsübung gern zusammen machen möchtet, und ladet – wenn ihr das mögt – den Betreffenden durch ein nonverbales Signal dazu ein. Jeder, der eingeladen wird, hat die Möglichkeit, nonverbal zu akzeptieren bzw. nonverbal Nein zu sagen. Versucht, beim Wählen bzw. beim Annehmen oder Ablehnen einer Wahl euren wirklichen Wünschen entsprechend zu handeln.

Sobald sich die Paare gebildet haben, fordern Sie die Teilnehmer auf, sich auf dem Fußboden niederzulassen und sich einander gegenüberzusetzen. Sagen Sie dann:

Ich werde euch zu einer Reihe von verschiedenen Kommunikationsformen auffordern. Jede Kommunikationsform ist auf eine bestimmte Zeit begrenzt. Achtet bitte einmal darauf, was ihr bei den verschiedenen Kommunikationsformen über euch selbst und über euren Partner erfahrt.

Beginnt jetzt bitte mit einer ganz normalen Unterhaltung über irgend etwas, was euch im Augenblick interessiert. Ihr habt dafür etwa zwei Minuten Zeit ...

Jetzt stoppt bitte, und ändert eure Kommunikation so, daß ihr euch jeweils nur sehr kurze Sätze sagt, die nur vier bis fünf Wörter haben. Ihr habt wieder zwei Minuten Zeit ...

Jetzt beschränkt eure Kommunikation auf Ein-Wort-Sätze, d. h., jeder Satz darf nur ein Wort haben ...

Gebraucht jetzt bitte überhaupt keine normalen Worte bei eurer Unterhaltung, sondern drückt euch zwei Minuten lang durch andere Geräusche, Summen, Krächzen und Töne aus ...

Jetzt kommuniziert bitte zwei Minuten lang in einer Phantasiesprache, die in irgendeinem exotischen Land gesprochen werden könnte ...

Jetzt macht überhaupt keine Geräusche mehr, sondern unterhaltet euch zwei Minuten lang in einer Gestensprache, wie sie Taubstumme vielleicht verwenden ...

Jetzt schließt bitte eure Augen, gebt euch die Hände. Ihr habt jetzt nur noch die Möglichkeit, euch mit den Bewegungen eurer Hände zu unterhalten ...

Bitte gebraucht jetzt wieder die Gestensprache der Taubstummen, wenn ihr euch in den nächsten zwei Minuten unterhaltet . . .
Jetzt benutzt wieder die Phantasiesprache, um euch auszudrücken . . .
Jetzt gebraucht bitte wieder die nonverbalen Geräusche, Summen, Krächzen usw. . . .
Kommuniziert jetzt wieder in Ein-Wort-Sätzen . . . (jeweils 2 Minuten).
Und jetzt habt ihr fünf Minuten Zeit, aus all den verschiedenen Kommunikationsformen diejenigen auszuwählen, mit denen ihr euch im Augenblick gern verständigen wollt, also z. B. ganz normale Sätze, oder normale Sätze in Verbindung mit Gebärdensprache usw.
Bitte tauscht euch darüber aus, was ihr bei dem Kommunikationsexperiment über euch und über euren Partner erfahren habt.

• AUSWERTUNGSGESPRÄCH

Bitten Sie die Teilnehmer, wieder im Kreis Platz zu nehmen und ihre Reaktionen auf das Experiment auszutauschen.
Wichtige Gesichtspunkte für die Diskussion sind: Welche Kommunikationsformen fielen mir besonders leicht, welche besonders schwer? Wann war ich am engagiertesten? Welche Kommunikationsformen erlaubten mir am ehesten den Ausdruck meiner Gefühle? Welche Gefühle habe ich zum Ausdruck gebracht? Welche Gefühle sind mir gegenüber zum Ausdruck gebracht worden?
Den meisten Menschen fällt die normale sprachliche Kommunikation und die Handkommunikation am leichtesten, während die Kommunikationsformen einer mittleren Intimität, wie sie z. B. bei der Unterhaltung in der Phantasiesprache vorliegt, besonders schwerfällt. Es scheint so zu sein, daß die ganz enge bzw. die eher distanzierte Kommunikation am leichtesten fällt.
Es ist wichtig, daß hier nicht interpretiert und bewertet wird, sondern daß lediglich Feststellungen getroffen werden. Der einzelne soll sich darüber klarwerden können, welche Kommunikationsformen er für sich selbst weiterentwickeln möchte.

Nonverbales Verhalten

Die ersten drei Übungseinheiten haben sich auf Probleme der verbalen Kommunikation konzentriert. Sie kommunizieren aber auch auf nichtsprachliche Weise, wenn Sie z. B. Ihre Stirn runzeln, die Augenbrauen hochziehen, die Arme kreuzen oder mit den Füßen wippen.
Manches nonverbale Verhalten enthält eine spezifische, allgemeinverständliche Mitteilung, wenn z. B. jemand die Finger auf die Lippen legt, um zum Schweigen aufzufordern. Anderes nonverbales Verhalten kann Gefühle anzeigen, wie das Lächeln oder das Trommeln mit den Fingern. Oft ist nichtverbales Verhalten spontaner als Worte. Es kann Ihrem Partner daher unter Umständen ein echteres Bild dessen, was in Ihnen vorgeht, vermitteln, als es Ihre Worte allein tun, hinter denen Sie sich ja – wenn Sie es wollen – verstecken können.
Es gibt jedoch ein grundlegendes Problem. Wenn Ihre Partner die Fertigkeit der Wahrnehmungsüberprüfung nicht anwenden, können sie manchmal Ihre nonverbalen Signale falsch deuten.

- Man könnte z. B. denken, daß Sie Ihre Augen schließen, weil Sie müde sind, während Sie tatsächlich die Augen schließen, um sich besser zu konzentrieren.

Es ist daher wichtig, daß sich Ihre Partner über die genaue Bedeutung Ihres nonverbalen Verhaltens vergewissern, um nicht durch die Vieldeutigkeit verwirrt zu werden.
Ein anderes Problem entsteht, wenn Sie Dinge nichtsprachlich mitteilen, über die Sie sich selbst nicht klar sind. Voraussichtlich benutzen Sie eine ganze Menge nonverbaler Signale, von denen Sie gar nichts wissen. Sie sind Teil Ihres persönlichen Kommunikationsstils und können vielleicht nur von jemandem verstanden werden, der Sie einigermaßen gut kennt. Sie können Verwirrung und Mißverständnisse bei denen hervorrufen, die Sie nicht gut kennen. Es ist daher wichtig, daß Sie auf die eigenen nonverbalen Signale aufmerksam werden, die Sie senden. Sie können sie dann auf eine Weise

verwenden, die zu Ihren Worten paßt. (Vgl. hierzu: *Ch. Jung*, Interpersonal Communications, 1971, S. 94 ff.)

Manchmal ist es angebracht, daß Sie den anderen helfen, Ihren persönlichen nonverbalen Kommunikationsstil besser zu verstehen.

- So könnte es zum Beispiel nützlich sein, wenn Sie sagen:
  »Manche Leute sind irritiert, weil ich häufiger den Kopf schräg halte. Ich mache das vor allem dann, wenn sehr leise gesprochen wird, ich aber den Beitrag auf jeden Fall hören möchte. Ich höre nämlich nur auf dem rechten Ohr normal gut, das andere ist leider nur noch Kopfdekoration.«

Zwei Fertigkeiten können hilfreich sein, die nonverbale Kommunikation zu verbessern.

- Die erste Fertigkeit ist die Wahrnehmungsüberprüfung. Wenn Sie das Gefühl haben, daß das nichtsprachliche Verhalten eines anderen Ihre Reaktion auf ihn stark beeinflußt, kann es sinnvoll sein, zu überprüfen, ob Sie seine nonverbalen Signale richtig deuten.

  - Zum Beispiel: Sie bieten einer Freundin ein Stück Schokolade an. Ihre Freundin schüttelt heftig den Kopf und geht einen kleinen Schritt zurück. Statt nun darüber zu spekulieren, ob sie nichts mehr von Ihnen wissen will oder ob sie überhaupt Schwierigkeiten hat, sich »verwöhnen« zu lassen, können Sie fragen:

»Ich sehe, daß du zurückweichst. Willst du mir sagen, was das bedeutet?« So werden Sie vielleicht erfahren, daß Ihre Freundin gerade eine Abmagerungskur macht und der Kaloriengefahr ausweichen möchte.

- Die zweite Fertigkeit besteht darin, sich des eigenen nonverbalen Verhaltens stärker bewußt zu werden durch Verhaltensbeschreibung anderer.
  Das ist relativ schwierig. Wenige Leute haben Erfahrung, sich selbst zu beobachten, wenn sie kommunizieren. Eine technische Möglichkeit dazu bieten z. B. Videoaufnahmen. Eine einfachere Möglichkeit, Informationen über das eigene nonverbale Verhalten zu bekommen, besteht darin, andere zu bitten, Sie zu beobachten und Ihnen Ihr Verhalten zu beschreiben. So erhalten Sie Hinweise, welche Ihrer nonverbalen Signale für andere auffällig, problematisch und mißverständlich sind.
  Obgleich Sie sich sicher erinnern, in der zweiten Übungseinheit etwas über Verhaltensbeschreibung gelernt zu haben, hier noch ein Beispiel:

  - Ihr Freund beklagt sich, daß er den Eindruck hat, Sie hören ihm nicht gut zu.
    Sagen Sie: »Bitte paß auf und sag mir während unserer Unterhaltung in dem Augenblick Bescheid, wo du glaubst, daß ich abschalte.«
    Vielleicht merkt Ihr Freund dann, daß er immer dann ein Desinteresse bei Ihnen zu spüren glaubt, wenn Sie die Augen von ihm abwenden und auf den Boden schauen. Tatsächlich aber wenden Sie den Blick ab, weil Sie sehr bewegt sind von dem, was er gerade berichtet. Wenn Sie das nun Ihrem Freund sagen, wird er sehr erleichtert sein.

Wie drücken Sie Gefühle aus?

Bitte bearbeiten Sie die folgenden Fragen zunächst allein. Wenn Sie damit fertig sind, haben Sie Gelegenheit, die verschiedenen Antworten im Trio zu diskutieren.
Unten sind einige Gefühle aufgeführt, die jeder immer wieder erfährt. Für jedes dieser Gefühle schreiben Sie bitte zwei Reaktionsweisen auf, wie Sie solche Gefühle zum Ausdruck bringen.
Mit Ihrer ersten Antwort sollten Sie Ihr Gefühl verbal äußern, ohne es zu beschreiben. Die zweite Antwort sollte angeben, wie Sie Gefühle durch Handlungen ohne Worte zum Ausdruck bringen.

1. Wenn Sie das Gefühl haben, sich in einer Gruppe zu langweilen –
   Wie drücken Sie Ihr Gefühl normalerweise aus?
   in Worten:

   ohne Worte:

2. Sie haben das Gefühl, daß Sie über einen Teilnehmer wütend sind, aber Sie zögern, dies offen auszusprechen.
   Wie drücken Sie Ihr Gefühl aus?
   in Worten:

   ohne Worte:

3. Jemand sagt oder tut irgend etwas, was Sie sehr verletzt.
   Wie drücken Sie dann Ihr Gefühl aus?
   in Worten:

   ohne Worte:

4. Jemand bittet Sie, eine Aufgabe zu übernehmen. Sie befürchten, daß Sie der Aufgabe nicht gewachsen sind. Sie möchten aber nicht, daß der Betreffende erfährt, daß Sie sich unsicher fühlen. Wie drücken Sie in einer solchen Situation Ihr Gefühl aus?
   in Worten:

   ohne Worte:

5. Wenn Sie Zuneigung oder Liebe für jemanden empfinden und gleichzeitig nicht sicher sind, ob dieser Ihre Gefühle erwidert – wie drücken Sie dann Ihr Gefühl aus?

   in Worten:

   ohne Worte:

Feedback

▶ LERNZIELE

Die Teilnehmer sollen erfahren, daß durch das Geben bzw. Empfangen von Feedback die Wahrnehmung in zwischenmenschlichen Beziehungen erweitert wird.
Sie sollen Kriterien für das Geben und Empfangen von Feedback kennenlernen und deren kommunikative Funktion verstehen.
Die Teilnehmer sollen das Geben und Empfangen von Feedback unter Anwendung bestimmter Kriterien üben, um u. a. Angst vor Feedback abzubauen.
Teilnehmermaterial: Feedback geben und empfangen.

▶ ÜBUNGSANWEISUNGEN

Bitte informieren Sie die Gruppe kurz über die Lernziele der Übungseinheit.

- Informationsphase
  FEEDBACK GEBEN UND EMPFANGEN

  Die Teilnehmer erhalten das Teilnehmermaterial zur Lektüre. Geben Sie anschließend Gelegenheit zu einem kurzen Reaktionsaustausch im Plenum.

- Gruppenübung
  HEISSER STUHL*

Geben Sie bitte folgende Instruktionen:

> Ich möchte euch eine Feedback-Übung vorstellen, die es euch gestattet, eine Menge Reaktionen zum Ausdruck zu bringen, die ihr bisher gegenüber den anderen entwickelt, aber noch nicht ausgesprochen habt.
> Es geht darum, daß jeder Gelegenheit findet, anderen gegenüber Kritik und Wertschätzung zu äußern bzw. zu fragen und zu hören, inwieweit die anderen Teilnehmer ihm gegenüber Kritik oder Wertschätzung empfinden

* Diese Übung wurde von *K. W. Vopel* entwickelt. Vgl. dazu: *K. W. Vopel,* Konfrontation als Kontakt. In: Die Gruppe als Weg (Hrsg.: *O. Betz*).

und mitzuteilen haben. Wir wollen dabei folgendermaßen vorgehen:
Wer die Kritik und Wertschätzung anderer hören möchte, kann sich auf den »Heißen Stuhl« setzen. Zu diesem Zweck werden wir in den Kreis einen freien Stuhl stellen. Der Gegenstand von Kritik und Wertschätzung ist jeweils das Verhalten, das der Teilnehmer, der auf dem Heißen Stuhl sitzt, bisher in der Gruppe gezeigt hat oder gegenwärtig zeigt. Derjenige, der das Feedback der anderen hören möchte, setzt sich also auf den Heißen Stuhl und sagt:

Ich möchte von euch hören,
was euch an mir gefällt und nicht gefällt.

Nach diesem rituellen Satz, der von jedem, der auf den Heißen Stuhl geht, gesagt wird, können alle Teilnehmer nacheinander aufstehen, sich vor diesen Teilnehmer stellen und ihm Feedback geben, d. h. ihm Aspekte seines Verhaltens beschreiben, die eine positive oder aber eine negative emotionale Reaktion ausgelöst haben.
Ich will ein Beispiel geben:
Egon, an dir gefällt mir, daß du gut zuhören kannst. Ich mag aber nicht, daß du jedes Mal auf den Boden schaust, wenn du mit mir sprichst. Ich hätte es lieber, daß du mich ansiehst, weil ich mich dann wohler fühle.
Es ist wirklich wichtig, daß jeder, der Feedback gibt, bereit ist, beides auszudrücken, nämlich Wertschätzung und Kritik.
Das hat folgenden Grund: Einerseits glaube ich, daß es für denjenigen, der auf dem Heißen Stuhl sitzt, leichter ist, wenn er positive und negative Reaktionen auf sein Verhalten in der Gruppe zu hören bekommt. Zum anderen ist es wichtig, daß wir uns alle der Tatsache bewußter werden, daß wir an jedem Menschen beides entdecken können, Dinge, die uns gefallen und die uns nicht gefallen. Es ist unrealistisch, daß wir an einem Menschen entweder nur Gutes oder nur Schlechtes sehen.
Sobald der Betreffende also auf dem Heißen Stuhl sitzt, können alle, die ihm etwas zu sagen haben, zu ihm gehen. Es ist wichtig, daß ihr dabei aufsteht und ihm

gegenübertretet. Ihr könnt euch so besser auf diesen Teilnehmer konzentrieren und habt besseren Kontakt zu ihm. Ihr könnt den Abstand, in dem ihr euch vor den Heißen Stuhl stellt, selbst bestimmen.
Der Teilnehmer auf dem Heißen Stuhl hört sich schweigend alle Feedbacks an, er sagt nichts dazu. Auf diese Weise soll geübt werden, nicht sogleich zu einer Verteidigungsrede oder Rechtfertigung anzusetzen, sondern zu versuchen, Feedback aufzunehmen, zu verdauen, und erst später zu entscheiden, wieweit ich mir ein Feedback zu Gemüte führen will, um mein Verhalten zu ändern, oder wieweit ich das Feedback folgenlos zur Kenntnis nehme.
Wenn keine Gruppenmitglieder mehr von selbst kommen, kann der Teilnehmer auf dem Heißen Stuhl selbst aktiv werden und die Gruppenmitglieder, die noch nichts gesagt haben, fragen, ob sie ihm Feedback geben wollen. Vielleicht ist er der Meinung, daß das eine oder andere Gruppenmitglied noch eine Reaktion auf ihn zurückhält, vielleicht möchte er erfahren, wie ein bestimmtes Verhalten in einer bestimmten Situation einen bestimmten Teilnehmer beeinflußt hat; dann kann er z. B. sagen:
Klara, kannst du mir Feedback geben auf mein Verhalten gestern abend in der Bar, als ich soviel getrunken hatte. Was hast du damit angefangen?
Wenn der Teilnehmer auf dem Heißen Stuhl der Meinung ist, genügend Feedback bekommen zu haben, kann er den Prozeß abbrechen, indem er einen sehr wichtigen rituellen Satz sagt, der von euch allen in gleicher Form immer gesagt werden sollte, ehe ihr den Heißen Stuhl verlaßt:

> Vielen Dank, daß ihr mir das gesagt habt.
> Ich will es auch bedenken.
> Und ich bin nicht auf der Welt, um so zu sein,
> wie ihr mich haben wollt.

Dieser Satz hat eine besondere Bedeutung. Er bringt ganz deutlich zum Ausdruck, daß beim Geben und Empfangen von Feedback zwei autonome Persönlichkeiten miteinander in Beziehung treten, daß der eine die Freiheit hat, Dinge zu sagen, die er gesehen hat und seine Reaktion darauf, und daß der andere die Freiheit hat, zu hören und zu entscheiden, was er damit machen will.

Es geht dabei nicht um eine Anpassungsprozedur an die Wünsche derjenigen, die Feedback geben, sondern es geht darum, Informationen zu geben, sie aufzunehmen und dann zu entscheiden, was damit gemacht werden soll.

Diese Übung ist sicher für alle nicht ganz leicht; andererseits haben wir hier alle eine gute Möglichkeit zu sehen, wie unser Verhalten auf die anderen in der Gruppe wirkt.

Erinnern Sie die Teilnehmer noch einmal an das gelesene Teilnehmermaterial, und wiederholen Sie noch einmal die wichtigsten Punkte:

Feedback als Verhaltensbeschreibung, dann als Gefühlsbeschreibung und anschließend die Reaktion. Beginn des Feedback mit einer positiven Reaktion.

Erinnern Sie an die beiden rituellen Sätze zu Beginn und am Ende.

Es ist wichtig, daß die Prozedur genauso eingehalten wird, wie sie hier beschrieben ist. Während der Übung sollen keine Kommentare aus der Gruppe kommen.

Sie können als Moderator – besonders am Anfang – eine gute Modellfunktion übernehmen, indem Sie selbst frühzeitig (manchmal auch als erster) auf den Heißen Stuhl zugehen und Feedback geben.

Daran können sich die anderen Teilnehmer orientieren, damit die Möglichkeiten dieser Übung auch wirklich ausgeschöpft werden. In der Regel beteiligen sich alle gern an dieser Übung, die zu einer guten Gruppenkohäsion beiträgt.

Es sollen alle Gelegenheit erhalten, auf den Heißen Stuhl zu gehen.

Fragen Sie am Ende, ob jemand den Wunsch hat, Reaktionen auf das mitzuteilen, was er gesagt oder gehört hat. Bitte betonen Sie, daß es nur für diejenigen gedacht ist, die wirklich etwas sagen wollen. Der Sinn der Übung liegt ja gerade darin, daß die Feedbacks zunächst einmal verdaut werden.

Feedback geben und empfangen

Feedback ist eine Methode, welche die Informationsdichte im Kommunikationsprozeß steigert, indem die Gefühle der Kommunikationspartner füreinander einbezogen werden. Das Aussprechen von Feedback gestattet es Ihnen, Gefühle auszudrücken, die Sie bei sich als Reaktion auf das Verhalten anderer hin wahrnehmen. Feedback ist – trotz des exotisch klingenden, aus der Elektrotechnik stammenden Terminus Technikus (Rückkopplung) – nicht eine Erfindung der gruppendynamischen Laboratorien und der Encounterkultur: Wir alle geben seit eh und je ständig »im Geiste« Feedback, wobei wir allerdings häufig unsere gefühlsmäßigen Reaktionen für uns behalten:

- Zum Beispiel: Sie möchten in die abfahrbereite Straßenbahn einsteigen. Ein Fahrgast steht auf dem Trittbrett und verabschiedet sich langatmig von seiner Freundin. Sie möchten auch noch mitfahren und murmeln: »Darf ich wohl auch noch einsteigen?« Innerlich formulieren Sie jedoch ein klares Feedback: »Sie verabschieden sich recht lange. Ich bin wütend, weil ich Angst habe, Ihretwegen nicht mehr mitzukommen. Außerdem fühle ich mich von Ihnen vollkommen ignoriert – ein Eindruck, den ich in meiner Familie auch immer hatte.«

Welches Feedback haben Sie heute nicht ausgesprochen?

Die Mitteilung von Feedback können Sie in Ihrer Alltagskommunikation als Mittel zu konstruktiver Offenheit benutzen, um das Leben für sich und andere leichter und befriedigender zu gestalten. Sie müssen dabei strategisch und konstruktiv vorgehen, indem Sie Ihre Bedürfnisse und die Möglichkeiten des Kommunikationspartners sowie die situativen Bedingungen angemessen berücksichtigen.

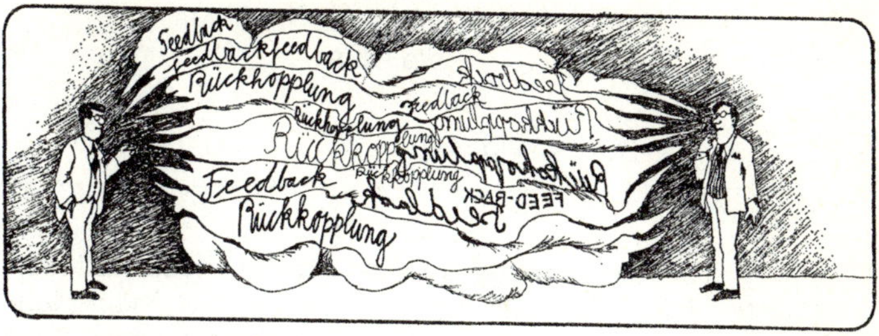

So ist das »verschluckte« Feedback aus unserem Beispiel oben durchaus situationsgerecht. In anderen Fällen sind unterdrückte Feedbacks eher eine Verstärkung für den Kommunikationsnebel, der Ihre zwischenmenschlichen Beziehungen stört (wenn Sie sich z. B. in einer Arbeitsgruppe durch einen Dauerredner blockiert fühlen).

Natürlich sind auch Sie selbst auf Feedbacks anderer angewiesen. Dabei müssen Sie Wege finden, um Kommunikationshindernisse zu erfassen, deren Sie sich zunächst gar nicht bewußt sind. Diese Hindernisse ergeben sich vor allem daraus, daß Sie häufig nicht wissen, wie Ihr Verhalten (und zwar sowohl das Ihnen bewußte als auch das von Ihnen selbst nicht wahrgenommene) auf Ihren Partner wirkt.

▶ Feedback hat zum Ziel, daß wir erfahren, welche Auswirkungen unser Verhalten auf andere hat.

Es gibt Dinge, die wir von uns selbst wissen, und solche, die wir nicht wissen. Es gibt Informationen über uns, die anderen zugänglich sind, und Informationen, die anderen nicht verfügbar sind. Das JOHARI-Fenster* verdeutlicht das:

* Vgl. *J. Luft,* Einführung in die Gruppendynamik, Stuttgart 1971, S. 22.

INFORMATIONEN ÜBER MICH,
die ich selber

Informationen über mich, die andere	*. . . weiß*	*. . . nicht weiß*
. . . wissen	**I** Bereich meiner öffentlichen Aktivitäten (was ich z. B. in einem Lebenslauf anzugeben bereit bin)	**II** Bereich meiner blinden Flecke (z. B. meine lehrerhafte Art, meine Frau zu kritisieren, was sie mir lange nicht sagte)
. . . nicht wissen	**III** Bereich des Verbergens (meine Geheimnisse, Ideen, Gefühle und Reaktionsweisen, die ich noch nicht mitteilen mochte, d. h. meine soziale Fassade)	**IV** Bereich unbekannter Aktivität (Verhaltensweisen und Motive, von denen ich nie annehmen würde, daß ich sie habe)

Wenn Ihnen ein anderer Feedback gibt, d. h., wenn er Ihnen mitteilen will, welche persönlichen Reaktionen er auf Ihr spezifisches Verhalten erlebt, dann haben Sie eine Chance, daß der Bereich der blinden Flecke (Quadrat II) kleiner wird.
Für denjenigen, der Ihnen ein Feedback gibt, wird der Bereich des Verbergens (III) kleiner, da er Ihnen vielleicht Informationen gibt, die normalerweise aus konventioneller Höflichkeit verborgen werden.

Durch Geben und Empfangen von Feedback können die Kommunikationspartner einander helfen, daß die Bereiche der blinden Flecke (II) und die Geheimnisgebiete (III) kleiner werden. Und da mehr Informationen über einander verfügbar werden, wird der Bereich öffentlicher Aktivität (I) größer.
Zugleich kann sich auch Ihr Bedürfnis verringern, Dinge, die Sie wissen oder fühlen, zu verbergen oder zu leugnen. Sie können aufrichtiger und offener sein.

Geben und Empfangen von Feedback verschiebt die Wahrnehmungsgrenzen in interpersonellen Beziehungen also tendenziell folgendermaßen:

Wahrnehmungsgrenzen ohne Feedbackprozesse:

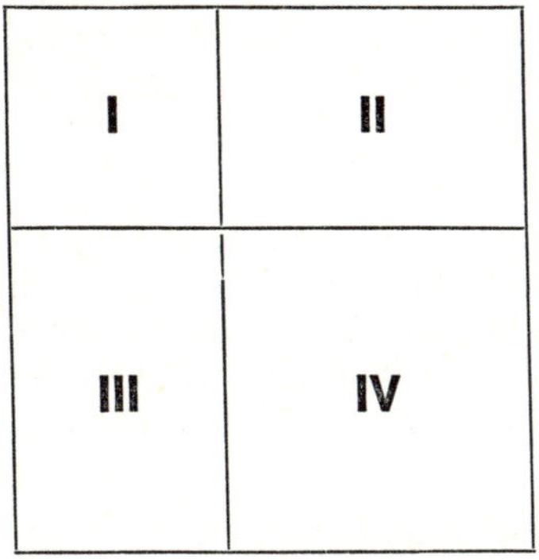

Geänderte Wahrnehmungsgrenzen durch Feedbackprozesse:

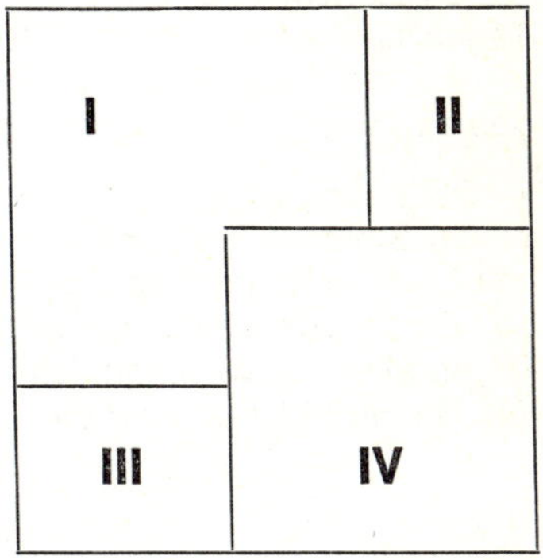

▶ Wir möchten Ihnen nicht empfehlen, daß Sie völlig und unkontrolliert offen sein sollen, sondern empfehlen Ihnen eine »selektive Authentizität«. Das bedeutet: Es gibt sicher Informationen, die nicht relevant sind für alle Partner. Je mehr relevante Informationen Sie allerdings gegenseitig austauschen können, desto besser können Sie sich bewußt werden,

– welche Verhaltensweisen Sie realisieren,
– welche emotionalen Auswirkungen Ihr Verhalten auf andere hat,
– wieweit Ihr Verhalten Ihre Verhaltensziele wirklich fördert,
– ob Sie Ihr Verhalten ändern wollen, um Ihre Ziele besser zu erreichen.

Eine Anzahl von Richtlinien können helfen, das Geben und Empfangen von Feedback produktiv zu machen. Es sind jedoch nur Richtlinien, keine Gesetze.

Es kann Ausnahmen für jede dieser Richtlinien geben. Bitte halten Sie also diese Richtlinien nicht für der Weisheit letzten

Schluß. Prüfen Sie, ob diese Richtlinien sich in einer bestimmten spezifischen Situation bewähren.

RICHTLINIEN FÜR DAS GEBEN VON FEEDBACK

• *Beschreibend, nicht interpretierend*
Beschreiben Sie das Verhalten Ihres Partners durch einen klaren Bericht über die Fakten (z. B.: »Du läßt mich seit zwei Tagen allein aufwaschen«). Sparen Sie sich Ihre Hypothesen, warum sich irgendwelche Dinge ereigneten oder was damit gemeint war (z. B.: »Du liebst mich nicht mehr«).

• *Mitteilung eigener Reaktionen*
Teilen Sie dem Partner im Anschluß an die Beschreibung seines Verhaltens mit, welche Reaktionen bzw. Gefühle dadurch bei Ihnen ausgelöst werden (z. B.: »Du läßt mich seit zwei Tagen allein aufwaschen. Ich ärgere mich darüber. Ich möchte, daß Du mir hilfst und wir diese Arbeit zusammen machen«).

• *Aktualität*
Je dichter das Feedback im Anschluß an bestimmte Handlungen gegeben wird, desto besser. Wenn Sie Ihr Feedback sofort geben, kann der Empfänger am besten verstehen, was Sie meinen. Gefühle, die mit dem Ereignis verbunden sind, existieren noch, so daß dadurch bessere Möglichkeiten der Verarbeitung des Feedback gegeben sind.

• *Zur rechten Zeit*
Geben Sie dann Feedback, wenn es nützlich sein kann. Es kann nicht hilfreich sein, wenn der Empfänger andere Aufgaben hat, die seine volle Aufmerksamkeit verlangen, oder wenn er gerade sehr aufgeregt ist.

• *Kein Zwang zur Änderung*
Verwechseln Sie das Feedback nicht mit einer pädagogischen Zwangsmaßnahme. Der Empfänger des Feedback entscheidet, ob er sich auf der Basis der neuen Information ändern möchte oder ob nicht. Wenn Sie dem anderen sagen wollen, daß Sie es gern hätten, wenn er sich in einer bestimmten Weise ändert, können Sie das als eine persönliche Bitte äußern. Es geht jedoch nicht, daß Sie sagen: »Ich habe dir gesagt, was bei dir alles nicht stimmt. Nun ändere dich gefälligst!«

• *Mitteilung des Gebers*
Feedback kann für den Empfänger manchmal mit dem Gefühl der Unterlegenheit verbunden sein. Er kann den Eindruck bekommen, daß er nicht okay ist, während der Feedbackgeber in seinen Augen okay ist. Der Geber vermittelt leicht das Gefühl, daß er dem anderen nur zu gern eine wichtige Lektion erteilt hat. Um das zu vermeiden, sollten Sie dem anderen mitteilen, welche persönlichen Ziele Sie Ihrerseits mit Ihrem Feedback verfolgen (z. B.: »Ich möchte gern weniger Angst vor dir haben. Deshalb sage ich dir das«).

▶ Versuchen Sie einmal herauszufinden, ob Sie Ihren Interaktionspartnern in den meisten Fällen kritisches Feedback oder vorzugsweise lobendes Feedback oder sowohl das eine als auch das andere geben.

RICHTLINIEN FÜR DAS EMPFANGEN VON FEEDBACK

• *Sagen Sie genau, worüber Sie Feedback haben wollen*
Lassen Sie den anderen wissen, über welche Einzelheiten Ihres Verhaltens Sie gern seine Reaktion hören möchten (z. B.: »Wie reagierst du darauf, daß ich so viel geredet habe in dieser Sitzung?«)
Bitten Sie andere, Ihnen ebenfalls Feedback zu geben, wenn Sie die Bedeutung eines einzelnen Feedback überprüfen wollen. Häufig wirkt ein und dasselbe Verhalten auf verschiedene Kommunikationspartner sehr unterschiedlich.

• *Überprüfen Sie, was Sie gehört haben*
Stellen Sie sicher, daß Sie verstanden haben, was der andere Ihnen sagen wollte. Weil es sich dabei um Ihr eigenes Verhalten handelt, könnte es nämlich sein, daß Sie zunächst über die Relevanz des Feedback nachdenken, ehe Sie überprüft haben, ob Sie auch genau das gehört haben, was gemeint war. Versuchen Sie es mit der Umschreibung.

• *Teilen Sie Ihre Reaktion über das Feedback mit*
Ihre eigenen Gefühle können so mobilisiert werden, daß Sie vergessen, Ihre Reaktionen auf das Feedback dem anderen mitzuteilen. Wenn der Geber des Feedback weggeht ohne zu wissen, ob Sie sein Feedback hilfreich fanden und wie Sie sich jetzt ihm gegenüber fühlen, ist er vielleicht in Zukunft

weniger bereit, Ihnen Feedback zu geben. Er braucht Ihre Reaktion darüber, was an seinem Feedback hilfreich und was weniger nützlich war, damit er weiß, in welchem Ausmaß er Ihnen bereits produktives Feedback geben kann (z. B.: »Dein Feedback hat mich verletzt. Ich war einen Augenblick lang ziemlich wütend. Jetzt halte ich es schon eher für nützlich. Ich danke dir. Besonders nützlich fand ich die genaue Beschreibung der Art und Weise, wie ich dir beim Reden auf die Pelle rücke.«).

- *Verteidigen Sie sich nicht sogleich*

In manchen Fällen ist es gut, über die Bedeutung eines Feedback länger nachzudenken, es gut zu »verdauen«. Das ist besonders dann empfehlenswert, wenn Sie eine starke gefühlsmäßige Betroffenheit bei sich feststellen. Sie können dann besser herausfinden, was Sie mit dem Feedback machen wollen, ob Sie es akzeptieren oder als »Problem des anderen« beiseite legen wollen. Bedenken Sie: Sie sind nicht auf der Welt, um so zu werden, wie andere Sie haben wollen!

Überprüfen Sie einmal Ihren Feedback-Haushalt:

- *Empfang von Feedback*

Welches Feedback gab Ihnen Ihr Vater? Ihre Mutter?
Welches Feedback würden Sie gern überhören?
Welches Feedback wäre am allerunangenehmsten für Sie?

- *Geben von Feedback*

Welches Feedback haben Sie Ihrem Vater / Ihrer Mutter bisher nicht gegeben?
Wem gegenüber ist es für Sie besonders unangenehm, Feedback zu geben?

Über welche Verhaltensweisen anderer ist es für Sie am schwersten, Feedback zu geben?

- *Geben und Empfangen von Feedback in Ihrer Berufswelt*

Mit welchen Personen stehen Sie in wechselseitigen Feedbackprozessen?
Wem möchten Sie in Zukunft Feedback geben?
Was wollen Sie / muß von anderen in Zukunft geändert werden, damit mehr Feedbackprozesse in Ihrer Institution stattfinden können?

Soziale Wahrnehmung

▶ LERNZIELE

Die Teilnehmer können überprüfen, inwieweit sie die Auswirkungen des eigenen Verhaltens und der eigenen Persönlichkeit auf die anderen Gruppenmitglieder realistisch einschätzen können.
Teilnehmermaterial: Kleingruppenspiel »Sieben Fragen«

▶ ÜBUNGSANWEISUNGEN

Bitte informieren Sie die Gruppe kurz über die Lernziele dieser Übungseinheit.

- Gruppenübung
  KLEINGRUPPENBILDUNG

Geben Sie folgende Instruktionen:

> Ich möchte eine Übung vorschlagen, die euch helfen kann, besser herauszufinden, welche Auswirkungen euer Verhalten auf die anderen Gruppenmitglieder hat. Gleichzeitig könnt ihr herausfinden, wieweit ihr euch realistisch einschätzt im Blick darauf, was eure Persönlichkeit und euer Verhalten anderen bedeuten.
> Ich möchte die kommende Übung erst genauer beschreiben, wenn wir zwei Sechsergruppen gebildet haben, die nach dem Gesichtspunkt gebildet werden sollen, daß sich Teilnehmer zusammenfinden, die sich gern besser kennenlernen wollen. Gibt es zwei Freiwillige, die als Kristallisationspunkte für die beiden Kleingruppen dienen wollen?

Evtl. lassen Sie zwei Gruppen mit je fünf oder je sieben Teilnehmern bilden. Haben sich die Freiwilligen gefunden, geben Sie weiter etwa folgende Instruktionen:

> Ich möchte gern, daß ihr euch in der Mitte der Gruppe auf den Boden setzt und dann jeder von euch einen weiteren Teilnehmer wählt, und zwar jemanden, mit dem ihr noch keine Übung zusammen gemacht habt und den ihr gern näher kennenlernen wollt.

Ist diese Wahl erfolgt, fahren Sie fort:

> Ich möchte, daß nun jeweils der zuletzt Gewählte ein weiteres Gruppenmitglied in seine Gruppe wählt . . .

- Kleingruppenübung
  SIEBEN FRAGEN*

Teilen Sie das Teilnehmermaterial aus. Bitten Sie die Teilnehmer, die Unterlagen gut durchzulesen. Stellen Sie sicher, daß jeder verstanden hat, worum es geht. Bitten Sie die Gruppenmitglieder nun, die Papiere auszufüllen, und setzen Sie eine Richtzeit von 30 Minuten. Sagen Sie den Teilnehmern, daß die gesamte Sitzung für diese Übung zur Verfügung steht, daß also keine Plenumssitzung mehr stattfinden wird.
Beteiligen Sie sich selbst nicht an der Übung, sondern gehen Sie, sobald die Gruppen angefangen haben, die Übung auszuwerten, von Gruppe zu Gruppe, um bei Bedarf zu helfen.

---

* Diese Übung wurde in der vorliegenden Form von *K. W. Vopel* entwickelt.

Kleingruppenübung

Soziale Wahrnehmung

SIEBEN FRAGEN

- Bitte lesen Sie zunächst alle Instruktionen ganz durch, ehe Sie mit dem Ausfüllen von Tabelle A und B beginnen.
- Wen würden Sie in dieser Gruppe wählen
  - als Leiter für eine Arbeitsgruppe
  - als einzigen Gefährten für den Aufenthalt auf einer tropischen Insel
  - als Berater bei persönlichen Schwierigkeiten
  - als Diskussionspartner für eine neue, ungewöhnliche Idee
  - als engen Mitarbeiter zur Erledigung einer wichtigen schwierigen Arbeit
  - als Begleiter zu einem Kommunikationstraining, um ihn besser kennenzulernen
  - als Partner in einem Zeitungsduell (beide schlagen aufeinander ein mit einer zusammengerollten Zeitung).

- Bitte schreiben Sie zunächst in Tabelle A (aktive Wahlen) in die linke Spalte die Namen aller Mitglieder Ihrer Kleingruppe. Überlegen Sie dann, welche der oben angegebenen Rollen Sie für jedes Gruppenmitglied auswählen möchten.
  Sie können eine Rolle nur einmal vergeben!
  Tragen Sie Ihre Wahlen dann in die zweite Spalte ein. Notieren Sie bitte anschließend in der dritten Spalte die Gründe Ihrer Wahl, und formulieren Sie

den Grund jeweils so, als ob Sie das betreffende Gruppenmitglied direkt ansprechen. Tragen Sie dann in die vierte Spalte Ihre Mitteilungsziele ein. Ihre Mitteilungsziele können Sie erkennen, wenn Sie sich fragen: Was möchte ich von dem betreffenden Partner? Wie wünsche ich mir unsere Beziehung? Was möchte ich ihm geben bzw. was von ihm bekommen?

- Bearbeiten Sie anschließend Tabelle B (passive Wahlen). Tragen Sie hier zunächst in die linke Spalte die Namen aller Gruppenmitglieder Ihrer Kleingruppe ein. Überlegen Sie nun, für welche Rolle Sie Ihrer Meinung nach von den anderen gewählt worden sind. Notieren Sie die vermutete Rolle in der zweiten Spalte. Notieren Sie dann in der dritten Spalte den jeweils vermuteten Grund für die Wahl, in der Form, als ob der betreffende Teilnehmer Sie direkt anspricht. Hier können Sie mehrfach ein und dieselbe Rolle eintragen. Es ist ja denkbar, daß mehrere Gruppenmitglieder mit Ihnen z. B. eine neue Idee diskutieren möchten. Tragen Sie schließlich in die vierte Spalte die vermuteten Mitteilungsziele des jeweiligen Gruppenmitgliedes ein.

- *Anleitung für das Auswertungsgespräch*

Jeweils ein Gruppenmitglied steht im Mittelpunkt und trägt nacheinander seine Vermutungen aus Tabelle B vor. Der vermutete Partner bestätigt oder korrigiert die Vermutungen der Wahl und teilt seine Reaktion mit. Die anderen Teilnehmer äußern sich ebenfalls dazu. Ziel der Auswertung ist es, weitere Aspekte der emotionalen Beziehungen zwischen den Teilnehmern zu klären.
Weitere Auswertungsgesichtspunkte:
Wieweit habe ich die Wahlen der anderen im Blick auf mich richtig eingeschätzt? Wie erlebe ich einseitige Wahlen (z. B.: Ich will mit Kay auf die Insel – er mit mir das Zeitungsduell)? Wie erlebe ich wechselseitige Wahlen (Jens und ich wählten uns gegenseitig als Berater bei persönlichen Schwierigkeiten)?

Beispiel für Tabelle A

Ich wähle Kay als Partner für das Zeitungsduell. Grund meiner Wahl: Du gehst mir mit deinen langatmigen Gesprächsbeiträgen auf die Nerven.
Mitteilungsziel: Ich möchte meinen Ärger an dir auslassen. Außerdem möchte ich mehr von dir beachtet werden. Ich glaube, du bist interessanter für mich, als du dich jetzt gibst.
Beispiel für Tabelle B
Ich vermute, daß ich von Karin als Partner für den Inselaufenthalt gewählt werde. Der Grund ihrer Wahl ist vermutlich: Bernd, du wirkst auf mich erotisch sehr anregend.
Ich vermute, daß ihr Mitteilungsziel dabei ist: Bernd, ich möchte gern, daß du weißt, daß ich dich mag. Ich möchte häufiger mit dir zusammen sein.

	I Name des Teilnehmers	II Rolle	III Gründe der Wahl	IV Mitteilungsziele
Tabelle A (aktive Wahl)				
Tabelle B (passive Wahl)				

Umgang mit Gefühlen

▶ LERNZIELE

Die Teilnehmer sollen Kriterien für den konstruktiven Umgang mit Gefühlen kennenlernen. Dabei können sie unterschiedliche Möglichkeiten erfahren, wie der einzelne, insbesondere auch als Gruppenleiter, mit zwei wichtigen Gefühlen umgehen kann: mit Kontrollbedürfnissen und Vertrauenswünschen.
Zugleich sollen die Teilnehmer in der Interaktion mit einem anderen Gruppenmitglied erleben, wie Kontrollbedürfnisse und Vertrauenswünsche bei ihnen selbst ausgeprägt sind.
Teilnehmermaterial: Umgang mit Gefühlen.

▶ ÜBUNGSANWEISUNGEN

Bitte informieren Sie die Gruppe kurz über die Lernziele dieser Übungseinheit.

- Informationsphase
  UMGANG MIT GEFÜHLEN

Geben Sie den Teilnehmern das Teilnehmermaterial zum Durchlesen. Danach können sie ihre Reaktionen auf das Papier austauschen. Geben Sie dafür ca. 10 Minuten Zeit. Weisen Sie schon darauf hin, daß jeder in der anschließenden Übung Gelegenheit haben wird, seine individuellen Kontroll- und Vertrauensbedürfnisse praktisch zu erforschen.

- Gruppenübung
  PARTNERWAHL

Sagen Sie nun der Gruppe etwa folgendes:

> Ich möchte gern, daß ihr euch jetzt entscheidet, mit welchem Partner ihr die folgende Übung gern zusammen machen wollt. Versucht einen Partner zu wählen, bei dem ihr überprüfen wollt, in welchem Ausmaß ihr euch ihm anvertrauen könnt. Steht bitte jetzt auf, und geht durcheinander. Stellt euch dabei die Frage: Mit

welchem Gruppenmitglied möchte ich die kommende Vertrauensübung machen?

Nach der Partnerwahl geben Sie bitte die folgenden Instruktionen:

- Gruppenübung
  VERTRAUENSSPAZIERGANG*

  Ihr werdet euch gleich auf einen Vertrauensspaziergang begeben, bei dem ihr Kontakt zu euren Kontrollbedürfnissen bzw. Vertrauensmöglichkeiten bekommen könnt.
  Zunächst soll der Kleinere in der Paarverbindung die Augen schließen und sich von seinem Partner zehn Minuten führen lassen. Dabei sollen beide nicht miteinander sprechen. Der Kleinere hält die Augen geschlossen, und der Größere wird ihn führen. Er soll ihn an die Hand nehmen.
  Ihr habt für diese erste Führung zehn Minuten Zeit. Schaut bitte zu Beginn der Führung auf die Uhr und brecht dann nach zehn Minuten ab. Während dieser Zeit sprecht bitte nicht miteinander, sondern kommuniziert lediglich mit eurer Hand. Führt euren Schützling so herum, daß er möglichst wichtige und schöne Erfahrungen machen kann. Es liegt bei dem Führenden, diese Erfahrungen auszuwählen.
  Bedenkt, daß ihr für den »blinden« Partner verantwortlich seid. Bitte zwingt ihn auf keinen Fall, irgend etwas zu tun, was er nicht möchte. Achtet darauf, daß er sich nicht weh tut.
  Bitte wechselt nach zehn Minuten, ohne dabei irgendwelche Kommentare auszutauschen, so daß dann der Kleinere von euch den Größeren führt.

- AUSWERTUNGSPHASE
  durch Gruppenübung
  GEDICHT SCHREIBEN**

Fordern Sie nach dem Vertrauensspaziergang die Teilnehmer auf, ein kurzes Gedicht (maximal sechs Zeilen) – gereimt

* Diese Übung stammt aus der Encountertradition.
** Diese Übung wurde von *K. W. Vopel* entwickelt.

oder ungereimt – über ihre Erfahrungen beim Vertrauensspaziergang zu schreiben unter dem Titel: »Führen und Geführt werden«. Geben Sie den Teilnehmern dafür 30 Minuten Zeit, die jeder für sich verbringen soll.
Rufen Sie die Gruppe nach einer halben Stunde zusammen, und bitten Sie die Partner aus der Paarverbindung, sich die kleinen Gedichte gegenseitig vorzulesen und fünf Minuten miteinander darüber zu sprechen. Geben Sie dann folgende Instruktionen:

> Ich möchte gleich die Gedichte vorlesen, und zwar jeweils von den beiden Gruppenmitgliedern, die bei der Übung zusammen waren.
> Dabei werde ich nicht sagen, von welchem Paar die Gedichte stammen. Sobald ich beide Gedichte vorgelesen habe, bitte ich euch, eure Reaktionen mitzuteilen, und zwar unter folgender Fragestellung:
> Wie erlebt der Verfasser Vertrauen, bzw. wieweit wird er von Kontrollbedürfnissen geleitet? Wie erlebt er Führen bzw. Geführtwerden? Wie erlebt der Autor die Welt, wie fühlt er sich?
> Bitte konzentriert euch zunächst nicht darauf, von wem die Gedichte sind. Erst wenn ihr eure Reaktionen auf beide Gedichte mitgeteilt habt, könnt ihr Vermutungen äußern, von wem sie sind, indem ihr den Grund eurer Vermutung angebt.

Bitte achten Sie darauf, daß nicht gleich die Verfasserfrage im Mittelpunkt steht. Achten Sie auf die Einhaltung der Aspekte. Die Vermutungen über die Autorenschaft sollen begründet sein. Geben Sie den Verfassern Gelegenheit, Reaktionen auf das mitzuteilen, was von der Gruppe gesagt wurde.
Am Ende der Sitzung geben Sie Gelegenheit zu einer kurzen Schlußaussprache.

Umgang mit Gefühlen

Aufgrund unserer negativen Einstellung zu unseren Gefühlen starten wir viele Versuche, um Gefühle zu verneinen oder zu ignorieren. Unsere Gesprächspartner »helfen« uns dabei in der Regel, indem sie uns unsere Gefühle ausreden. Eine Standardempfehlung unserer Partner ist die Devise: Nimm deine Gefühle nicht so ernst, dann geht es dir auch besser!

- Ist jemand enttäuscht, heißt es: Nimm es nicht so schwer! Sei wieder lustig.
  Weint jemand, wird gesagt: Sei doch nicht so traurig!
  Der Zornige wird aufgefordert: Beruhige dich!
  Der Glückliche wird gewarnt: Träume nicht!

Die Empfehlung lautet immer: »Ändere deine Gefühle«, als ob sich Gefühle an- und abschalten ließen wie eine elektrische Lampe.

Was veranlaßt unsere Ratgeber zu ihren Hilfsaktionen? Ist es ihr Bedürfnis, uns nützlich zu sein? In der Regel steckt hinter dem Beschwichtigungsversuch die eigene emotionale Unfähigkeit des »Helfers«, starke Gefühle anderer auch nur mitzuerleben (»Fühle nicht so stark – du könntest mich anstecken, und ich möchte auf keinen Fall aus dem seelischen Gleichgewicht kommen«). Außerdem vertuschen viele Helfer auf diese Weise die eigene Hilfsbedürftigkeit, indem sie sich den Anschein abgeklärter Lebensweisheit geben.

▶ Vermeiden Sie, eigene und fremde Gefühle als angemessen oder unangemessen zu beurteilen; vermeiden Sie vorschnelle Hilfsaktionen, welche die eigene oder fremde Gefühlslage mit einem Schlag ändern sollen:
Jeder ist für sich und seine Gefühle selbst verantwortlich; er kann unangenehme Gefühle nur dann loswerden, wenn er sich aktiv mit ihnen auseinandersetzt.

Gefühle, die nicht direkt ausgedrückt werden, kommen oft in maskierter Form zum Ausdruck: Aggression kann z. B. durch Ironie, Necken oder Lamentieren ausgedrückt werden.

Angst und Furcht können durch chronische Müdigkeit und körperliche Beschwerden (Kopfschmerzen) ausgedrückt werden. Oft ist sich der einzelne dieser Ersatzhandlungen für unterdrückte Gefühle nicht bewußt. In der Regel sind diese Ersatzhandlungen aber nicht geeignet, emotionale Spannungen abzubauen; sie reduzieren nur die bewußte Gefühlsspannung, die Gefühle als solche wirken im Untergrund weiter.

Wie können wir unsere Gefühle auf konstruktive Weise berücksichtigen?
Versuchen Sie einmal folgende »Rezepte«:

- Ich akzeptiere meine Gefühle als gegeben und versuche nicht, sie zu verneinen bzw. sie zu unterdrücken. Ich sage mir dabei, daß meine Gefühle sich am besten ändern können, insbesondere negative, wenn ich sie sich selbst entwickeln lasse.
  (So weiß Kuno z. B., daß er nur mittelmäßig kräftig ist und daß er vor stärkeren Männern Angst hat, auch wenn er sich mit ihnen nur verbal streitet. Er redet sich nun nicht ein, daß es allein auf geistige Überlegenheit ankommt, sondern akzeptiert das Angstgefühl dem stärkeren Georg gegenüber und spricht mit diesem darüber bei passender Gelegenheit.)
- Ich verzichte auf maskierten Ausdruck meiner Gefühle.
  (So sagt Erich z. B. nicht: Diese Sitzung ist langweilig, sondern: Eva, was du gerade sagst, langweilt mich.)
- Ich sorge für ein Gleichgewicht zwischen Spontaneität und Kontrolle im Ausdruck meiner Gefühle.
  (So spricht Urs beispielsweise seinen Ärger über Mitarbeiter in Arbeitssitzungen offen aus, aber er kann auf eine aggressive Auseinandersetzung mit Günter verzichten, als er erfährt, daß dessen Frau am selben Tag ins Krankenhaus gekommen ist.)
- Ich reagiere nicht stereotyp, sondern mit unterschiedlich heftigen Gefühlen.
  (So ist Brigitte beispielsweise enttäuscht, als Hartwig ihr erzählt, daß sie aus Geldmangel ihre Urlaubspläne auf-

geben müssen. Sie weint aber nicht. Dagegen ist sie verzweifelt und bricht in Tränen aus, als Hartwig ihr sagt, daß er sich von ihr trennen will.)

- Ich kann zwischen eigenen Bedürfnissen und sozialem Kontext vermitteln.
  (So genießt es beispielsweise Klaus, daß Renate so viel Zeit für ihn hat; er akzeptiert es aber auch, daß sie ab und zu allein mit Freunden zusammen ist.)

▶ Emotionale Kompetenz bedeutet die Einsicht, daß meine Gefühle spontan entstehen und daß ich sie daher nicht kommandieren kann, daß ich angenehme und unangenehme Gefühle habe, daß ich nie aufhören kann, konstruktive Wege zu suchen, unangenehme Gefühle auszudrücken.

Im folgenden möchten wir Sie mit einem wichtigen Gefühlsbereich konfrontieren, und zwar mit Ihren Kontrollbedürfnissen und Ihren Vertrauenswünschen.

Im Umgang mit diesen zuletzt genannten Grundbedürfnissen unterscheiden sich die Leute wesentlich voneinander, natürlich auch Gruppenleiter.
Das Ausmaß, in dem Vertrauenswünsche und Kontrollbedürfnisse bei einem Gruppenleiter ausgeprägt sind, entscheidet wesentlich über seinen Leitungsstil und damit auch über das Gruppenklima.
Überprüfen Sie einmal, wie weit Sie Ähnlichkeiten in Ihrem Verhalten als Gruppenleiter zu den im folgenden dargestellten Positionen entdecken können:

● Ich kann in dem Verlangen nach Kontrolle und Vertrauen gegensätzliche und nicht zu vereinbarende Bedürfnisse im Sinne eines Entweder-Oder sehen.
Dann habe ich die Möglichkeit,
– entweder vorzugsweise meine Kontrollbedürfnisse
– oder vor allem meine Vertrauenswünsche zu befriedigen.

In beiden Fällen schränke ich meinen Verhaltensspielraum ein, indem ich selbst ein bestimmtes charakteristisches Ver-

haltensmuster entwickle. In demselben Ausmaß, in dem ich mich auf einen entweder von Kontrolle oder Vertrauen orientierten Lebensplan festlege, wächst meine Tendenz, von meinen Partnern eine entsprechende Orientierung zu erwarten. Da ich alle Interaktionen unter der Alternative von Kontrolle oder Vertrauen erlebe, wirkt auf mich alles Verhalten meiner Partner, das von meinem Standard abweicht, verwirrend und bedrohlich.
Individuelle Verhaltensunterschiede und interpersonelle Auseinandersetzungen erlebe ich dann unter der Fragestellung: Wer hat recht? – Wer wird sich durchsetzen? – Wer muß verzichten?
Je stärker ich den Widerspruch zwischen Kontrolle und Vertrauen erlebe, desto größer wird für mich die Gefahr einer emotionalen Entwicklungshemmung.

- Ich kann andererseits den Versuch machen, meine Bedürfnisse nach Kontrolle und Vertrauen zu ignorieren und damit die Frage zu vertagen, in welchem Ausmaß ich eine Koexistenz dieser beiden Bedürfnisse für mich zulasse.
  – Dann mache ich den Versuch, mich vor allem intellektuell in der Welt zu orientieren und Sicherheit in einem kognitiven Ordnungssystem zu finden.

Auch in diesem Fall schränke ich meinen Verhaltensspielraum durch ein starres Verhaltensmuster ein, ich blockiere mein emotionales Wachstum.

- Ich kann meine Bedürfnisse nach Kontrolle und Vertrauen beide akzeptieren und ihnen die Koexistenz gestatten.
  – Dann befriedige ich abwechselnd und zur passenden Zeit meine Kontroll- und Vertrauenswünsche und stelle fest, daß sie sich gegenseitig sinnvoll ergänzen können.

In diesem Fall bin ich nicht auf rigide Verhaltensmuster festgelegt. Ich berücksichtige in ausgeglichener Form meine Bedürfnisse nach Kontrolle und Vertrauen. Ich gestatte mir selbst unterschiedliche Bedürfnisse und fühle mich deshalb

auch durch abweichendes Verhalten bei anderen nicht bedroht.
Interpersonelle Auseinandersetzungen erlebe ich nicht unter dem Aspekt:
Es kann nur einer gewinnen – sondern unter der Fragestellung:
Was ist möglich? – Wie können meine Partner und ich profitieren? – Wie können wir uns einigen?
Je eher ich die Koexistenz meiner Bedürfnisse nach Kontrolle und Vertrauen akzeptiere, desto größer wird für mich die Chance für emotionales Wachstum und Kreativität, desto eher kann ich darauf verzichten, andere zu manipulieren.
Im folgenden stellen wir in einer Graphik die unterschiedlichen Verhaltensausprägungen dar, die sich bei Gruppenleitern und anderen ergeben, wenn sie sich vorwiegend orientieren an

- Kontrollbedürfnissen Typ Kontrolleur
- Vertrauensbedürfnissen Typ Rotkreuzhelfer
- Vermeidungsbedürfnissen Typ Eierkopf

Die Verhaltensausprägung der drei Typen von Gruppenleitern, die einseitig und rigide mit ihren Gefühlen umgehen, ist in der hier dargestellten reinen Form natürlich eine Abstraktion.
Die folgende Typologie kann Ihnen aber zur Überprüfung dienen, wie Sie als Gruppenleiter oder Gruppenmitglied mit Ihren emotionalen Bedürfnissen umgehen und inwieweit bestimmte Verhaltenstendenzen bei Ihnen ausgeprägt sind.

EINSEITIGER RIGIDER UMGANG MIT GEFÜHLEN BEI GRUPPENLEITERN*

	Kontrolleur	Rotkreuzhelfer	Eierkopf
Umgang mit Gefühlen	akzeptiert Aggression; wehrt Zuneigung ab	akzeptiert Zuneigung; wehrt Aggression ab	wehrt sowohl Zuneigung als auch Aggression ab
Angestrebtes Ziel	Überlegenheit	Akzeptierung	Korrektheit
Beurteilt andere nach ...	Stärke, Macht	Wärme	intellektueller Fähigkeit
Leitet andere durch ...	Lenkung, Einschüchterung, kontrollierte Belohnung	verstehendes Lob, Freundschaft, kleine Gefallen	logische Argumente und harte Tatsachen
Fördert in der Gruppe ...	Leistungsnormen, Initiativen, Disziplin, Konkurrenzstreben, Mißtrauen	Unterstützung, Harmonisierung, Spannungsabbau, laissez-faire-Arbeitsstil	Klärung, Informationsbeschaffung, Kritik, Überprüfung, »Dauerreflexion ohne Folgen«
übertreibt ...	Kampf	Freundlichkeit	Analyse
wird leicht ...	kampflustig und streitsüchtig	empfindsam und sentimental	pedantisch
fürchtet ...	»weich« oder abhängig zu werden	Alleinsein, Konflikt	Gefühle und irrationales Verhalten
braucht als Korrektiv ...	Wärme, einfühlendes Verständnis, Gefühl der eigenen Vertrauensbedürfnisse	Stärke, Sicherheit, Selbstbehauptung, Gefühl der eigenen Kontrollbedürfnisse	Bewußtheit der eigenen Gefühlswelt, Fähigkeit zu kontrollieren und zu vertrauen

* Aus: Laboratories in Human Relations Training, 1971, S. 8.

Wenn Sie dabei zu dem Wunsch kommen, Ihr Verhältnis zu bestimmten Gefühlen zu ändern, dann bedenken Sie:
Sie brauchen nichts Neues, von außen Kommendes dazuzulernen, sondern nur die eigenen inneren Impulse stärker zuzulassen und auszudrücken!

Offene Kommunikation

▶ LERNZIELE

Die Teilnehmer werden über Verhaltensweisen informiert, die eine offene Kommunikation begünstigen bzw. hemmen.
Sie haben Gelegenheit, selbst Verbalverhalten zu erproben, das bestärkende bzw. entmutigende Auswirkungen auf den Gesprächspartner hat.
Schließlich können die Teilnehmer bisher nicht ausgesprochene Reaktionen anderen Gruppenmitgliedern mitteilen und somit ein höheres Maß kommunikativer Offenheit »im Ernstfall« realisieren.
Teilnehmermaterial: 1) Erleichterung offener Kommunikation
2) Eigene kommunikative Reaktionsweisen

▶ ÜBUNGSANWEISUNGEN

Bitte informieren Sie die Gruppe über die Lernziele dieser Übungseinheit.

- Informationsphase
  ERLEICHTERUNG OFFENER KOMMUNIKATION

Geben Sie das Teilnehmermaterial 1 aus, und leiten Sie anschließend zu einer Kurzaussprache über. Kündigen Sie dann die Quartettübung an. Bitten Sie dabei die Teilnehmer, sich in Quartetten mit Teilnehmern zusammenzufinden, auf die sie im Augenblick neugierig sind.

- Quartettübung
  EIGENE KOMMUNIKATIVE REAKTIONSWEISEN

Haben sich die Quartette gebildet, teilen Sie Teilnehmermaterial 2 aus. Sorgen Sie dafür, daß jeder etwas zu schreiben hat, und bitten Sie die Teilnehmer, das Material auszufüllen. Sagen Sie auch gleich, daß die Quartette Gelegenheit haben werden, die verschiedenen Antworten miteinander zu besprechen und zu vergleichen.
Zeitlicher Rahmen: 30 Minuten.

• Gruppenübung
GEHEIMNISSE ENTLOCKEN*

Bitten Sie nach der Quartett-Übung die Teilnehmer in den großen Kreis zurück, und geben Sie etwa folgende Instruktionen:

Ich stelle mir vor, daß ihr inzwischen ein Gefühl dafür entwickelt habt, daß Barrieren, die zwischen einzelnen Leuten bestehen, häufig dadurch verursacht werden, daß bestimmte Dinge nicht gesagt werden, weil wir sie lieber für uns behalten wollen. Wir haben oft Geheimnisse, weil wir uns vorstellen, daß ihre Veröffentlichung sehr unangenehme Konsequenzen für uns hätte, daß andere uns dann vielleicht nicht mehr so gern haben, daß wir ausgenutzt würden oder die anderen Widerwillen empfinden würden. Die folgende Übung gibt uns eine gute Chance zu testen, inwieweit unsere Katastrophenerwartungen wirklich begründet sind. Wir können mit der Übung versuchen herauszufinden, wie verschiedene Gruppenmitglieder auf die Veröffentlichung solcher »Geheimnisse« reagieren und inwieweit wir mehr Offenheit in unserer Gruppe für angebracht halten. Die Übung bietet jedem von uns eine Möglichkeit, selbst etwas von unseren zurückgehaltenen Informationen anzubieten bzw. anderen Leuten Geheimnisse zu »entlokken«. Jeder kommt einmal an die Reihe, wobei er nacheinander drei Gruppenmitgliedern jeweils ein Geheimnis entlocken kann. Er hat die Chance, drei Leuten eine Frage zu stellen. Die Form der Frage ist festgelegt, und sie ist sehr wichtig. Sie lautet:

... (Nora) ... Gibt es irgend etwas, was du bisher vor mir geheimgehalten hast?

Jetzt ist Nora an der Reihe. Sie hat zwei Möglichkeiten. Sie kann sich entschließen, die Frage zu beantworten. Sie kann aber auch schlicht »Nein« sagen. Was immer Nora sagt, es ist eine gültige Antwort, auch wenn es ein Nein ist. Sie kann sich aber auch entscheiden, auf die Frage ausführlicher einzugehen. Dann kann sie sagen, was sie will. Sie kann eine Information geben. Sie kann

* Nach *Jim Elliott.*

ein Gefühl mitteilen, das sie auf die Frage hin bei sich wahrnimmt. Sie kann mitteilen, was sie bisher noch nicht preisgegeben hat.
Nora kann z. B. sagen: Evelyn, ich habe dir noch nie gesagt, daß ich mich schrecklich darüber ärgere, daß du dir alle Männer der Gruppe unter den Nagel reißt . . .

Für jeden, der antworten will, gilt: Je schwerer die Sache zu sagen ist, desto besser. Vielleicht ist mancher von euch froh darüber, daß er jetzt Gelegenheit hat, etwas zu sagen, was sonst ziemlich schwer ist für ihn.

Nachdem Nora nun geantwortet hat, kann der Frager zwei Dinge sagen.
Entweder sagt er:

Vielen Dank, Nora.

oder er sagt:

Nora, kannst du das spezifischer sagen?

Jeder hat dreimal die Chance, eine Frage zu stellen. Er kann diese Frage drei verschiedenen Teilnehmern stellen oder aber auch nur einer einzigen Person. Die Frage heißt in jedem Fall immer:

Gibt es irgend etwas, was du vor mir geheimgehalten hast?

Und es gibt immer die einzige Form der abschließenden Antwort des Fragers:

Vielen Dank.

Nachdem jeder an der Reihe gewesen ist, können wir uns Zeit nehmen, darüber zu sprechen, und unsere Reaktionen auf das Gesagte austauschen.

Bitte achten Sie darauf, daß die ersten Leute sich strukturgerecht verhalten und wirklich die Form beachten. Diese Form ist sehr wichtig, da sie die notwendige Sicherheit gibt. Die Übung kann eine Menge Material ans Tageslicht bringen, das durchaus für den einen oder anderen belastend sein kann.
Die letzten drei Fragen haben Sie als Moderator, und nachdem Sie Ihre drei Geheimnisse entlockt haben, können Sie die Auswertungssitzung eröffnen. Bitte achten Sie darauf, daß jeder Gelegenheit hat, seine Gefühle auszudrücken. Normalerweise gibt es sehr viele Gefühle, nicht nur über die Geheim-

nisse, sondern auch über das, was z. B. nicht gefragt worden ist.

● AUSWERTUNGSGESPRÄCH

Bitte leiten Sie die Diskussion etwa folgendermaßen ein:

> Wir haben jetzt Gelegenheit, unsere Reaktionen auszutauschen. Wie denkt und fühlt ihr über das, was gesagt worden ist, und – was genauso wichtig ist – wie denkt und fühlt ihr über das, was nicht gefragt worden ist?

Wenn Sie noch Zeit haben, können Sie einzelnen Teilnehmern, die noch auf ihren Geheimnissen sitzen, eine Einzelaktivität anbieten:

- Übung
  GEHEIMNISSE ANBIETEN*

Es geht dabei darum, daß jemand ein Geheimnis offenbart, das er gern mitteilen möchte. Dabei sollte er den einleitenden Satz sprechen:

> Ilse . . . ich habe ein Geheimnis für dich.

Auch im Anschluß an diese Veröffentlichung eines Geheimnisses erfolgt ein Reaktionsaustausch im Plenum.

Sagen Sie am Ende der Sitzung folgendes:

> Ich möchte, daß jeder in einem Rundgang kurz mitteilt, wie er sich jetzt fühlt, wie seine Situation ist.

Lassen Sie das Gruppenmitglied links oder rechts von sich starten. Die Teilnehmer können so sehen, ob alle okay sind.

* Nach *Jim Elliott.*

Erleichterung offener Kommunikation

Wenn Sie anderen wichtige Dinge über sich selbst mitteilen (Gefühle, Ideen, Wünsche bzw. Reaktionen oder Wahrnehmungen hinsichtlich anderer), dann sind Sie – jedenfalls in einem gewissen Ausmaß – offen. Wenn Sie und Ihre Kommunikationspartner herausfinden, daß Sie immer offener miteinander sprechen können, ohne einander zu verletzen, dann entwickelt sich wechselseitiges Vertrauen zwischen Ihnen.

Wenn Sie einander helfen wollen, sich weiter zu entwickeln, neue Verhaltensformen zu erproben und offenere Kommunikationsformen auszuprobieren, damit Sie Ihre Absichten, Ideen und Gefühle besser verstehen, dann werden in zunehmendem Maße neue Lebensbereiche für Sie beide relevant.

▶ Eine besondere Möglichkeit, die Entwicklung wechselseitiger Offenheit positiv zu beeinflussen, nutzen Sie, wenn Sie Ihre Reaktionen auf das Risiko, das der andere eingegangen ist, als er freimütig von sich sprach, mitteilen.

Wenn Ihr Partner eine Gelegenheit ergreift, sich Ihnen mitzuteilen, dann kann Ihre Reaktion darauf eine bestärkende Auswirkung haben. Andererseits kann Ihre Reaktion auf seine Mitteilung aber auch eine entmutigende Auswirkung auf ihn haben.

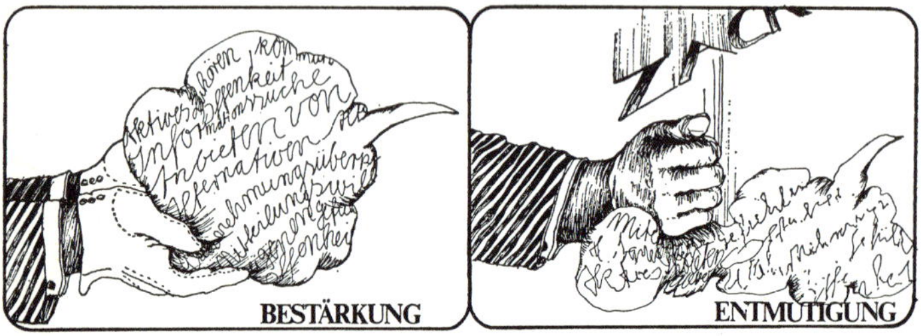

Im folgenden werden kommunikative Reaktionsweisen aufgeführt, die entweder bestärkende oder entmutigende Auswirkungen auf die Kommunikationsbereitschaft des anderen haben.

- BESTÄRKENDE AUSWIRKUNGEN
  haben alle Reaktionsweisen, welche die Autonomie des anderen stärken und dem Partner das Gefühl der Ebenbürtigkeit vermitteln.

Dazu gehören:
Aktives und aufmerksames Zuhören, antwortendes Zuhören, nicht passives Schweigen. (Erstarren Sie nicht zur Salzsäule, sondern reagieren Sie ruhig mit Ihrer Körpersprache.)
Ich-Du-Sätze (Zum Beispiel: »Du sprichst von deinem Lehrer. Ich werde bei solchen Themen ganz aufgeregt; ich habe auch einen Sack voll unangenehmer Erinnerungen. Bitte, sprich weiter.«)
Umschreiben, als Versuch, sicherzustellen, daß Sie die Botschaft, die Sie bekommen haben, auch wirklich verstehen.
Wahrnehmungsüberprüfung. Sie zeigen Ihren Wunsch, sich auf den anderen zu beziehen und ihn als unverwechselbare Person zu verstehen, indem Sie Ihre Wahrnehmung seiner Situation überprüfen.
Mitteilung eigener Gefühle.
Fragen in Verbindung mit dem Motiv zur Frage. (Zum Beispiel: »Welche Gefühle hast du deinem Vater gegenüber? – Ich frage das, weil ich den Eindruck habe, Vatergestalten sind für dich ein rotes Tuch.«)
Welche weiteren Reaktionsweisen finden Sie hilfreich zur Bestärkung Ihrer kommunikativen Offenheit? Notieren Sie bitte, was Ihnen einfällt . . .

- ENTMUTIGENDE AUSWIRKUNGEN
  haben alle Reaktionsweisen, die die Autonomie des anderen vermindern und ihm das Gefühl der Unterlegenheit und Bedeutungslosigkeit geben.

Dazu gehören:
Nonverbale Signale der Langeweile.
Wechsel des Themas ohne Erklärung (um z. B. den Gefühlen des anderen auszuweichen).
Interpretation des Verhaltens des anderen (z. B.: »Das tust du

nur, weil ...«). Auf diese Weise wird der Partner zum Objekt psychologischer Spekulation gemacht.
Ratschläge geben und überreden (»Du sollst lieber ...«). Damit entmündigen Sie den Partner und spielen seinen Vormund.
Verneinung der Gefühle des Partners (»Das fühlst du doch nicht wirklich!«).
Aufforderungen. Sie sagen dem anderen, was er tun soll (»Nun hab mal endlich Mut genug ...«).
Emotionale Verpflichtungen. In diesem Fall kontrollieren Sie den anderen in besonders raffinierter Weise, indem Sie ihm das Gefühl moralischer Unterlegenheit vermitteln. (»Wie kannst du mir das antun!«)

Welche weiteren Reaktionsweisen finden Sie entmutigend für Ihre eigene kommunikative Offenheit? Notieren Sie bitte, was Ihnen einfällt ...

Quartettübung

Eigene kommunikative Reaktionsweisen

Im folgenden finden Sie eine Reihe von Sätzen, mit denen einer von zwei Partnern einen Prozeß offener Kommunikation beginnt. Er gibt eine nicht alltägliche Information und geht damit ein gewisses Risiko ein. Wie antworten Sie ihm?
Bitte antworten Sie das erste Mal so, daß Ihre verbale Reaktion eine bestärkende Auswirkung auf seine Bereitschaft zur Offenheit hat. Das zweite Mal antworten Sie bitte so, daß Ihre verbale Reaktion eine entmutigende Auswirkung auf ihn hat.
Bearbeiten Sie zunächst das Papier für sich, und diskutieren Sie im Anschluß die Antworten mit Ihren Partnern im Quartett.

Beispiel: Eberhard, 32 Jahre, verheiratet:
Ich habe den Eindruck, daß die Frauen in dieser Gruppe mich spießig und langweilig finden.

Bestärkende Antwort:
Ich fand dich bisher tatsächlich langweilig (Mitteilung eigener Gefühle).
Ich möchte mehr von deinen geheimen Hoffnungen wissen, die du an unsere Gruppe hast (Anbieten von Alternativen).

Entmutigende Antwort:
Du sagst das, weil du wenig Selbstvertrauen hast (Interpretation).
Sei doch einfach spontaner (Befehl).

1. Andrea, 22 Jahre, solo:
Ich halte nicht viel von mir selbst und bin sehr abhängig vom Lob anderer.

Antwort mit bestärkender Auswirkung:
Antwort mit entmutigender Auswirkung:

2. Kay, 25 Jahre, verheiratet:
Ich weiß nicht recht, was ich von Frauen zu

halten habe. Ich spreche nicht gern darüber, aber insgeheim glaube ich oft, daß alle Frauen irrational, trickreich, dominierend sind. Oft ziehe ich mich zurück und überlasse der Frau die Show.

Antwort mit bestärkender Auswirkung:

Antwort mit entmutigender Auswirkung:

3. Barbara, 30 Jahre, solo:
Wenn ich in eine neue Gruppe komme, versuche ich mich sogleich mit einem sympathischen männlichen Wesen zu verbinden. Das gibt mir Sicherheit – man weiß ja nie . . .

Antwort mit bestärkender Auswirkung:

Antwort mit entmutigender Auswirkung:

4. Wolfgang, 30 Jahre, verheiratet:
In dieser Gruppe habe ich oft das Gefühl von Kälte. Ich frage mich, wie eng können wir aneinander herankommen? Ich möchte mehr Nähe.

Antwort mit bestärkender Auswirkung:

Antwort mit entmutigender Auswirkung:

5. Maria, 22 Jahre, solo:
Die Männer in dieser Gruppe mag ich nicht. Ich will damit sagen, daß ich immer wieder daran denke, daß alle Männer unverantwortlich, geizig, unentschlossen und schwach sind. Ich verstehe mich besser mit Frauen.

Antwort mit bestärkender Auswirkung:

Antwort mit entmutigender Auswirkung:

6. Veronika, 21 Jahre, solo:
Ich mag in dieser Gruppe keinen kritisieren. Ich fürchte, dann fallen alle über mich her.

Antwort mit bestärkender Auswirkung:

Antwort mit entmutigender Auswirkung:

Kommunikationsnormen

▶ LERNZIELE

Die Teilnehmer sollen sich mit der Wirkungsweise sozialer Normen auseinandersetzen und Normen benennen, die das Verhalten einzelner Gruppenmitglieder prägen.
Teilnehmermaterial: Kommunikationsnormen.

▶ ÜBUNGSANWEISUNGEN

Bitte informieren Sie die Gruppe kurz über die Lernziele.

- Informationsphase
  KOMMUNIKATIONSNORMEN

Geben Sie das Teilnehmermaterial zur Lektüre aus, und eröffnen Sie anschließend einen kurzen Reaktionsaustausch im Plenum. Kündigen Sie gleichzeitig an, daß eine gemeinsame Übung geplant ist, die sich mit den verinnerlichten Normen beschäftigt, die jeder einzelne in seinem Verhalten zeigt.

- Gruppenübung
  MEINE NORMEN – DEINE NORMEN*

Geben Sie etwa folgende Instruktionen:

> Jeder von uns in dieser Gruppe hat eine ganze Menge verinnerlichter Verhaltensnormen, die sein Auftreten und sein Verhalten in einem gewissen Ausmaß bestimmen. Je sensibler unsere soziale Umwelt ist, desto deutlicher werden auch für unsere Interaktionspartner unsere Verhaltensnormen. Es gibt sicherlich viele Verhaltensnormen, die unsere Partner angenehm empfinden, und viele, die sie unangenehm berühren.
> Nun, diese Übung gibt uns Gelegenheit herauszufinden, welche Verhaltensnormen die Gruppe jeweils bei dem einzelnen bemerkt hat. Ich möchte euch bitten, euch

* Für den Kurs entwickelt von *K. W. Vopel*.

nacheinander freiwillig als Zielperson zu melden, sofern ihr daran interessiert seid zu erfahren, welche Verhaltensnormen an eurem Verhalten in der Gruppe den anderen aufgefallen sind.
Das geht dann etwa so: Einer ist Zielperson. Nacheinander kann jeder aus der Gruppe das Wort ergreifen und sagen, welche Verhaltensnormen er an diesem einen wahrgenommen hat. Nun sollen diese Normen nicht abstrakt formuliert werden (z. B. Peter ist ehrgeizig – Johanna achtet auf soziale Distanz), sondern versucht bitte, die Normen als individuelle Imperative zu formulieren in der ersten Person Singular.
Zum Beispiel:
Ich will immer besonders gut sein – Ich darf Frauen nicht zu nahe kommen – Ich muß immer lustig sein – Ich darf nicht die Kontrolle verlieren. Wie gesagt, jeder kann sich spontan zu der Zielperson äußern, die selbst schweigend dasitzt.

Bitte achten Sie darauf, daß die Struktur eingehalten wird, daß keine inhaltliche Diskussion zustande kommt, sondern daß wirklich Normen genannt werden und vor allem auch in der angegebenen konkreten Form. Stoppen Sie bitte nach einer gewissen Zeit den Lauf der Dinge, wenn zu der Zielperson keine weiteren Normen mehr genannt werden. Fragen Sie, wer nun Zielperson sein möchte. In der Regel sind alle Teilnehmer sehr interessiert, ihre Verhaltensnormen zu erfahren. Die Übung gibt eine ausgezeichnete Feedbackmöglichkeit, ohne den einzelnen jedoch allzusehr unter Streß zu setzen.
Wenn alle Freiwilligen Gelegenheit hatten, Zielperson zu sein, starten Sie bitte das

• AUSWERTUNGSGESPRÄCH

und geben Sie den Teilnehmern Gelegenheit, ihre Reaktionen auf die Übung mitzuteilen. Lassen Sie vielleicht auch die Teilnehmer überprüfen, wieweit die Normen, die der einzelne bei der jeweiligen Zielperson zu entdecken meinte, für ihn selbst von Bedeutung sind.
Wenn Sie genügend Zeit haben, können Sie die Gruppe auf-

fordern, über die bisher beobachteten Gruppennormen zu sprechen.
Betonen Sie dabei, daß diese Fragestellung leicht spekulativ wird und daß fraglich ist, wieweit die »Gruppe« überhaupt faßbar ist. Wichtig ist dabei, daß jeder die angebotenen Hypothesen kommentieren und seine Reaktionen darauf mitteilen kann.

Kommunikationsnormen

Kommunikationsnormen sind Verhaltensregeln, bestimmte Handlungsweisen, die von den Mitgliedern einer Gruppe akzeptiert sind. Sie geben spezifische Verhaltensweisen an, die von den Mitgliedern erwartet werden, und hängen in der Regel von den Zielen der Gruppe ab.

Arbeitsgruppen können beispielsweise folgende Normen haben:

- Zu einer verabredeten Zeit pünktlich zu kommen
  bestimmte Informationen zu einem festgesetzten Thema zusammenzutragen
  die Gesprächsbeiträge auf das Thema zu konzentrieren
  rational zu argumentieren
  nicht über persönliche Beziehungen zu sprechen
  eigene emotionale Reaktionen nicht mitzuteilen
  usw.
  Das Gruppenziel wäre in diesem Fall die Konzentration der Kommunikation auf die intellektuelle Bearbeitung einer Aufgabe ohne Berücksichtigung der gleichzeitig ablaufenden emotionalen Prozesse.

Manchmal läßt sich eine Kommunikationsnorm zurückführen auf eine schichtspezifische Sitte oder auf einen Stil.

- Zum Beispiel begrüßen sich die Mitglieder eines Clubs mit Handschlag, Studenten durch Kopfnicken mit oder ohne Anrede.

Eine Norm kann auf spezifische Regeln zurückgehen, die einmal ins Leben gerufen worden sind.

- Zum Beispiel Worterteilung durch den Diskussionsleiter aufgrund einer Rednerliste.

Eine Norm kann von den meisten Mitgliedern einer Gruppe befolgt werden, ohne daß die Betreffenden jemals klar darüber nachgedacht haben.

- Zum Beispiel bestimmte Themen auszusparen.
  Welches Thema wird in Ihrer Gruppe ausgespart?

Kommunikationsnormen entwickeln sich nicht ganz zufällig, sondern aus den Wertungen, Erwartungen und aus dem gelernten Verhalten, das die Mitglieder in eine Gruppe bringen. Die Normen einer bestimmten Gruppe werden normalerweise stillschweigend herausgebildet. Das heißt, die Teilnehmer praktizieren ein spezifisches Gesprächsverhalten, ohne daß sie darüber viel nachdenken. Sie verhalten sich einfach so, weil es immer schon bestimmte Erwartungen sind, die sie mit sich bringen.

Normen haben auf unser Kommunikationsverhalten erheblichen Einfluß, nämlich wer – was – wann – auf welche Weise – und in welcher Situation kommuniziert. Die Normen, denen wir in unserem Kommunikationsverhalten folgen, haben wir größtenteils in unserer Kindheitsfamilie erworben.
So normiert z. B. das Ausmaß an Klarheit und Offenheit der Kommunikation zwischen unserem Vater und unserer Mutter auch unseren persönlichen Kommunikationsstil.
Oft sind wir uns dieser Einflüsse aus unserer Kinderzeit nicht bewußt. Es ist noch seltener, daß wir den Versuch machen, ungünstige verinnerlichte Kommunikationsnormen zu ändern, damit sie besser unseren gegenwärtigen Bedürfnissen und Wünschen angepaßt sind. Normalerweise leben wir einfach mit ihnen, auch wenn sie uns einschränken und bedrücken.

Vielleicht haben Sie Lust, demnächst in einer der Gruppen, in denen Sie arbeiten, eine *Normenanalyse* anzuregen. Sie können die unten abgedruckten Problembereiche dann vervielfältigen und mit der Gruppe diskutieren, oder aber Sie greifen einen besonders relevanten Bereich heraus.

Überlegen Sie bitte einmal anhand folgender Fragen:

Welche Normen haben sich entwickelt im Blick auf die Frage: Wer kommuniziert mit wem?

Wer spricht besonders viel? Wer spricht besonders wenig? (Wie ist es mit Ihnen?)
Wer spricht mit wem? Mit wem wenig oder nicht? (Wie ist es mit Ihnen?)
Wer sitzt bei wem?
Wer ist im Anschluß an die Sitzung mit wem zusammen?

Welche Normen haben sich entwickelt, um das Gruppenklima zu regulieren?

Wird gelacht?
Wird Langeweile ausgedrückt?
Wird Frustration ausgesprochen?
Werden Aggressionen artikuliert?

Welche Normen haben sich entwickelt im Umgang mit Liebes- und Machtbedürfnissen?

Werden Bedürfnisse nach Nähe ausgesprochen?
Werden erotische bzw. sexuelle Impulse ausgedrückt?
Werden Bedürfnisse nach Kontrolle und Einfluß ausgesprochen?

Welche Normen haben sich entwickelt im Blick auf bestimmte Tabus?

Über welche Dinge wird in der Gruppe grundsätzlich nicht oder nur wenig gesprochen?
Worüber muß gesprochen werden?

Welche Normen für den Kommunikationsstil haben sich etabliert?

Auf welche Weise werden Gefühle mitgeteilt?
Welche Grenzen gibt es für den intensiven Gefühlsausdruck?
Wie klug müssen die Beiträge sein?
Wie rational dürfen sie sein?

Wie steht es mit dem Normendruck in der Gruppe?

Haben Außenseiter eine Chance?

Wie veränderlich sind die Normen?
Wer setzt die Normen?

Welche wichtigen Normen gibt es sonst noch in der Gruppe?

Welche Norm in der Gruppe möchten Sie verändern?

Welche Norm bedrückt Sie am stärksten?

Welche Norm gibt Ihnen am meisten Freiheit?

Übergänge

▶ LERNZIELE

Die Teilnehmer sollen ihren Lernerfolg im Kurs beurteilen. Gleichzeitig erhalten sie Gelegenheit zu überprüfen, wieweit ihr soziales Einfühlungsvermögen im Blick auf die anderen Kursteilnehmer entwickelt ist.
Die Sitzung soll gleichzeitig den Übergang in die Back-home-Situation anbahnen.

▶ ÜBUNGSANWEISUNGEN

Bitte informieren Sie die Gruppe kurz über die Lernziele dieser letzten Übungseinheit.

- Gruppenübung
  WAS HABE ICH GELERNT*

Erläutern Sie kurz die Übung, und sagen Sie etwa folgendes:

> Bitte nehmt jeder ein Blatt Papier, und notiert darauf die Frage: »Wie schätze ich meinen Lernerfolg ein – privat und beruflich?« Versucht, die gestellte Frage in etwa 30 Minuten zu beantworten. Wir brauchen den Rest der Zeit dann, um die gemeinsame Auswertung vornehmen zu können.

Sammeln Sie bitte die Papiere ein, und legen Sie sie übereinander. Wenn Sie wollen, können Sie die Papiere auch noch ein wenig mischen wie ein Kartenspiel. Wenn Sie das getan haben, bitten Sie alle, in den Kreis zurückzukommen, und erklären Sie den weiteren Gang der Dinge:

> Bei der Auswertung der Papiere könnt ihr prüfen, wieweit ihr euch hier gut kennengelernt habt. Dazu möchte ich folgendes vorschlagen: Ich werde ein Papier vorlesen, ohne den Namen des Betreffenden vorher zu sagen. Sobald ich zu Ende gelesen habe, könnt ihr Vermutungen äußern, von wem dieses Papier ist. Bitte gebt jeweils eine Begründung, weshalb ihr glaubt, daß der- oder diejenige der Autor des Papiers sei.

---

* Entwickelt von *K. W. Vopel.*

Der Autor soll nach Möglichkeit auch keine nonverbalen Signale geben. Wenn keine Vermutungen mehr genannt werden, gibt sich der Autor zu erkennen. Er kann dann seine Reaktion auf die Kommentare, Vermutungen und Ideen der übrigen Teilnehmer äußern. Dann lese ich das nächste Papier vor.

Vermeiden Sie auf jeden Fall beim Lesen, in die Richtung des Verfassers zu schauen, da dies von den Teilnehmern bestimmt wahrgenommen wird.

Wenn Sie am Ende nur noch zwei Papiere vor sich haben, machen Sie bitte folgendes: Sagen Sie der Gruppe, daß Sie gleich die beiden letzten Papiere vorlesen werden und daß jeder, der eine Vermutung hat, sich zu beiden Papieren äußert.

- AUSWERTUNGSGESPRÄCH

Geben Sie der Gruppe Gelegenheit, offene Fragen und Reaktionen auf die Gruppenübung zu besprechen.

- SCHLUSSDISKUSSION

Stellen Sie die Diskussion unter das Thema:

Was möchte ich tun, wenn dieses Seminar zu Ende ist?

Strukturieren Sie die Diskussion dadurch ein wenig vor, daß Sie eine kleine Übung zu Beginn vorschlagen.

- Gruppenübung
  EMPFEHLUNG IM NAMEN*

Sagen Sie etwa folgendes:

Nehmt bitte ein Blatt Papier und schreibt euren Vornamen von rückwärts auf den Bogen (aus KLAUS wird also zum Beispiel SUALK). Stellt euch vor, in euch gibt es eine weise Stimme, die euch eine wichtige Empfehlung gibt, die ihr in Zukunft beachten sollt.

Diese Empfehlung besteht aus einem Satz, dessen Wörter mit diesen Buchstaben beginnen (S.. U.A.L... K...).

* Aus verschiedenen Selbstkonfrontationsübungen von *Dan Malamud.*

Sobald alle ihre Empfehlung notiert haben, geben Sie weitere Instruktionen:

> Ich möchte, daß jeder seinen Satz der Gruppe sagt. Derjenige, der seinen Satz bekanntgegeben hat, fordert die Gruppe auf, ihm diesen Satz zu sagen, und wünscht sich dabei die Art und Weise (laut, leise, langsam, fordernd) und die Häufigkeit (ein- bis dreimal), mit der sein Satz gesagt werden soll. So kann er z. B. die Gruppe bitten, ihm diesen Satz zweimal in einem ruhigen und sanften Ton zu sagen oder dreimal sehr laut und kräftig usw.

Sobald jeder seinen Satz vorgelesen und von der Gruppe als Echo zurückbekommen hat in der gewünschten Weise, leiten Sie die Schlußdiskussion, indem Sie noch einmal an das Thema erinnern.

Sie können in dieser Situation damit rechnen, daß die Teilnehmer sehr gemischte Gefühle haben. Einige werden froh sein, daß die Gruppe jetzt zu Ende ist; andere werden traurig sein, daß sie jetzt von der Gruppe Abschied nehmen müssen. Wieder andere werden nicht recht wissen, was sie mit dem Gelernten zu Hause oder beruflich anfangen können.

Es wird daher gut sein, eine realistische Diskussion darüber zu führen, was der einzelne tun will, welche Möglichkeiten und Schwierigkeiten ihn erwarten. Auf diese Weise kann das Wiedereintauchen in die normale Welt am besten bewerkstelligt werden.

Rainer E. Kirsten

Kooperationskurs

Erwartungen

▶ LERNZIELE

Die Teilnehmer haben Gelegenheit, eigene und fremde Erwartungen zu analysieren und mit ihnen umzugehen. Sie sollen lernen, eigene Gefühle bei der Interaktion in neuen Gruppen zu erkennen und auszusprechen.
Sie erhalten Gelegenheit, auf unkonventionelle Weise in einer neuen Gruppe Kontakt aufzunehmen.
Teilnehmermaterial: 1) Einleitung – 2) Emotionale Bedürfnisse in neuen Gruppen

▶ ÜBUNGSANWEISUNGEN*

Stellen Sie den Teilnehmern kurz das Programm vor. Erinnern Sie noch einmal an die Kommunikationsregeln, die in den Vorausinformationen vor Beginn des Kommunikationskurses enthalten waren**. Informieren Sie die Teilnehmer dann über die Lernziele dieser ersten Übungseinheit.

- Informationsphase
  EINLEITUNG

Teilen Sie das Teilnehmermaterial 1 aus, und geben Sie für die Lektüre ca. 15 Minuten Zeit.

- Gruppenübung
  TIERIDENTIFIKATION***

Bitten Sie die Teilnehmer, die Augen zu schließen und sich ihrer augenblicklichen Gefühle bewußt zu werden. Fordern Sie sie dann auf, sich mit einem Tier zu identifizieren, welches ihrer augenblicklichen Gefühlslage entspricht. Sie sollen sich dieses Tier genau vorstellen, wobei es sich auch um ein Phantasietier handeln kann. Bitten Sie die Teilnehmer anschließend, dieses Tier auf einen Bogen Papier zu malen. Es

* (s. S. 35 »Hinweise für den Moderator«).
** (s. S. 40 »Was Sie im Kommunikationskurs lernen können«).
*** Beschrieben bei *Pfeiffer/Jones*, 1970.

kommt nicht darauf an, wie gut dieses Tier gezeichnet wird. Es soll so spontan und schnell wie möglich gemalt werden. Anschließend bitten Sie die Teilnehmer, das gemalte Tier vor die Brust zu heften. Bitten Sie die Teilnehmer, sich nun einander in folgender Weise vorzustellen: Ein Teilnehmer beginnt, sich einen anderen auszusuchen, dem er sich gern vorstellen möchte. Er setzt sich vor diesen gewählten Partner und erklärt, aus welchen Gründen er gerade ihn gewählt hat. Danach stellt er sich vor, indem er die Wahl seines Tieres erklärt und anschließend dem anderen die Informationen über sich gibt, die er ihm im Augenblick geben mag.
Beginnen Sie als Moderator mit der Vorstellung. Danach fährt der rechts von Ihnen sitzende Teilnehmer fort, usw.

- AUSWERTUNGSGESPRÄCH

Bitten Sie die Teilnehmer, einen kurzen Reaktionsaustausch auf dieses Experiment vorzunehmen.

- Informationsphase
  ERWARTUNGEN

Teilen Sie jetzt Teilnehmermaterial 2 zum Lesen aus.

- Übung
  INDIVIDUELLE ERWARTUNGEN

Bitten Sie nun die Teilnehmer, ihre persönlichen Erwartungen, die sie mit diesem Kurs verbinden, zu konkretisieren. Tun Sie das etwa mit den folgenden Worten:

> Ich möchte gern, daß ihr – jeder für sich allein – noch einmal darüber nachdenkt, welche Wünsche und Erwartungen ihr hattet, als ihr euch zur Teilnahme an diesem zweiten Kurs entschlossen habt. Denkt bitte darüber nach, ob sich eure Erwartungen inzwischen geändert haben. Denkt auch bitte darüber nach, welche Gefühle ihr hattet, als ihr diesen Raum heute betratet. Wie sind eure Gefühle jetzt in diesem Augenblick?
> Bitte versucht, euch zu entspannen, und überlegt euch diese Fragen in aller Ruhe. Bitte sprecht nicht miteinander.

Jeder Teilnehmer soll nun eine »öffentliche« und eine »geheime« Erwartungsliste anfertigen. Bitten Sie die Teilnehmer, sich ihrer Erwartungen hier und jetzt bewußt zu werden:

Was will ich hier lernen?
Was will ich hier arbeiten?
Was will ich hier erleben?

Die Teilnehmer sollen versuchen, nicht allgemeine Wünsche und Erwartungen niederzuschreiben, sondern so konkret wie möglich anzugeben, welches Verhalten sie während des Kurses realisieren möchten.
Anschließend sollen sie auch Ängste und Befürchtungen, die sie mit diesem Kurs verbinden, in einer öffentlichen und einer geheimen Liste niederschreiben:

Wovor fürchte ich mich?
Was soll nicht geschehen?

Auch Ängste und Befürchtungen sollen so konkret wie möglich angegeben werden. Sagen Sie etwa folgendes:

> Wir wollen gleich unsere Erwartungen und Befürchtungen in Kleingruppen miteinander besprechen. Nehmt bitte jeder jetzt zwei Blatt Papier. Auf den einen Zettel schreibt bitte alle Wünsche, Erwartungen und Befürchtungen nieder, die ihr für euch hinsichtlich dieses Kurses habt und die ihr hinterher offen in den Gruppen besprechen wollt.
> Auf das zweite Blatt schreibt bitte eure geheimen Erwartungen und Ängste auf, die ihr lieber nicht in den Gruppen besprechen möchtet. Versucht bitte, möglichst auf allgemeine Aussagen zu verzichten, vielmehr beschreibt eure Erwartungen und Befürchtungen so konkret wie möglich.

- Gruppenübung
  ERWARTUNGSANALYSE*

Lassen Sie jetzt, entsprechend der Gruppengröße, durch Abzählen Vierer- oder Fünfergruppen bilden. Die Gruppen sollen dann aus den öffentlichen Erwartungslisten der einzelnen Teilnehmer eine gemeinsame Gruppenliste zusammenstellen.

* In Anlehnung an *T. Brocher*, 1967.

Auf dieser Gruppenliste sollen keine Doppelnennungen vorkommen. Wenn dabei ein Teilnehmer glaubt, aus seiner geheimen Liste der Gruppenliste doch noch etwas hinzufügen zu können, so soll er dies den anderen mitteilen. Geben Sie den Kleingruppen ca. 30 Minuten Gelegenheit, ihre Listen aufzustellen. Lassen Sie anschließend die Gruppenlisten für alle sichtbar an der Wand aufhängen. Bitten Sie die Teilnehmer nun, sich wieder in den Kreis zu setzen, und fahren Sie fort mit etwa folgenden Instruktionen:

> Ich möchte gern, daß jetzt jeder der Reihe nach mitteilt, welcher Punkt unserer gemeinsamen Listen jetzt – in diesem Moment – für ihn am wichtigsten ist. Bitte versucht auch zu sagen, warum dieser Punkt für euch so wichtig ist. Ich möchte meinen rechten Nachbarn bitten anzufangen.
>
> Bitte unterbrecht nicht während des Berichtes in der Runde. Versucht einmal euch ganz auf das zu konzentrieren, was euch die anderen mitteilen.

Im Anschluß an den Rundgang leiten Sie bitte über zu einem

- AUSWERTUNGSGESPRÄCH

Fordern Sie die Teilnehmer auf, ihre Reaktionen auf die bisher gemachten Erfahrungen auszutauschen, und greifen Sie dabei auf die Gesichtspunkte zurück, die bereits bei den Hinweisen für den Moderator für die Auswertungsphase gegeben wurden:

- Was habe ich wahrgenommen?
- Was habe ich gefühlt?
- Was bedeutet das für mein Verhalten?
- Was will ich mit diesen Erfahrungen anfangen?

Ermuntern Sie die Teilnehmer, sich direkt anzusprechen und – wenn sie den Namen nicht wissen – nachzufragen, damit sich diese schnell wieder (oder erstmalig) einprägen.

- Gruppenübung
  WER KENNT WEN?

(Diese Übung brauchen Sie nur dann durchführen zu lassen, wenn die Gruppe für den Kooperationskurs neu zusammen-

gestellt wurde, also den Kommunikationskurs noch nicht gemeinsam durchgeführt hat.)
Bitten Sie die Teilnehmer, einander mitzuteilen, wen sie aus dieser Gruppe schon kennen, und wie sich diese Bekanntschaften auf ihr Befinden in dieser Gruppe auswirken. Falls Sie den Kooperationskurs mit einer schon bestehenden Arbeitsgruppe ausführen, sollen die einzelnen Teilnehmer sagen, wen sie besonders gut bzw. wen sie besonders wenig bisher kennengelernt haben.
Diskutieren Sie anschließend kurz im Plenum darüber, welche Konsequenzen wohl für die Gesamtgruppe nach den einzelnen Mitteilungen zu erwarten sind.

Einleitung

Ein generelles Ziel des Kommunikationskurses war es, Ihre Möglichkeiten der interpersonellen Kommunikation zu erweitern und zu verbessern.
Die Fähigkeit, wirksam mit anderen zu kommunizieren, ist eine Grundvoraussetzung dafür, daß eine Gruppe kooperationsfähig ist – d. h. in gemeinsamer Arbeit ein bestimmtes Ziel verfolgen kann.
Eine verbesserte Kommunikationsfertigkeit von Gruppenmitgliedern auf der interpersonellen Ebene allein bedeutet aber noch nicht, daß diese Gruppe auch fähig ist, wirksam zu kooperieren.

Ziel dieses Kurses ist es, Ihnen strukturierte Übungen anzubieten, in denen Sie verschiedene Möglichkeiten und Verhaltensweisen in kooperativen Situationen ausprobieren und in ihren Auswirkungen selbst überprüfen können.
Wie im Kommunikationskurs erhalten Sie wieder begleitend zu den einzelnen Übungseinheiten Informationen, die Ihnen helfen sollen, Ihr eigenes Verhalten und das der Gruppe im Anschluß an die Übungen zu reflektieren.

ÜBERSICHT ÜBER DIE EINZELNEN ÜBUNGSEINHEITEN DES KOOPERATIONSKURSES

Übungseinheit 1 *Erwartungen*

Die Teilnehmer haben Gelegenheit, eigene und fremde Erwartungen zu analysieren und mit ihnen umzugehen. Sie sollen lernen, eigene Gefühle bei der Interaktion in neuen Gruppen zu erkennen und auszusprechen.
Sie erhalten Gelegenheit, auf unkonventionelle Weise in einer neuen Gruppe Kontakt aufzunehmen.

Übungseinheit 2 *Interaktionsstrukturen*

Die Teilnehmer lernen in dieser Sitzung die Bedingungen kennen, die für ein Vertrauensverhältnis in der Gruppe notwendig sind. Sie können ihre Wahrnehmungsfähigkeit in bezug auf die Interaktion in einer Gruppe verbessern und lernen, wie sie selbst und andere in einer neuen Gruppe mit dem Bedürfnis umgehen, Informationen von sich zu geben und von anderen zu bekommen.

Übungseinheit 3 *Umgang mit Nähe und Distanz*

In dieser Sitzung können die Teilnehmer etwas darüber erfahren, wie unterschiedlich die Mitglieder einer Gruppe mit der Möglichkeit des Kontakts umgehen. Sie haben Gelegenheit zu entdecken, welchen Platz sie selbst in ihrer Gruppe einnehmen.

Übungseinheit 4 *Kooperation und Wettbewerb*

Die Teilnehmer können ihr Kooperationsverhalten unter Wettbewerbsdruck überprüfen. Sie lernen außerdem Möglichkeiten der Verhaltensbeobachtung und des Feedback kennen.

Übungseinheit 5 *Gruppenleitung*

Diese Sitzung macht die Teilnehmer mit den Problemen der Leitung von Gruppen vertraut. Sie können erproben, welche Einflußmöglichkeiten Gruppenmitglieder in einer Gruppe haben.

Übungseinheit 6 *Konsensusbildung*

Die Teilnehmer erfahren etwas über die Art, wie in einer Gruppe mit der Möglichkeit, Entscheidungen zu beeinflussen, umgegangen wird. Sie lernen außerdem verschiedene Stufen des Gruppenkonsensus kennen und sie zu beurteilen.

Übungseinheit 7 *Kreativität und Gruppe*

Die Teilnehmer sollen hier neue Möglichkeiten der Ideenfindung und des Zusammenarbeitens kennenlernen. Sie können dabei das Ausmaß ihrer eigenen Spontaneität und Kreativität erfahren und die Bedingungen dafür in einer Gruppe analysieren.

Übungseinheit 8 *Planen und Entscheiden*

Diese Sitzung konfrontiert die Teilnehmer mit Planungs- und Entscheidungsproblemen in Gruppen. Sie erfahren dabei die Problematik von Intergruppenbeziehungen.

Übungseinheit 9 *Kontrolle und Einfluß*

Die Teilnehmer können überprüfen, in welchem Maße ihre eigenen Verhaltensweisen und Entscheidungen von Gruppennormen beeinflußt werden.

Übungseinheit 10 *Veränderung von Beziehungen*

In dieser Sitzung haben die Teilnehmer noch einmal Gelegenheit zu überprüfen, inwieweit ihre Erwartungen hinsichtlich dieses Kurses erfüllt wurden. Sie haben dabei die Chance, ihre Beziehungen und die Veränderung dieser Beziehungen zu den anderen Teilnehmern im Verlauf des Kurses zu analysieren.

Emotionale Bedürfnisse in neuen Gruppen

- *Erwartungen*

Die erste Gruppensitzung soll Ihnen Gelegenheit geben, sich Ihre Erwartungen hinsichtlich dieses Kurses bewußter zu machen. Vielleicht werden Ihnen – gerade im Gespräch mit den anderen – bestimmte Wünsche und Erwartungen für das, was in der Gruppe geschehen soll, erst ins Bewußtsein gerufen. Sicher werden Sie aber feststellen, daß in einer Gruppe, die doch eigentlich unter der gleichen »Überschrift« zusammengekommen ist, sehr unterschiedliche Erwartungen herrschen können.
Diese Situation werden Sie bei jeder sich neu bildenden Gruppe vorfinden – meist pflegen aber die Teilnehmer nicht offen darüber zu sprechen. Das kann vielerlei Gründe haben:
Einmal sind solche Erwartungen oft gar nicht ausdrücklich bewußt, zum anderen sind die Vertrauensbeziehungen zwischen den Teilnehmern einer neuen Gruppe noch so unterentwickelt, daß man sich scheut, dem anderen seine ganz geheimen Wünsche und Vorstellungen mitzuteilen. Man kann dann beobachten, daß solche Wünsche den anderen auf indirektem Weg mitgeteilt werden.

● Zum Beispiel:

- So kommen wir doch nicht weiter? (Mir paßt diese Richtung nicht.)
- Wir müssen zunächst einen Diskussionsleiter wählen! (Ich habe Angst, daß sich in dieser Gruppe wieder die Vielredner durchsetzen werden; ich wünsche mir eine starke Hand, die das verhindert.)
- Hat jemand schon etwas darüber gelesen? (Ich habe sicher auf diesem Gebiet weniger Informationen als die anderen. Ich fühle mich unsicher.)

Dieser Weg ist nicht nur zeitraubend, sondern er führt auch leicht zu Mißverständnissen, Verärgerung, Frustration und kann eine Ursache dafür sein, daß die Gruppe nicht arbeitsfähig wird.

- *Grundlegende Störfaktoren in neuen Gruppen*

Wir haben gesagt, daß die Mitglieder einer Gruppe unterschiedliche Bedürfnisse haben. Diese Bedürfnisse – auch die vordergründigen, sachlichen Ziele – haben immer einen emotionalen Hintergrund: Wenn ein Teilnehmer ein Sachziel in der Gruppe vertritt, so heißt die emotionale Ebene unter Umständen: Kann ich die übrigen für meine Idee gewinnen? Werden sie sich vielleicht gegen mich stellen? Diese emotionalen Probleme, die in der Gruppe geheim vorhanden sind, müssen erkannt und ihre Gründe verstanden werden.
Ganz allgemein kann man sagen, daß es für die Teilnehmer jeder Gruppe, die neu zusammentritt, zunächst vier Probleme zu lösen gilt, damit die Gruppe ein Solidaritätsgefühl entwickeln kann; es handelt sich hierbei um die Probleme der

- Identität
- Ziele und Bedürfnisse
- Macht, Kontrolle, Einfluß
- Intimität.

Mit anderen Worten: Jeder Teilnehmer will zunächst feststellen:

– Wer bin ich in dieser Gruppe? Wo ist mein Platz? Welche Art von Verhalten wird hier akzeptiert? (Problem der *Identität*)
– Was möchte ich von der Gruppe bekommen? Können die Ziele der Gruppe in Übereinstimmung gebracht werden mit meinen eigenen Zielen? Was habe ich in der Gruppe anzubieten? (Problem der *Ziele und Bedürfnisse*)
– Wer wird die Kontrolle haben über das, was wir tun? Wieviel Macht und Einfluß habe ich selbst in dieser Gruppe? (Problem der *Macht, Kontrolle* und des *Einflusses*)
– Wie nahe werden wir einander kommen? Wie persönlich werden wir sein? Wie weit können wir einander trauen, und wie kann es uns gelingen, ein größeres Vertrauen aufzubauen? (Problem der *Intimität*)

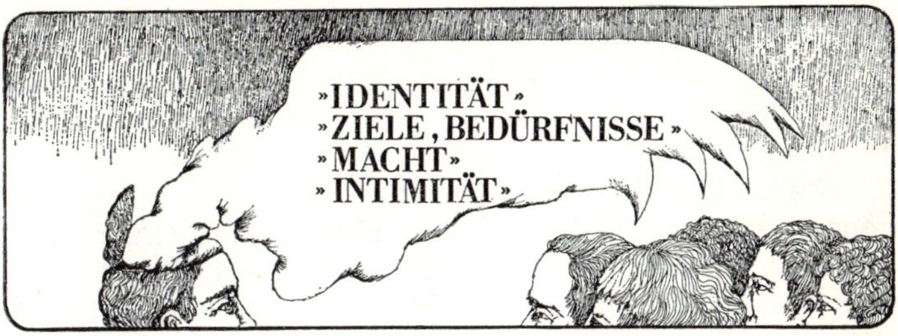

Die vier hier dargestellten Grundbedürfnisse können ganz verschiedene Verhaltensweisen bei den einzelnen Mitgliedern einer Gruppe erzeugen. Meist muß man solche Verhaltensweisen aber erst »übersetzen«, um zu erkennen, welches Bedürfnis dahintersteckt.

• *Aufgabe*

Um den oben geschilderten Prozeß zu erleichtern, wird der Moderator Sie gleich bitten, im Rahmen einer Gruppenaufgabe Ihre Bedürfnisse und Wünsche in bezug auf diesen Kurs der Gruppe – zumindest teilweise – zugänglich zu machen. Sie werden feststellen, daß eine solche Analyse der eigenen und fremden Erwartungen sofort einen Schritt vorwärts im Vertrauensverhältnis der Teilnehmer untereinander bedeutet und das Verständnis für die Situation der anderen erleichtert.

● Sie sollten es sich daher angewöhnen – ob Sie nun als Student, als Tutor oder in irgendeiner anderen Funktion mit einer neuen Gruppe zu tun haben –, Ihre eigenen Erwartungen an die Gruppe möglichst offen auszusprechen. Darüber hinaus kann es auch hilfreich für die Gruppe sein, die anderen anzuregen, solche Erwartungen und Wünsche mitzuteilen.

Interaktionsstrukturen

▶ LERNZIELE

Die Teilnehmer lernen in dieser Sitzung die Bedingungen kennen, die für ein Vertrauensverhältnis in der Gruppe notwendig sind. Sie können ihre Wahrnehmungsfähigkeit in bezug auf die Interaktion in einer Gruppe verbessern und lernen, wie sie selbst und andere in einer neuen Gruppe mit dem Bedürfnis umgehen, Informationen von sich zu geben und von anderen zu bekommen.
Teilnehmermaterial: 1) Vertrauensklima und Kommunikationsprozeß – 2) Gruppenklima – 3) Interaktionsanalyse

▶ ÜBUNGSANWEISUNGEN

Bitte informieren Sie die Teilnehmer zunächst über die Lernziele dieser Übungseinheit.

- Paarübung
  VERTRAUENSRUNDE*

Lassen Sie in der Gruppe Paare bilden nach dem Gesichtspunkt, wen aus der Gruppe der einzelne gern näher kennenlernen möchte. Achten Sie bitte darauf, daß dabei die Partnerwahl hintereinander durchgeführt wird, so daß der Wahlprozeß in der Gruppe öffentlich und kurz begründet wird. Am besten stellen sich die Teilnehmer, die schon gewählt haben, dann bis zum Ende des Wahlvorganges hinter den Stuhl ihres Partners, damit jeder sehen kann, wer schon gewählt worden ist.
Bitten Sie dann die Paare, sich einen geeigneten Platz im Raum zu suchen, wo sie möglichst ungestört von den anderen kommunizieren können. Sagen Sie dann etwa folgendes:

> Bitte stellt jetzt kurz fest, welcher von euch in den Paaren der größere ist. Ich bitte den größeren von euch nun, den Partner einen Augenblick schweigend zu betrachten. Versucht, euch darüber klar zu werden, wie vertraut euch dieser Partner in diesem Augenblick ist.

* Aus der Encounter-Tradition.

Warten Sie ungefähr eine halbe Minute, ehe Sie fortfahren:

> Bitte teilt jetzt eurem Partner mit, wie vertraut er euch in diesem Augenblick ist. Begründet das auch bitte und sagt etwa: Du bist mir sehr (oder: wenig bzw. nicht) vertraut, weil ...

Anschließend fordern Sie zum Wechsel auf, so daß jetzt der kleinere einer Paarverbindung sein Gegenüber schweigend betrachtet und ihm dann sagt, wie vertraut er ihm ist in diesem Augenblick. Machen Sie die Paare noch einmal darauf aufmerksam, daß sie jetzt noch nicht über das Gesagte diskutieren sollen.

Bitten Sie nun wieder die größeren aus den Paaren, die Haltung des Partners möglichst genau nachzuahmen:

> Betrachtet nun bitte schweigend einen Augenblick die Körperhaltung eures Partners und nehmt diese in euch auf. Versucht bitte, die Haltung eures Partners möglichst genau zu imitieren. Wenn ihr das getan habt, versucht herauszufinden, welcher Stimmung die Haltung eures Partners entsprechen könnte. Wie fühlt ihr euch jetzt, wenn ihr die Haltung eures Partners eingenommen habt?

Geben Sie genügend Zeit, damit sich jeder in die Haltung und die damit verbundene Gefühlslage seines Gegenübers einfühlen kann. Die imitierte Körperhaltung soll noch einen Augenblick beibehalten werden, wobei dem Partner dann mitgeteilt werden soll, welche Gefühle diese Haltung bei dem Imitator auslösen und welche Gefühle bei dem Partner vermutet werden.

Anschließend Rollenwechsel ohne vorherige Diskussion.

Geben Sie nach der Übung Zeit für einen kurzen Reaktionsaustausch in den Paaren.

- Informationsphase
  VERTRAUENSKLIMA UND KOMMUNIKATIONSPROZESS

Teilen Sie jetzt bitte das Teilnehmermaterial 1 aus.

- Gruppenübung
  INTERAKTIONSANALYSE*

---

* Aus Techniken der Interaktionsanalyse.

Erklären Sie der Gruppe, daß es sich bei der folgenden Übung um eine Diskussionsrunde handeln wird, bei der die Interaktion zwischen den Teilnehmern aufgezeichnet werden soll. Bitten Sie die Gruppe, zunächst zwei Beobachter zu wählen, welche die Interaktionen nach einem Kategorienschema, das Sie ihnen erläutern werden, aufzeichnen sollen.
Erklären Sie dann den gewählten Beobachtern, daß diese die Art und Richtung der Interaktion aufzeichnen sollen: Der Beobachter, der die Richtung der Interaktionen (Gesprächsbeiträge) zwischen den Teilnehmern erfassen will, muß zunächst einen Beobachtungsbogen vorbereiten, auf dem die kreisförmige Sitzordnung der Gruppe aufgezeichnet wird. Jeder Teilnehmer wird dann auf dem Kreis durch einen Punkt symbolisiert, außerhalb des Kreises werden daneben die entsprechenden Namen geschrieben. Jeder Gesprächsbeitrag soll vom Beobachter durch einen Pfeil gekennzeichnet werden. Die Richtung der einzelnen Pfeile geben dabei an, wer von den Teilnehmern angesprochen wird. Mehrere Gesprächsbeiträge in die gleiche Richtung werden von weiteren Pfeilspitzen symbolisiert. Die Reihenfolge oder die Dauer der einzelnen Gesprächsbeiträge soll dabei nicht festgehalten werden. Wird ein Beitrag nicht an ein bestimmtes Gruppenmitglied gerichtet, so endet der Pfeil – aus der Richtung des Sprechers kommend – in der Mitte des aufgezeichneten Kreises.

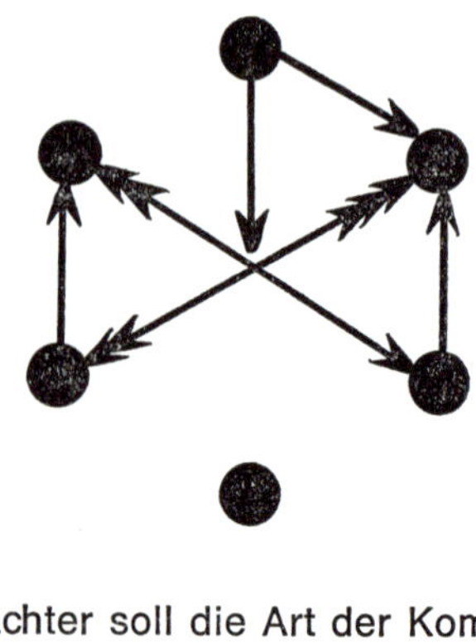

Der zweite Beobachter soll die Art der Kommunikation in der Gruppe festhalten. Er soll beobachten, ob bei den einzelnen

Gesprächsbeiträgen die persönliche oder die sachliche Ebene überwiegt.
Sachliche Beiträge beziehen sich lediglich auf den sachlichen Inhalt einer Diskussion, so z. B.:

Bevor wir das Projekt in Angriff nehmen, müssen wir die Frage der Kompetenzabgrenzung klären.

Persönliche Beiträge beziehen dagegen die Gefühle des Sprechers oder seine Beziehung zum Angesprochenen mit ein, so z. B.:

»Ich habe Angst, daß ich dieser Aufgabe nicht gewachsen bin.«
»Ich ärgere mich, daß du einfach dazwischenredest, wenn ich etwas sagen will.«

Lassen Sie den zweiten Beobachter eine Namensliste der Teilnehmer anfertigen und dahinter in entsprechenden Spalten jeweils vermerken (am einfachsten durch Striche), ob der Gesprächsbeitrag eher auf der sachlichen oder auf der persönlichen Ebene einzuordnen war. Die Richtung oder die Dauer der Gesprächsbeiträge spielt für diese Aufzeichnungen keine Rolle.
Nachdem die Beobachter ihre Beobachtungsbogen fertiggestellt haben, bitten Sie die Gruppe, über das folgende Thema zu sprechen:

Welche Informationen benötige ich von anderen,
damit ich mich in dieser Gruppe wohl fühle?
Was will ich selbst in dieser Gruppe den anderen
über mich sagen?

Geben Sie für die Diskussion ca. 20 Minuten Zeit.

- Informationsphase
  GRUPPENKLIMA

Teilen Sie nach der Diskussion das Teilnehmermaterial 2 zum Durchlesen aus. Während des Durchlesens bitten Sie die Beobachter, ihre Beobachtungen auf einen Packpapierbogen (oder eine Wandtafel) für alle sichtbar zu übertragen.
Bitten Sie anschließend die Gruppe um einen kurzen Reaktionsaustausch über das Teilnehmermaterial 2. Erklären Sie dann der Gruppe die Aufgabe der beiden Beobachter, und besprechen Sie mit den Teilnehmern, was die dargestellten

Ergebnisse bedeuten: Lassen sich bevorzugte Richtungen in der Interaktion feststellen? Was sagt die Häufigkeit und die Art der einzelnen Interaktionen über das Gruppenklima aus?
Teilen Sie anschließend Teilnehmermaterial 3 aus, und bitten Sie die Teilnehmer, sich im Anschluß an die Sitzung mit der dort dargestellten Methode der Interaktionsanalyse vertraut zu machen.

- Gruppenübung
  REDNER UND SCHWEIGER*

Erklären Sie der Gruppe, daß diese Übung noch einmal jedem Teilnehmer Gelegenheit geben soll, zum Interaktionsverhalten der anderen Stellung zu nehmen. Jeder Teilnehmer soll sich überlegen, von welchem anderen Gruppenmitglied er möchte, daß dieses mehr oder weniger in der Gruppe redet. Dabei darf sich jeder nur einen anderen Teilnehmer aussuchen. Alle Gruppenmitglieder sollen dann nacheinander sagen, wen aus der Gruppe sie mehr (oder weniger) reden hören möchten:

»Hans, ich möchte gern, daß du mehr (weniger) als bisher redest, weil ...«

Achten Sie darauf, daß erst dann über diese Übung diskutiert wird, wenn alle Teilnehmer ihre Mitteilung gemacht haben.
Diese Übung ist gut geeignet, auch Gruppenmitglieder, die sich bisher sehr wenig geäußert haben, zu aktivieren und ihre Gründe für das Schweigen zu erfahren. Vielleicht sollten Sie deshalb hinterher mit den Teilnehmern auch darüber diskutieren, ob und wie man diese Übung zum Beispiel in einem Universitätsseminar einsetzen kann.

* Entwickelt während eines Transfer-Seminars des GIS-Projekts.

Vertrauensklima und Kommunikationsprozeß

Die Frage »Wie kann es uns gelingen, ein größeres Vertrauen in einer Gruppe aufzubauen?«, hängt eng zusammen mit der Frage der Offenheit in dieser Gruppe. Je offener wir sind, desto mehr erfahren die anderen über uns und können ihr Bild von uns vervollständigen. Je offener die anderen uns gegenüber sind, desto eher können wir unser Selbstbild aufgrund der Reaktionen verändern. Das Klima der Offenheit und des Vertrauens hängt also damit zusammen, wie sich der Prozeß der Wahrnehmung anderer Personen durch uns und der Wahrnehmung unserer selbst durch andere Personen in der Gruppe vollzieht.

- *Veränderung der Wahrnehmung in einer Gruppe*

Zur graphischen Darstellung dieses Tatbestandes dient das Ihnen aus dem Kommunikationskurs (Übungseinheit 5) bekannte Johary-Fenster. Wir möchten es hier noch einmal kurz erklären. Die zwischenmenschlichen Beziehungen lassen sich in einem Rahmen, den man als Fenster mit vier Flügeln bezeichnen kann, darstellen. Flügel I (links oben) ist der Teil unseres Selbst, der uns selbst und anderen bekannt ist – es ist der Bereich unseres freien Handelns, in welchem wir nichts verbergen. Flügel II (rechts oben) ist der »blinde Fleck« in unserem Verhaltensfenster. Dieser blinde Fleck deutet an, daß andere oft mehr als wir selbst über uns wissen, daß ihr Bild über uns also nicht mit unserem Selbstbild übereinstimmt. Flügel III (links unten) ist der Bereich unseres Denkens und Handelns, den wir bewußt vor anderen verbergen, unsere heimlichen Wünsche oder Dinge, die wir verheimlichen, weil wir glauben, daß sie von anderen abgelehnt werden. Flügel IV (rechts unten) ist der Bereich des Unbewußten, der weder uns noch anderen zugänglich ist.

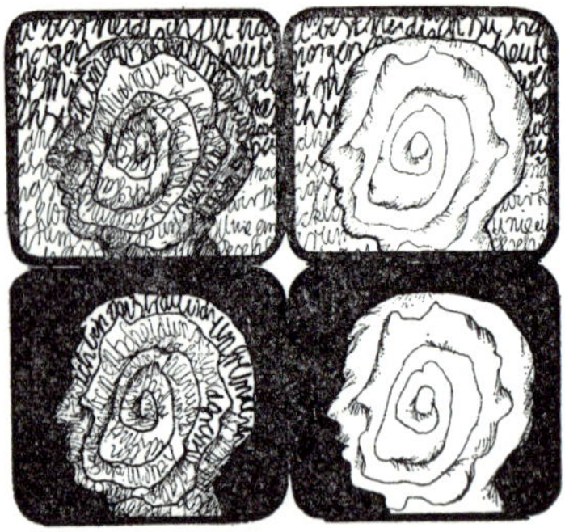

Dieses Schema gilt für Individuen ebenso wie für die ganze Gruppe. In der Anfangsphase einer Gruppe kann man erkennen, daß die Interaktionen zwischen den Teilnehmern relativ oberflächlich sind, daß Angst und das Gefühl der Bedrohung ziemlich groß sind, daß der Austausch der Informationen untereinander gezwungen und wenig spontan ist.
Das folgende Fenster veranschaulicht, wie durch die Auswirkungen einer offenen Kommunikation der Bereich der freien Aktivität in der Gruppe vergrößert wird, d. h. die Beziehungen in der Gruppe freier und offener gehandhabt werden. Aus dem Fenster wird deutlich, daß Flügel I nur vergrößert wird, wenn die anderen kleiner werden, d. h. also, wenn wir bereit sind, Privates von uns preiszugeben und die Bereitschaft mitbringen, Informationen über uns von anderen einzuholen.

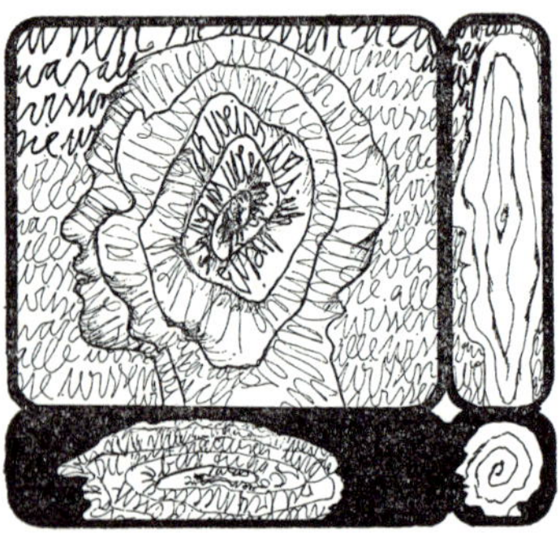

• *Informationen preisgeben – Informationen einholen*

Informationen über sich preisgeben und Informationen über sich einholen – dies sind die einzig wirksamen Verhaltensweisen, die den Bereich unseres freien Handelns im sozialen Raum vergrößern können.

Wir sehen jetzt, daß wir nicht nur in bezug auf uns selbst einen blinden Fleck haben, sondern auch in bezug auf das Verhalten anderer. Je fremder uns eine Person ist, desto größer ist dieser blinde Fleck, und um ihn zu verkleinern, gilt das gleiche, was wir über den blinden Fleck im Johary-Fenster sagten: Das Geben und Suchen von Informationen über unsere Interaktionspartner ist das einzige Mittel, mit dem wir unsere Unklarheit über femdes Verhalten verringern und falsche Interpretationen vermeiden können.

Eine Vertrauensbeziehung zwischen Interaktionspartnern kann nur entstehen, wenn die gegenseitigen Unklarheiten über die Verhaltensgründe des anderen beseitigt werden.

> Auch Ihr Verhalten wird in der Gruppe durch die unterschiedlichen Sozialisationsbrillen der Teilnehmer gesehen – während der eine Sie vielleicht als selbstsicher akzeptiert, lehnt ein anderer Sie vielleicht wegen der gleichen Verhaltensform als arrogant ab.

Besteht in einer Gruppe kein Feedback darüber, wie die Interaktionen bei den Teilnehmern interpretiert werden, kann es also leicht zu Mißverständnissen kommen.

Überprüfen Sie einmal Ihre Bereitschaft, in welchem Umfang Sie in verschiedenen Gruppen Informationen über sich geben und Informationen über andere suchen. Überlegen Sie einmal, welche Informationen Sie allgemein in Gruppen von sich geben möchten. In welchem Umfang ändern Sie bei Gruppen mit unterschiedlichen Zielsetzungen auch Ihre Informationsstrategie? Überlegen Sie einmal, welches unterschiedliche Informationsverhalten Sie bisher in verschiedenen Gruppen (z. B. in einem Seminar, in einer Arbeitsgruppe, einer Reisegruppe, auf einer Party) realisiert haben.

Gruppenklima

- *Gefühle und Gruppenemotion*

Wenn Individuen zusammen sind, bildet sich eine bestimmte Gruppenemotion, in die ihre Bedürfnisse, Wünsche, Befürchtungen und Angstgefühle, Frustrationen sowie Freuden, Zuneigung, Zufriedenheit und Solidaritätsgefühle eingehen. Keiner dieser Faktoren steht für sich allein, eher befinden sich alle in einem gegenseitigen Abhängigkeitsverhältnis. Was ein Individuum in einer Gruppe tut, wirkt sich auf die anderen Teilnehmer aus, seine Gefühle wirken auf die der anderen ansteckend, und die Bedürfnisse oder die Äußerung dieser Bedürfnisse rufen emotionale Reaktionen bei anderen hervor. Es besteht also eine dauernde Wechselwirkung zwischen den emotionalen Erfahrungen der einzelnen Teilnehmer. Dazu sagen *M.* und *C. Sherif* (1964) folgendes:

> »Gruppen entstehen nicht, weil Individuen aus einer Anzahl von Möglichkeiten rein mechanisch eine bestimmte Gruppenform auswählen, weil sie einem bestimmten Konformitätsdruck unterliegen oder weil sie ihr Verhalten in dieser oder jener Richtung regulieren wollen. Individuen kommen zusammen und interagieren unter dem Antrieb von Bedürfnissen und individuellen Wünschen, mögen diese Wünsche nun darin bestehen, als Persönlichkeit anerkannt zu werden, gesellschaftliche Achtung zu erlangen, sexuelle Bedürfnisse zu befriedigen, bestimmte Mittel und Ziele zu erreichen, die Freizeit auszufüllen, Anerkennung zu suchen oder Selbstbestätigung zu gewinnen. Individuen kommen also zusammen und bleiben zusammen aufgrund einer bestimmten Motivationsbasis.«

- *Inhalt gegen Prozeß*

Die Wünsche und Erwartungen der Teilnehmer sind letztlich immer emotionaler Natur. Weil wir es aber in unserer Kultur meist nicht gelernt haben, mit unseren Emotionen umzugehen, verstecken wir diese oft hinter Sachdiskussionen. Solche Diskussionen sind eben oft deshalb so fruchtlos, weil der eigent-

liche Kern des Problems – nämlich die emotionalen Vorstellungen – nicht zur Sprache kommt.
Wenn wir beobachten, was in einer Gruppe geschieht, dann konzentrieren wir uns meist auf den Inhalt des Gesprächs. Genauso wichtig ist aber auch der Gesprächsverlauf, d. h., wer spricht wie viel, wer spricht zu wem, usw. – eine solche Analyse des Gruppenprozesses beschäftigt sich also nicht mit der Frage, welchen Inhalt Kommunikation hat, sondern in welcher Weise eine Gruppe mit dem Kommunikationsvorgang umgeht. Eine Analyse dieses Prozesses ist oft viel wichtiger als eine Analyse des Sachinhalts eines Gesprächs, weil diese Analyse uns zeigt, ob es eine Gruppe gelernt hat, wirksam mit ihren Emotionen umzugehen.
Wir sollten uns deshalb angewöhnen, in einer Gruppendiskussion nicht nur darauf zu achten, worum es inhaltlich geht, sondern auch darauf, *wie* es geht, d. h. auf die Form des Gruppenprozesses.
Oft ist sogar der Inhalt einer Unterhaltung der beste Schlüssel dafür, welches Problem des Gruppenprozesses die Teilnehmer gerade beschäftigt. Das hat seinen Grund darin, daß die Gruppenmitglieder es nicht gelernt haben, sich mit ihrer emotionalen Situation zu beschäftigen und offen darüber zu sprechen. Sie sind darauf angewiesen, diese Emotionen auf indirektem Wege dem anderen mitzuteilen, weil es ihnen zu schwer erscheint, das Problem direkt anzusprechen.

Zum Beispiel:

Wenn die Gruppe über Autoritätsprobleme zu Hause spricht (Inhalt), kann das heißen, daß sich in der Gruppe ein Kampf um die Führungsposition vollzieht (Prozeß).

Wenn die Gruppe sich darüber beklagt, wie schlecht normalerweise Arbeitssitzungen in Seminaren verlaufen (Inhalt), kann das heißen, daß die Mitglieder unbefriedigt sind über die Art, wie ihre eigene Gruppe hier verläuft (Prozeß).

Wenn die Teilnehmer über das Programm sprechen, das ja so wesentliche Fragen offenließe (Inhalt), kann das heißen, daß sie unzufrieden sind mit der Rolle des Moderators (Prozeß).

(Nach *Th. Mills,* 1971)

Interaktionsanalyse

Wenn Sie diagnostizieren wollen, ob eine Arbeitsgruppe ein Problem wirksam oder unwirksam bearbeitet, müssen Sie Ihr Beobachtungsvermögen für die Interaktionsweise der Gruppe schärfen. Der amerikanische Sozialpsychologe *R. Bales* hat für die Beobachtung von Interaktionsprozessen in Gruppen ein System von Beobachtungskategorien entwickelt. Dieses System haben wir auf der folgenden Seite wiedergegeben.
Bales geht davon aus, daß jede Gruppe vor der eigentlichen Bearbeitung ihrer Aufgaben zunächst Probleme der Orientierung, Bewertung und Kontrolle zu lösen hat (beim eigentlichen Problemlöseprozeß treten dann die Probleme der Entscheidung, der Bewältigung von Spannungen und der Integration der Gruppe auf).

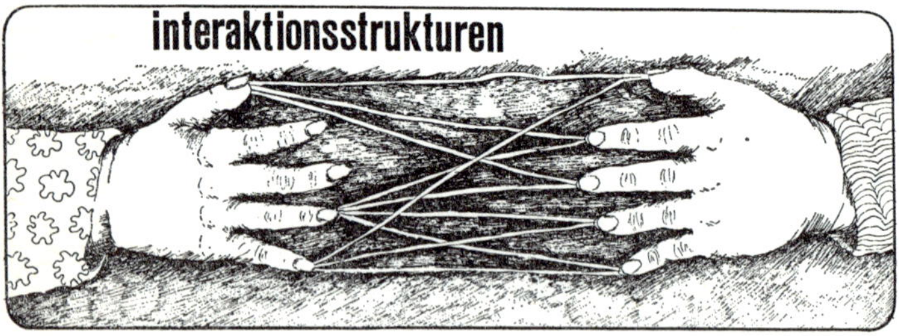

Ein Orientierungsproblem tritt auf, weil anfänglich die Teilnehmer einen unterschiedlichen Informationsstand haben; Informationen, die für die Lösung eines Problems wichtig sind, müssen also zunächst untereinander ausgetauscht werden. Damit ergibt sich das Problem, wie diese verschiedenen Informationen bewertet werden sollen, d. h., es muß geklärt werden, welche Bedeutung bestimmte Tatsachen für die Lösung eines Problems haben. Probleme der Kontrolle treten auf, wenn die Gruppe einen konkreten Plan zur Lösung einer Aufgabe bestimmen muß und Versuche gemacht werden, sich gegenseitig in der Entscheidung zu beeinflussen. *Bales* stellte fest, daß die Interaktionsformen 1 bis 6 in unserem Schaubild die Lösung der Probleme fördern, die Interaktionsformen 6 bis 12 hingegen mehr hemmend wirken. Um die Arbeitsweise

Kategorien der unmittelbaren Beobachtung des Interaktionsprozesses nach Bales:

Problembereiche:		Beobachtungskategorien:
Expressiv-integrativer, sozial-emotionaler Bereich POSITIVE REAKTIONEN	A	1. Zeigt Solidarität, hebt Status des anderen, spendet Hilfe, verteilt Belohnung
		2. Zeigt Entspannung, lacht, macht Späße, zeigt sich zufrieden
		3. Stimmt zu, zeigt passive Anerkennung, begreift, teilt und befolgt Auffassung
Instrumentell-adaptiver Bereich, Aufgabengebiet VERSUCH DER BEANTWORTUNG	B	4. Gibt Empfehlung, Anleitung, mit Andeutung einer Anerkennung der Autonomie des anderen
		5. Äußert Meinung, Bewertung, analytischen Befund, zeigt Gefühl, äußert Wunsch
		6. Gibt Orientierung, Auskunft, wiederholt, erklärt, bestätigt

abcdef

von Gruppen zu überprüfen, muß man daher feststellen, wie oft diese verschiedenen Interaktionsformen anteilig auftreten. Mit dieser Methode kann man auch überprüfen, ob eine Gruppe Fortschritte in der Art ihrer Zusammenarbeit und der Integration der Mitglieder macht. Das Kategoriensystem von *Bales* könnte man als eine Art Diagnoseinstrument für Gruppen bezeichnen. Aber auch das individuelle Verhalten der Teilnehmer läßt sich damit untersuchen.
Wir möchten nicht, daß das Kategoriensystem von *Bales* mißverstanden wird. Wir müssen daher noch erwähnen, daß die-

Problembereiche:		Beobachtungskategorien:	abcdef
Instrumentell-adaptiver Bereich, Aufgabengebiet	C	7. Erfragt Orientierung, Auskunft, Wiederholung, Bestätigung	a
	C	8. Bewertung, analytischen Befund, Kundgabe von Gefühl	b
FRAGEN	C	9. Erfragt Empfehlung, Anleitung, Möglichkeiten des Verhaltens	c
Expressiv-integrativer sozial-emotionaler Bereich	D	10. Stimmt nicht zu, zeigt passive Ablehnung, zeigt formale Einstellung, verweigert Hilfeleistung	d
NEGATIVE REAKTIONEN	D	11. Zeigt Spannung, verlangt Hilfeleistung, zieht sich zurück	e
	D	12. Zeigt Feindseligkeit, mindert Status des anderen, verteidigt sich, bringt sich zur Geltung	f

Speziellere Unterteilung der System-Probleme (nach besonderer Relevanz jeweils eines Kategorien-Paars):

a) Probleme der Orientierung
b) Probleme der Bewertung
c) Probleme der Kontrolle
d) Probleme der Entscheidung
e) Probleme der Bewältigung von Spannungen
f) Probleme der Integration

ses Schema nur Gültigkeit hat, wenn man das Arbeitsverhalten einer Gruppe im Hinblick auf ein bestimmtes Ziel untersuchen will. Das Schema sagt dann nur aus, daß die Interaktionsformen 1 bis 6 die Erreichung des Ziels eher fördern, während die Interaktionsformen 6 bis 12 eher hemmend wirken.
Das soll aber nicht dazu verführen, diese Verhaltensweisen mit einer sozialen Wertung zu belegen!
Wenn es legitim ist, gewisse Ziele einer Gruppe abzulehnen oder diese für sich nicht als verbindlich zu betrachten, ist es natürlich genauso legitim, ablehnende Verhaltensweisen zu zeigen. Wenn aber in einer Gruppe ein genereller Konsensus über ein Ziel schon ereicht ist, kann das Schema von *Bales* dabei helfen, die Interaktionsweise der Gruppe zu verbessern.

Umgang mit Nähe und Distanz

▶ LERNZIELE

In dieser Sitzung können die Teilnehmer etwas darüber erfahren, wie unterschiedlich die Mitglieder einer Gruppe mit der Möglichkeit des Kontakts umgehen. Sie haben Gelegenheit zu entdecken, welchen Platz sie selbst in ihrer Gruppe einnehmen.
Teilnehmermaterial: 1) Identität und Intimität – 2) Dependenz und Interdependenz.

▶ ÜBUNGSANWEISUNGEN

Erklären Sie bitte der Gruppe die Lernziele dieser Übungseinheit, und bitten Sie die Teilnehmer anschließend, sich für die folgende Übung in Paaren zusammenzufinden.

- Paarübung
  KLOPFEN

Sagen Sie den Teilnehmern, daß diese Übung dazu dienen soll, im nichtsprachlichen Bereich Bedürfnisse eines Partners aufzunehmen und mit diesen Bedürfnissen umzugehen. Geben Sie dann die Übungsanweisungen etwa mit den folgenden Worten:

> Ihr habt gleich Gelegenheit, zusammen mit eurem Partner eine besondere Form der Massage auszuprobieren; bitte stellt euch jetzt voreinander, und während der eine von euch sich mit geschlossenen Augen und locker herabhängenden Armen hinstellt, beginnt der andere, ihn mit den Fingerspitzen beider Hände zu beklopfen, und zwar auf einer Linie, die vom Scheitelpunkt des Kopfes an beiden Seiten des Köpers an den Armen entlang und dann an den Beinen bis hinab zu den Fußknöcheln führt. Wenn ihr bei den Knöcheln angelangt seid, kehrt ihr anschließend mit euren klopfenden Händen die gleiche Linie wieder bis zum Ausgangspunkt zurück. Anschließend wechselt bitte schweigend eure Rollen.

Demonstrieren Sie der Gruppe kurz, wie geklopft werden soll. Geben Sie dann noch in etwa die folgenden Erklärungen:

> Versucht, während ihr klopft, die Empfindungen des Partners festzustellen. Vielleicht gelingt es euch herauszubekommen, welche Art des Klopfens dem Partner angenehm ist. Konzentriert euch dabei auch auf eure eigenen Empfindungen, wenn ihr klopft. Geht dabei nicht zu schnell vor. Bitte sprecht vor allen Dingen nicht bei dieser Übung.
>
> Wenn beide Partner mit der Übung fertig sind – nachdem sie auch die Rollen gewechselt haben –, seid bitte noch so lange ganz still, bis alle Paare diese Übung beendet haben.

Lassen Sie den Paaren anschließend noch etwa fünf Minuten Zeit, damit sie über ihre Erlebnisse während dieser Übung mit ihrem Partner sprechen können.

- REAKTIONSAUSTAUSCH

Fordern Sie die Teilnehmer auf, zu einem kurzen Reaktionsaustausch in den Kreis zurückzukommen. Sie werden vermutlich feststellen, daß diese Übung aktiviert und angeregt hat und eine gute Ausgangssituation für die nächste Übung schafft.

- *Informationsphase*

Teilen Sie das Teilnehmermaterial 1 aus und geben Sie Zeit zum Durchlesen.

- Gruppenübung
  MEIN PLATZ IN DER GRUPPE

In dieser Übung sollen sich die Teilnehmer bewußt werden, welche Gefühle sie für die anderen haben und welchen Platz sie selbst nach ihrer Meinung in dieser Gruppe haben.
Bitten Sie die Teilnehmer, zunächst etwa eine Minute schweigend darüber nachzudenken, wie jeder einzelne in diesem Augenblick in der Gruppe steht und wie seine Gefühle sind. Jeder Teilnehmer soll sich dann ein Blatt Papier und einen Bleistift nehmen und ein Bild zu folgendem Thema zeichnen:

Wie sehe ich mich selbst,
wie sehe ich die anderen in dieser Gruppe?

Bitten Sie die Teilnehmer, die Bilder so spontan wie möglich zu zeichnen. Die Teilnehmer sollen nicht lange überlegen, sondern sich möglichst ihrer zeichnenden Hand überlassen, die das Bild entwickelt. Es ist wichtig, daß Sie bei dieser Übung erklären, daß auf den Bildern keine realen Personen gezeichnet werden sollen. Der Zeichner soll für sich selbst und für die anderen Symbole verwenden, die er beliebig auswählen kann.

Weil die Bilder hinterher ausgetauscht werden sollen, sollten die Namen der entsprechenden Teilnehmer in die einzelnen Symbole geschrieben werden. Erklären Sie, daß auch der Moderator in das Bild einbezogen weden sollte, und zeichnen auch Sie selbst ein Bild.

Geben Sie den Teilnehmern für das Zeichnen der Bilder etwa 30 Minuten Zeit. Wenn alle ihre Bilder gemalt haben, sagen Sie etwa folgendes:

> Ich möchte jetzt jedem von euch Gelegenheit geben, die Reaktionen aus der Gruppe auf euer Bild zu erfahren. Am besten machen wir das so, daß einer von uns anfängt, sein Bild in die Mitte des Kreises legt oder es kurz herumreicht, so daß jeder es betrachten kann.
>
> Jeder von euch, der sich zu diesem Bild äußern möchte, kann es tun. Es geht darum, daß ihr eure Gefühle, die ihr beim Betrachten dieses Bildes habt, zum Ausdruck bringt, und zwar möglichst in einem Satz. Versucht auf keinen Fall, das Bild zu interpretieren.
>
> Jeder, der möchte, kann sich zu diesem Bild äußern.

Nachdem alle Bilder gezeigt wurden und die Gruppe Gelegenheit hatte, ihre Reaktionen darauf mitzuteilen, soll jetzt jeder Teilnehmer sein eigenes Bild kurz erklären. Dabei soll er auch seine Reaktion auf die vorangegangenen Äußerungen der anderen zu seinem Bild mitteilen. Vielleicht lassen Sie auch dazu Stellung nehmen, wie zufrieden der Teilnehmer mit seiner augenblicklichen Stellung in der Gruppe ist und ob er den Platz, den er sich auf dem Bild gegeben hat, ändern möchte. Wenn jeder Teilnehmer sein Bild erklärt hat, leiten Sie über zu einem kurzen

• AUSWERTUNGSGESPRÄCH

wobei jeder Teilnehmer Gelegenheit haben sollte, noch einmal zu einzelnen Bemerkungen, die aus der Gruppe zu seinem Bild kamen, nachzufragen.

• Gruppenübung
EINBRECHEN*

In der vorhergehenden Übung war es sicher möglich, die Verhaltensweisen einzelner Teilnehmer, die vorher nicht so einsichtig für die Gruppe waren, verständlicher zu machen. Insgesamt kann diese Übung sehr den Zusammenhalt der Gruppe fördern, es ist aber auch möglich, daß sich gerade durch diesen gesteigerten Zusammenhalt einzelne Teilnehmer ausgeschlossen oder relativ wenig zugehörig fühlen. Deshalb sollten Sie jetzt die Übung Einbrechen mit etwa den folgenden Worten vorschlagen:

> Ich möchte euch jetzt noch eine Übung vorschlagen, die geeignet ist, das Gefühl der Zugehörigkeit zur Gruppe zu verstärken. Diese Übung heißt Einbrechen. Derjenige von euch, der sein Zugehörigkeitsgefühl zur Gruppe verstärken möchte, stellt sich einen Augenblick abseits. Die anderen bilden einen engen Kreis und haken sich unter. Sie schauen dabei in die Mitte ihres Kreises. Der Außenstehende muß nun versuchen, auf eine ihm passend erscheinende Art und Weise in den Kreis zu kommen. Die anderen versuchen, ihn um jeden Preis daran zu hindern. Sie dürfen aber ihre eigenen Verbindungen untereinander nicht auflösen, also den eindringenden Teilnehmer nicht etwa mit den Händen abwehren. Sobald der Außenstehende in den Kreis gelangt ist, ist das Spiel beendet.
> Bitte nehmt scharfkantige Ringe und Brillen ab. Achtet darauf, daß in eurem Umkreis keine zerbrechlichen Gegenstände stehen.
> Wer jetzt das Gefühl hat, noch etwas außerhalb der Gruppe zu stehen, kann versuchen, in die Gruppe einzubrechen.

---

* Nach *W. Schutz,* 1969.

Das Erlebnis des Einbrechens wird in der Regel von allen Beteiligten als sehr positiv empfunden. Lassen Sie im Anschluß an diese Übung noch kurz die Teilnehmer, die in den Kreis eingebrochen sind, der Gruppe mitteilen, was sie bei dieser Übung empfanden und wie sie sich im Augenblick fühlen.
Sie können dann auch noch über die Reaktionen der anderen Teilnehmer und die Strategie, die die einzelnen beim Einbrechen verfolgten, sprechen.

- Informationsphase
  DEPENDENZ UND INTERDEPENDENZ

Bitte erklären Sie jetzt kurz den Inhalt des Teilnehmermaterials 2, dessen Zusammenhang mit der vorangegangenen Übung, und bitten Sie die Teilnehmer, das Papier im Anschluß an diese Sitzung durchzulesen.

Identität und Intimität

> »Der Mensch fühlt das mächtige Bedürfnis, unabhängig und autonom zu sein, seinen eigenen Weg einzuschlagen, seine eigenen Meinungen zu bilden und auszudrücken und ein ›einsamer Wolf‹ zu sein; gleichzeitig aber wirkt in ihm der ebenso starke konkurrierende Wunsch, Mitglied einer Gruppe zu sein, geliebt und akzeptiert zu werden, sich zu fügen und anzupassen.«
> (*Krech/Crutchfield,* 1971, S. 442)

Wir haben schon erwähnt, daß die Frage nach der Identität und nach der Intimität die Mitglieder einer neuen Gruppe offenbar stark beschäftigt. Ebenso offensichtlich ist auch, daß diese beiden Bedürfnisse in einem Widerspruch zueinander stehen – daraus folgt notwendigerweise, daß sich die Teilnehmer neuer Gruppen anfangs in einem ständigen Konflikt zwischen diesen beiden Bedürfnissen befinden. Dabei wird im einzelnen dieser Konflikt ganz unterschiedlich gelöst.

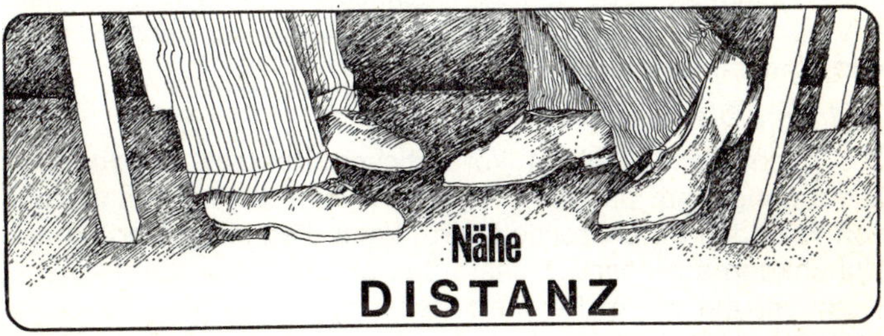

Gruppenmitglieder haben meist sehr verschiedene Auffassungen vom Grad der Nähe oder des Zusammenseins, den sie benötigen oder tolerieren können. Manchmal fühlt sich der eine vom anderen geradezu erdrückt, während ein anderer beim gleichen Grad der Distanz sich sogar ausgeschlossen fühlen mag. In »vornehmer Zurückhaltung« oder Isolation sehen oft Mitglieder von neuen Gruppen die einzige Möglichkeit, mit ihrer anfänglichen Unsicherheit, wie sie in dieser Gruppe ihre Identität bewahren können, fertigzuwerden. Wünsche der anderen, Kontaktangebote oder Bitten um Zuneigung werden abgewehrt, weil man Angst hat, »sich selbst

zu verlieren«. Wird diese Haltung nicht aufgegeben, ist natürlich keine befriedigende Beziehung zu einem Partner auf der Grundlage einer offenen und realistischen Abgrenzung eigener und fremder Bedürfnisse möglich.
Auf der anderen Seite wird in dem Bestreben, sich einem Partner anzupassen, oft versucht, die eigene Identität zugunsten dieser Anpassung zu unterdrücken. Interaktionspartner neigen manchmal dazu, Ich-fremde Rollen anzunehmen, weil sie glauben, daß es den anderen glücklich macht, wenn sie in ihren Gefühlen und Erwartungen mit ihm übereinstimmen. Die individuelle Persönlichkeitsentfaltung wird dadurch aber behindert, und dies wird sich langfristig auch auf eine Partnerbeziehung negativ auswirken. Auch die Unterdrückung eigener Bedürfnisse, selbst zugunsten eines geschätzten Partners, steht dem Prinzip einer offenen Kommunikation entgegen. Um eine realistische Intimität zu erreichen, muß daher die echte individuelle Eigenart der Interaktionspartner nicht nur geschätzt, sondern sogar unterstützt werden.
Die Kinesik, die Wissenschaft von der Körpersprache, hat herausgefunden, daß es hauptsächlich vier Distanzzonen gibt, mit denen Menschen unbewußt ihr Bedürfnis nach Kontakt oder Distanz ausdrücken:

- *Intime Distanz*

Sie reicht vom direkten körperlichen Kontakt bis zu einer Entfernung von ungefähr 60 cm. Wenn diese Distanzzone von Fremden durchbrochen wird, kann dies leicht Unruhe und Unbehagen auslösen. Deshalb das unbewußte »Steifmachen«, wenn wir mit vielen fremden Menschen auf engem Raum zusammen sind. Wir drücken damit aus, daß wir eine »Nichtperson« sind, daß der andere also keinen Grund hat, die Verletzung seiner eigenen intimen Distanzzone zu fürchten.

- *Persönliche Distanz*

Sie reicht von etwa 60 cm bis 160 cm. Es ist eine Art »Cocktail-Party-Distanz«. Sie erlaubt einen gewissen Grad von Vertraulichkeit, aber da es in dieser Entfernung bereits schwerfällt, den Partner zu berühren, sind Begegnungen innerhalb dieser Zone meist nicht sehr privater Natur. Wenn sich zwei Leute auf der Straße treffen, halten sie meist diese Entfernung ein, um sich ein bißchen zu unterhalten.

• *Gesellschaftliche Distanz*

In dieser Zone erledigen wir im allgemeinen unsere unpersönlichen Angelegenheiten. Sie reicht von etwa 150 cm bis 200 cm. Wir unterhalten uns in dieser Distanz mit einem fremden Besucher, mit dem Lebensmittelverkäufer oder mit dem Postboten. Der große Schreibtisch des Chefs sorgt für diese Entfernung zu den Untergebenen und zeigt ihnen, daß hier persönliche Beziehungen unerwünscht sind. Diese Distanz hat also auch eine Art Schutzfunktion. Bis auf diese Distanz können sich andere Menschen nähern, ohne daß man ihnen große Beachtung schenken müßte. Erst wenn jemand diese gesellschaftliche Distanz überbrückt, drückt er dadurch aus, daß er von uns beachtet werden will.

• *Öffentliche Distanz*

Der Lehrer beim Frontalunterricht, der Politiker bei seiner Ansprache, der Schauspieler auf der Bühne – sie bewegen sich in der öffentlichen Distanz zu uns. In dieser Zone agiert man als einzelner, jede persönliche Beziehung hat aufgehört.

Oft kann die Art, wie in einer Gruppe Distanzzonen geschaffen werden, schneller zeigen, wie die Frage der Intimität in einer Gruppe gelöst wurde, als es alle noch so herzlichen Äußerungen der Teilnehmer zu tun vermögen. In der folgenden Übung können Sie erfahren, wie groß die »Distanzblasen« der Teilnehmer untereinander sind und wie Sie selbst mit Ihrem eigenen persönlichen Raum und dem der anderen in dieser Phase der Gruppenentwicklung umgehen.

(Nach *Bach/Bernhard,* 1971; *J. Fast,* 1971)

Dependenz und Interdependenz

Jemand hat einmal eine Trainingsgruppe in ihren ersten Sitzungen mit einer Gruppe von Leuten verglichen, die einander fremd sind und in einen völlig verdunkelten Raum eintreten: Sie tappen herum, einige machen vorsichtige Schritte, andere kriechen auf dem Boden, dem einzig sicheren Halt. So bewegt sich die Gruppe ängstlich und übertrieben verteidigungsbereit auf die physischen Grenzen des Raumes zu – an den Wänden könnte sich vielleicht ein Hinweis finden, wo der Lichtschalter ist! Die ersten Augenblicke in einer neuen Gruppe stellen das Mitglied mit hoher Wahrscheinlichkeit vor eine Erfahrung, in der paradoxerweise nur die Ungewißheit gewiß ist.
Zur Beschreibung der Gruppenentwicklung ist es notwendig, die wichtigsten Zonen innerer Ungewißheit zu bestimmen, die als Hindernisse für eine wirksame Kommunikation zwischen den Teilnehmern von Bedeutung sind. Zwei Ungewißheitszonen lassen sich hauptsächlich für unsere Kultur aus der Erfahrung bestimmen: Die erste ist die Zone der Autoritätsorientierung oder – allgemeiner – die Haltung der Gruppenmitglieder gegenüber dem Gebrauch und der Verteilung von Macht in der Gruppe. Die zweite ist die Zone der gegenseitigen Haltungen der Mitglieder zueinander (Intimität). Kernstück einer Theorie der Gruppenentwicklung ist die These, daß die Hauptprobleme, die die Gruppe lösen muß, in den Haltungen zu Autorität und Intimität liegen, welche die Mitglieder in die Gruppe mitbringen. Rebellion, Unterwürfigkeit oder Resignation als charakteristische Reaktion auf Autoritätsfiguren sowie destruktives Konkurrenzverhalten, emotionale Ausbeutung oder Sichzurückziehen als charakteristische Reaktionen verhindern, daß sich die Teilnehmer gegenseitig helfen können, Erfahrungen zu machen. Sie verhindern auch die Bestimmung und Klärung gemeinsamer Gruppenziele und die Bewegung in Richtung auf diese Ziele.
Die an der Entwicklung einer Gruppe am stärksten beteiligten Verhaltensaspekte der Teilnehmer weden nach der Terminologie von *Schutz* als »Dependenzaspekte« und »personale Aspekte« bezeichnet.

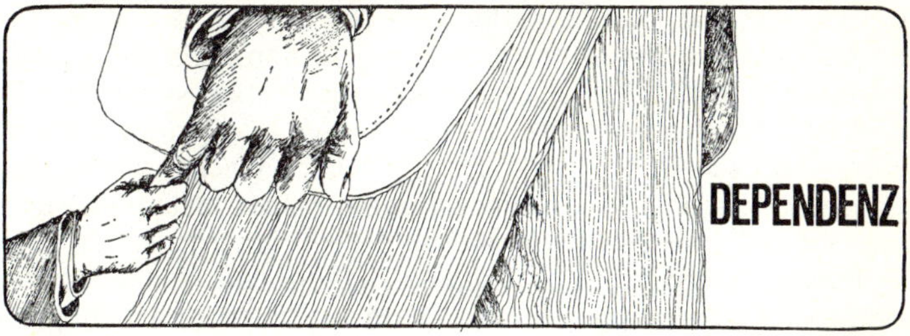

Der Dependenzaspekt umfaßt die charakteristischen Verhaltensweisen eines Teilnehmers in bezug auf einen Führer oder eine Regel-(Organisations-)Struktur. Mitglieder, die Verfahrensregeln, die Tagesordnung, den Leiter usw. sofort akzeptieren, werden als abhängig (dependent) bezeichnet. Mitglieder, die angesichts autoritärer Strukturen sich grundsätzlich ablehnend verhalten, werden als gegenabhängig (contradependent) bezeichnet. Der personale Aspekt umfaßt die charakteristischen Verhaltensweisen eines Teilnehmers im Hinblick auf die interpersonelle Intimität. Mitglieder, die nicht ruhen, ehe sie nicht einen relativ hohen Grad an Vertraulichkeit in ihrer Beziehung zu allen anderen erreicht haben, werden als überpersonal, andere, die dazu tendieren, jede Intimität mit anderen zu vermeiden, als kontrapersonal bezeichnet.

Das unterschiedliche Ausmaß solcher Verhaltensweisen kennzeichnet nun die unterschiedlichen Phasen der Gruppenentwicklung. In der ersten Phase ist die Verteilung der Macht das Hauptthema der Gruppe. Einige Mitglieder versuchen zu dominieren, indem sie ihre eigenen Wege ohne Rücksicht auf die anderen verfolgen (Kampfverhalten). Andere lösen das Problem der Dependenz/Konterdependenz dadurch, daß sie sich zurückziehen (Fluchtverhalten). Konflikte werden möglichst vermieden oder auf den Gruppenleiter als Autorität hingewiesen.

In der zweiten Phase gelangt die Gruppe allmählich zur Interdependenz. In dieser Phase beschäftigt die Verteilung der Gefühle und Neigung zueinander die Teilnehmer. Kleingruppen, Paarbildungen werden allmählich aufgelöst, das gegenseitige Mißtrauen wird abgebaut, in wesentlichen Fragen wird schnell ein Konsensus erreicht.

Dependenz und Interdependenz werden als die zentralen Probleme des Gruppenlebens betrachtet. In den meisten Organisationen sind die Regeln, welche die Verteilung von Autorität und den Grad an Intimität zwischen den Mitgliedern bestimmen, vorgeschrieben. In einer gruppendynamischen Trainingsgruppe dagegen können diese Regeln selbst festgesetzt und erprobt werden. Die anfänglichen Haupthindernisse für eine wirksame interpersonelle Kommunikation und damit für die Herstellung befriedigender Kontakte zwischen den Gruppenmitgliedern liegen in den starren Interpretations- und Reaktionsweisen, die aus angstbestimmten früheren Erfahrungen in die Situation der Gruppe hinübergetragen werden.
Die letzte Übung dieser Sitzung sollte Ihnen daher helfen, sich dieser Haltungen bewußt zu werden, damit Sie überprüfen können, welche dieser Haltungen Sie verändern möchten, um zu einer befriedigenderen Interaktion in der Gruppe zu gelangen.
(Nach *W. Bennis,* 1972)

Kooperation und Wettbewerb

▶ LERNZIELE

Die Teilnehmer können ihr Kooperationsverhalten unter Wettbewerbsdruck prüfen. Sie lernen außerdem Möglichkeiten der Verhaltensbeobachtung und des Feedback kennen.
Teilnehmermaterial: 1) Kooperations- und Entscheidungsprozesse – 2) Übungsanweisungen für das Turmbau-Spiel – 3) Instruktionen für die Beobachter – 4) Verhaltensbeobachtung in der Gruppe.

▶ ÜBUNGSANWEISUNGEN

Geben Sie bitte kurz die Lernziele dieser Übungseinheit bekannt.

- Informationsphase
  KOOPERATIONS- UND ENTSCHEIDUNGSPROZESSE

Bitten teilen Sie das Teilnehmermaterial 1 aus, und geben Sie Zeit zum Durchlesen.

- Gruppenübung
  TURMBAU*

Nach einem kurzen Reaktionsaustausch über das Teilnehmermaterial 1 erklären Sie bitte die folgende Übung:

> In dieser Sitzung machen wir eine Kooperationsübung. Bitte teilt euch in zwei Gruppen, und zwar möglichst so, daß die Mitglieder der einen Gruppe sich untereinander nicht besser kennen als die der anderen Gruppe. Geht in verschiedene Gruppen, wenn ihr miteinander befreundet seid. Wählt für eure Gruppe möglichst die Teilnehmer, die ihr besser kennenlernen wollt. Achtet darauf, daß die Geschlechter in den Gruppen möglichst gleich vertreten sind. Beide Gruppen müssen die gleiche Teilnehmerzahl haben.

---

* NTL-Übung, hier beschrieben nach *K. Antons,* 1973.

Lassen Sie jetzt die Gruppen einen oder zwei Beobachter wählen, die die Aufgabe übernehmen sollen, den Gruppenprozeß zu beobachten. Die Arbeitsgruppen selbst sollen dann die gleiche Mitgliederzahl haben.
Erklären Sie dann anhand des Teilnehmermaterials 2 die Regeln der Turmbauübung. Verteilen Sie dann dieses Teilnehmermaterial 2 und fordern Sie die Gruppe auf, die beiden Arbeitsgruppen zu bilden.
Geben Sie anschließend den gewählten Beobachtern das Arbeitsmaterial für die beiden Gruppen und die Instruktionen für die Beobachter (Teilnehmermaterial 3). Diese sollen auch darauf achten, daß die Spielregeln in ihren Gruppen eingehalten werden.
Die Gruppen haben für den Turmbau eine Stunde Zeit.
Bilden Sie anschließend aus den Beobachtern eine gemeinsame Jury, die ermitteln soll, welche Gruppe den besten Turm gebaut hat. Der Jury ist dabei freigestellt, welches Schwergewicht sie den einzelnen Kriterien »Höhe«, »Originalität« und »Standfestigkeit« bei ihrer Bewertung geben will.
Nach einer kurzen Beratung wird das Ergebnis den Gruppen mitgeteilt.

- Diskussion im
  FISHBOWL

Bitten Sie nach der Bewertung der Türme eine der beiden Gruppen, sich in einem Kreis zusammenzusetzen. Die andere Gruppe setzt sich in einem Außenring um die Innengruppe herum, so daß jeder Teilnehmer in dem Innenkreis einen Beobachter im Außenkreis hat, der ihn gut sehen kann.

- Informationsphase
  VERHALTENSBEOBACHTUNG

Teilen Sie an die Mitglieder des Innen- und Außenkreises Teilnehmermaterial 4 aus, und geben sie etwa 5 Minuten Zeit zum Durchlesen.
Lassen Sie jetzt die Innengruppe ohne Beobachter über ihr Verhalten während der Turmbauübung sprechen. Die Teilnehmer der Außengruppe sollen während der Diskussion das Verhalten ihres Partners im Innenkreis beobachten. Erklären

Sie den Beobachtern, daß es nach der Diskussion ihre Aufgabe sein wird, den jeweiligen Partnern im Innenkreis Feedback zu geben und ihnen mitzuteilen, ob sie aufgrund der Diskussion den Eindruck haben, daß das Verhalten des beobachteten Partners in der Diskussion evtl. mit dem Verhalten während der Turmbau-Übung übereinstimmt.
Lassen Sie dann die Innengruppe etwa für zehn Minuten diskutieren.
Es kann sein, daß Sie nach einiger Zeit das Gefühl haben, daß in der Gruppe nicht offen über den Arbeitsprozeß diskutiert wird.

> Ein Anzeichen wäre dafür z. B., wenn sich die Teilnehmer gegenseitig versichern, wie gut sie doch zusammengearbeitet haben, ohne dabei über das konkrete Verhalten der einzelnen zu sprechen.

Sie können dann vorschlagen, daß die Teilnehmer in ihrer Diskussion die folgenden Punkte besonders beachten:

- Was sagt der Turm, wie er jetzt vor uns steht, über die Art unserer Zusammenarbeit aus?
- Was war meine eigene Rolle während des Arbeitsprozesses?
- Wer hat mich in meiner Gruppe bei der Arbeit gefördert, wer hat mich behindert?

Nach etwa 10 Minuten kommen die Beobachter der Arbeitsphase in den Kreis und teilen der Gruppe ihre Eindrücke mit. Die Innengruppe diskutiert dann mit den Beobachtern weiter für etwa 20 Minuten.
Nach der Diskussion sollen die Teilnehmer im Außenkreis ihren Partnern in der Innengruppe Feedback über ihr Verhalten während der Gruppendiskussion geben:

> Jetzt bitte ich euch, daß ihr euch in Paaren zusammensetzt, der Beobachter mit seinem Partner aus dem Innenkreis.
> Hatten die Beobachter das Gefühl, daß sich ihr Partner offen über sein Verhalten geäußert hat? Wenn das nicht der Fall ist, so sagt es bitte eurem Partner. Versucht, ihm ganz konkret zu sagen, warum ihr die Selbsteinschätzung eures Partners korrigieren wollt. Gebt eurem Partner auf jeden Fall Feedback über die Verhaltensweisen, die ihr während der Diskussion bei ihm

beobachtet habt, und fragt euch gemeinsam, ob diese Verhaltensweisen vielleicht auch Rückschlüsse darüber zulassen, wie er sich während der Turmbau-Übung verhalten hat.

Im Anschluß an diese kurze Feedbackphase lassen Sie die Außen- und Innengruppe wechseln. Dann folgt für die neue Fishbowlgruppe der gleiche Ablauf:

- Diskussion der Innengruppe;
- Diskussion der Innengruppe mit den Beobachtern aus der Arbeitsphase;
- Feedback der Diskussions-Beobachter aus dem Außenkreis für ihren Innenkreis-Partner.

Wenn Sie jetzt noch Zeit haben, wäre es sinnvoll, gemeinsam im Plenum über das, was bei dieser Übung gelernt wurde, zu sprechen.

Sie können auch überlegen, ob diese Übung geeignet ist, die Teilnehmer in anderen bestehenden Gruppen mit ihrem Arbeitsverhalten zu konfrontieren.

Kooperations- und Entscheidungsprozesse

Zum Entscheidungsprozeß gehört nicht nur das Lösen eines Problems und die dafür notwendige Kommunikation zwischen den Mitgliedern eines Arbeitsteams – nach Möglichkeit sollen auch die an der Entscheidung Beteiligten von deren Richtigkeit überzeugt sein. Man darf nie vergessen, daß vor jeder Entscheidung ja zunächst die unterschiedlichsten Meinungen und damit Konflikte im Team bestehen. Darüber hinaus sind oft nicht nur die Meinungen, wie ein Ziel zu erreichen ist, verschieden, es bestehen über das wünschenswerte Ziel selbst unterschiedliche Auffassungen.

- Bevor man sich darüber einigt, wie man am schnellsten ins Kino oder ins Theater kommt, muß man sich darüber klar werden, welches Theaterstück oder welchen Film man sehen möchte!

Aus den unterschiedlichen Interessenlagen resultieren dann oft – je nach der Bedeutung des Ziels – entsprechende Machtkämpfe. Um diese Phase zu verkürzen, muß eine Gruppe zunächst objektive Grundlagen für die Problemdiskussion zur Erreichung eines Ziels schaffen.

Die folgenden Punkte sollen einige Schritte herausstellen, die bei der Lösung eines Problems von der Gruppe zunächst geklärt werden müssen:

- Das Ziel und die Mittel zur Erreichung müssen zunächst genau bestimmt werden.
- Die Teilnehmer müssen sich über die Kriterien einigen, nach denen die Lösungen bewertet werden sollen.
- Die unterschiedlichen Interessenlagen, Zielvorstellungen und Bewertungskriterien der Teilnehmer müssen allen klar sein.
- Alle verfügbaren Informationen, die für die Lösung des Problems wichtig sein können, müssen gesammelt werden.
- Nach der Entscheidung muß die Bereitschaft jedes einzelnen, sich hinter diese Entscheidung zu stellen, sichergestellt werden.

Meistens wird jedoch nicht versucht, eine Lösung in logischen Schritten zu finden, bzw. es ist oft einer Gruppe nicht möglich, den Entscheidungsprozeß bewußt gemeinsam zu steuern. Schauen wir uns einmal an, wie eine »Einigung« über eine Problemlösung in ungeübten Gruppen vor sich geht:

- Jemand macht einen Vorschlag, aber wird bei der allgemeinen heftigen Diskussion gar nicht beachtet.
- Ein Vorschlag wird begeistert aufgenommen, dann hat ein anderer eine »noch bessere« Idee, der alte Vorschlag wird sofort fallengelassen und nicht mehr auf seine Verwendungsmöglichkeit untersucht.
- In der Gruppe ist ein »Experte«, alle möchten eigentlich widersprechen, aber niemand tut es, aus Angst, sich zu blamieren.
- Einige haben sich schon vorher über »die beste Lösung« geeinigt (oder entdecken diese Einigkeit lautstark in der Sitzung) und wollen sich jetzt nur noch die richtigen Bälle zuwerfen. Die übrigen schweigen.
- Man gibt sich demokratisch und beschwört als einzig mögliche Lösung eine Abstimmung. Keiner widerspricht, weil er ja nicht »undemokratisch« sein will. Scheinbar herrscht allgemeine Übereinstimmung – aber leider werden die (stillen) Unzufriedenen auf alle möglichen Arten versuchen, den Mehrheitsbeschluß heimlich zu umgehen.

In realen Entscheidungsprozessen können wir diese Phänomene oft schwer verfolgen, besonders wenn wir selbst sehr

engagiert daran teilnehmen – wir stellen nur hinterher fest, daß eigentlich keiner mit der getroffenen Entscheidung richtig einverstanden ist.
In der folgenden Übung werden Sie Gelegenheit haben, sich einmal außerhalb der Ernstsituation mit Ihrem Kooperationsverhalten auseinanderzusetzen.

Übungsanweisungen für den Turmbau

Jede Gruppe bekommt die Aufgabe, aus dem Material, das ihr zur Verfügung gestellt wird, einen Turm zu bauen. Zu diesem Zweck erhält sie:

4 Bogen Zeichenkarton DIN A 2 (am besten verschiedenfarbig)

1 Tube Klebstoff

1 Schere

1 Lineal

1 Bleistift

Papier für das Zeichnen von Entwürfen.

Es ist jeder Gruppe völlig freigestellt, in welcher Art sie ihren Turm bauen will.

Die Türme müssen aber auf ihrem eigenen Fundament stehen können. Sie dürfen also nicht auf einer Unterlage aufgeklebt oder gegen die Wand gelehnt sein.

Die Türme müssen standfest genug sein, um ein Lineal tragen zu können.

Die einzelnen Elemente des Turmes dürfen nicht größer sein als das mitgelieferte Lineal, d. h. es darf kein Kartonstück benutzt werden, das größer ist.

Die beiden Gruppen arbeiten im Wettbewerb zueinander.

Die Türme werden hinterher nach den folgenden drei Kriterien beurteilt:

- *Höhe*
- *Standfestigkeit*
- *Originalität*

Die Jury wird von den Beobachtern gebildet.
Sieger ist die Gruppe, deren Turm die höchste Bewertung von den Beobachtern bekommt. Die Gruppen dürfen sich bei der Arbeit gegenseitig nicht sehen, sie müssen deshalb in verschiedenen Räumen arbeiten.
Jeder Beobachter erhält einen Beobachtungsbogen.
Die Gruppen haben insgesamt eine Stunde Zeit für den Turmbau.

Beobachtungsbogen für die Turmbau-Übung

Hier einige Fragen, die Ihnen bei Ihrer Arbeit als Beobachter behilflich sein können:

- Wie hat sich die Gruppe für die Arbeit organisiert?
  War eine Struktur vorhanden?
  Wie haben die Gruppenmitglieder darauf reagiert?
  Konnten Sie Änderungen in dieser Hinsicht beobachten?
  Welche?

- War keine Struktur vorhanden?
  Wie ist die Gruppe vorgegangen bei der Stukturierung?
  Erfolgte eine Rollenverteilung?
  Wie?
  Wurde jemand zum Leiter ernannt?
  Wie?
  Konnte man überhaupt ein Vorgehen in dieser Hinsicht feststellen?

- Wie war das Arbeitsklima? – Allgemein freundlich entspannt? – Gelassen?
  Konnten einzelne Vorschläge berücksichtigt werden?
  Wurden einige Teilnehmer übergangen?
  Haben sich alle Teilnehmer an der Arbeit aktiv beteiligt?
  Konnten Sie während der Arbeit Spannungen feststellen?

- Wer half der Gruppe am besten bei der Arbeit?
  Wer hatte die meisten, wer die besten Einfälle?
  Wurde viel herumdiskutiert?

- War die Gruppe für die Durchführung der Arbeit genug motiviert?
  War das Ziel der Übung klar?
  Wurde das ausdrücklich festgestellt?
  Wer hat die wichtigsten Entscheidungen getroffen?

NOTIZEN:

Verhaltensbeobachtung in der Gruppe

Wir haben gesehen, daß die Mitglieder einer Gruppe verschiedene emotionale Bedürfnisse haben, die sie in der Gruppe erfüllt sehen möchten. Diese Bedürfnisse – soweit sie das Problem der Identität und der Ziele betreffen – können wir mehr der personalen Ebene zuordnen, während Bedürfnisse – soweit sie das Problem der Macht und der Intimität betreffen – mehr der interpersonellen Ebene zuzuordnen sind. In einer aufgabenorientierten Guppe kommt ein dritter Problemkreis hinzu, der durch die Sachproblematik bestimmt wird. Entsprechend kann man in Arbeitsgruppen das Interaktionsverhalten der Mitglieder in drei generelle Verhaltenskategorien unterteilen, welche diese drei Poblemkreise betreffen:
- selbstorientiertes Verhalten
- interaktionsorientiertes Verhalten
- aufgabenorientiertes Verhalten.

Üben Sie Ihre soziale Wahrnehmungsfähigkeit, indem Sie sich in der Diskussion u. a. mit den folgenden Fragen beschäftigen:

1. Selbstorientiertes Verhalten

Welche Verhaltensweisen waren mehr an der Erfüllung der eigenen Bedürfnisse interessiert als daran, der Gruppe bei ihrer Aufgabe zu helfen?

> Zum Beispiel: Versuche, die Diskussion zu beherrschen, andere unterbrechen, nicht zuhören, übererregt und empfindlich reagieren, hinweggehen über Argumente, Verantwortung ablehnen.

Wer tat es?
Was tat er?
Was waren die Effekte seines Verhaltens bei den anderen?

2. Interaktionsorientiertes Verhalten

Welche Verhaltensweisen halfen den Gruppenmitgliedern, mit den anderen wirksam zusammenzuarbeiten?

> Zum Beispiel: andere ansprechen, andere in die Diskussion hineinziehen, bei unterschiedlichen Meinungen vermitteln, aufgreifen guter Beiträge, Spannungen erleichtern, Kooperation ermutigen.

Wer tat es?
Was tat er?
Was waren die Effekte seines Verhaltens bei den anderen?

3. Aufgabenorientiertes Verhalten

Welche Verhaltensweisen waren darauf gerichtet, die Aufgabe zu lösen?

> Zum Beispiel: Dinge in Gang bringen, Informationen mit anderen teilen, Meinungen vertreten, oganisieren, klären, zusammenfassen, Übereinstimmung feststellen.

Wer tat es?
Was tat er?
Was waren die Effekte seines Verhaltens bei den anderen?
Versuchen Sie, bei den Fragen »Wer tat es« – »Was tat er« – »Was waren die Effekte« nicht in wertender Form zu antworten, indem Sie z. B. manche Verhaltensweisen mit positiven, andere dagegen mit negativen Adjektiven beschreiben. Erinnern Sie sich bitte daran, was im Kommunikationskurs über das Beschreiben von Verhalten gesagt wurde. Wir möchten Sie hier noch einmal auszugsweise daran erinnern:

> Verhaltensbeschreibung bedeutet, daß jemand spezifische beobachtbare Handlungen anderer berichtet, ohne daß er sie bewertet als richtig oder falsch, gut oder böse, ohne daß er Anklagen erhebt und ohne daß er Spekulationen über Motive, Einstellungen und persönliche Eigenarten anstellt.
> Wenn Sie eine Verhaltensbeschreibung geben wollen, so versuchen Sie dabei, den anderen wissen zu lassen, auf welches Verhalten Sie sich beziehen, indem Sie klar beschreiben und spezifisch darstellen, was Sie beobachtet haben.

Gruppenleitung

▶ LERNZIELE

Diese Sitzung macht die Teilnehmer mit den Problemen der Leitung von Gruppen vertraut. Sie können erproben, welche Einflußmöglichkeiten Gruppenmitglieder in einer Gruppe haben.
Teilnehmermaterial: 1) Das Dilemma einer leitenden Rolle – 2) Leiterverhalten und Auswirkungen – 3) Führung durch die Gruppe.

▶ ÜBUNGSANWEISUNGEN

Bitte geben Sie eine Übersicht über die Lernziele und die einzelnen Aktivitäten während dieser Übungseinheit.

- Informationsphase
  DAS DILEMMA EINER LEITENDEN ROLLE

Teilen Sie das Teilnehmermaterial 1 aus, und geben Sie der Gruppe Zeit zum Durchlesen und zu einem anschließenden kurzen Reaktionsaustausch.

- Übung
  LEITERINTERVIEW*

Diese Übung ist geeignet, die vielfältigen Erwartungen und Vorstellungen, die sich mit der Person des Leiters in einer Gruppe bei den einzelnen Teilnehmern verbinden, durchsichtig zu machen. Sie kann Ihnen als Moderator auch helfen, Ihre eigene Position in der Gruppe verständlich zu machen, und somit eine Entlastungsfunktion übernehmen.
Sagen Sie etwa folgendes:

> Bitte schreibt eine Frage auf, die ihr mir gern stellen wollt. Stellt irgendeine beliebige Frage an mich.

Nachdem die Gruppe das getan hat, fahren Sie fort:

> Schließt jetzt eure Augen und stellt euch vor, daß ihr auf mich zugeht und mir direkt ins Auge seht. Stellt mir

* Nach *Malamud/Machover,* 1970.

die Frage, die ihr eben aufgeschrieben habt. Nun hört, was ich euch sage.
Sobald ihr meine Antwort gehört habt, öffnet eure Augen und schreibt die Antwort auf.

Nun fragen Sie in der Gruppe nach Freiwilligen, die ihre Frage in Wirklichkeit an Sie stellen möchten. Geben Sie Ihre Antwort so offen und vertrauensvoll, wie Sie es können, ohne sich unangenehm zu fühlen. Anschließend bitten Sie den Fragenden, die Antwort vorzulesen, die er in seiner Phantasie gehört und aufgeschrieben hat.
Nun kann der nächste Teilnehmer seine Frage an Sie richten.

• AUSWERTUNGSGESPRÄCH

In dem anschließenden Auswertungsgespräch bitten Sie die Teilnehmer, sich auf folgende Fragen zu konzentrieren:
– Wie fühlte ich mich bei der Möglichkeit, eine Frage an den Gruppenmoderator zu stellen?
– Was bedeuten mir die Fragen, die die anderen stellten?
– Wieweit spiegelt die gestellte Frage ein Problem aus meinem eigenen Leben?
– Wie fühlte ich mich bei der realen Antwort des Moderators?

• Informationsphase
LEITERVERHALTEN UND AUSWIRKUNGEN

Teilen Sie jetzt bitte Teilnehmermaterial 2 zum Durchlesen aus.

• Übung
HEISSER STUHL FÜR DEN LEITER*

Meistens ist es so, daß der Leiter einer Gruppe nicht in dem gleichen Maß oder jedenfalls nicht in der gleichen Weise wie die anderen Gruppenmitglieder von den einzelnen Übungen profitieren kann. Durch seine besondere Funktion wird er vor allem selbst weniger Feedback bekommen als die anderen, obwohl gerade für ihn ein Feedback wichtig ist, um seine Leitungsfähigkeit kontrollieren zu können. Teilen Sie diese

* Nach *K. W. Vopel*.

Überlegungen kurz der Gruppe mit, und sagen Sie ihr dann etwa folgendes:

> Ich möchte zu diesem Zweck auf den »Heißen Stuhl« gehen.
> Ich möchte von euch hören, was euch an mir gefällt und nicht gefällt.

Voraussichtlich werden sich alle Teilnehmer an die Übung aus dem Kommunikationskurs (Übungseinheit 5) erinnern, sollte das nicht bei allen der Fall sein, sagen Sie etwa folgendes:

> Ich möchte jetzt gern von euch hören, was euch an mir gefällt und nicht gefällt. Jeder von euch hat Gelegenheit, mir gegenüber Kritik und Wertschätzung zu äußern. Der Gegenstand von beidem soll mein Verhalten sein, das ich bisher in der Gruppe gezeigt habe oder jetzt zeige.
> Ich bitte euch, euch nacheinander vor mich hinzustellen und mir zu sagen, welche meiner Verhaltensweisen positive und welche negative emotionale Reaktionen bei euch ausgelöst haben. Bitte denkt daran, beides auszudrücken, das, was euch an mir gefällt, und das, was euch nicht gefällt.

Es kann sein, daß die Gruppe vorschlägt, daß bei dieser Übung jeder auf seinem Stuhl sitzenbleibt. Zeigen Sie Verständnis dafür, daß es schwierig sein kann für einzelne. Betonen Sie aber, daß bei der Übung der persönliche Kontakt zwischen dem Feedback-Gebenden und Ihnen wichtig ist und daß das Maß der Distanz, das die einzelnen Teilnehmer Ihnen gegenüber räumlich ausdrücken, bedeutungsvoll für Sie beide ist. Bitten Sie also die Gruppe, bei dieser Übung die vorgeschlagenen Spielregeln einzuhalten.
Vergessen Sie nicht, der Gruppe am Schluß zu sagen:

> Vielen Dank, daß ihr mir das gesagt habt. Ich will es auch bedenken.
> Und ich bin nicht auf der Welt, um so zu sein, wie ihr mich haben wollt.

Wenn Sie und die Teilnehmer Lust haben, können Sie nun ebenfalls im Kreis herumgehen und jedem Gruppenmitglied Ihrerseits sagen, was Ihnen an ihm gefällt und nicht gefällt.
Abschließend können Sie miteinander Ihre Reaktionen auf dieses Erlebnis austauschen.

- Gruppenübung
  MACHT UND EINFLUSS*

Beginnen Sie nun ein Gruppengespräch zu dem Thema:

> Wieviel Einfluß möchte ich hier in dieser Gruppe haben, und wieweit bin ich bereit, mich in dieser Gruppe beeinflussen zu lassen?

Brechen Sie nach etwa 15 Minuten das Gespräch ab, und bestimmen Sie im Raum zwei Punkte, die weit auseinanderliegen und symbolisch für »sehr großer Gruppeneinfluß« und »sehr kleiner Gruppeneinfluß« stehen sollen.
Erklären Sie der Gruppe diese Pole, und sagen Sie dann etwa folgendes:

> Ich bitte euch, euch zwischen diesen beiden Punkten aufzustellen. Wählt euren Platz auf dieser Linie zwischen den beiden Punkten nach folgendem Gesichtspunkt: Welchen Einfluß will ich in dieser Gruppe haben? Wie wichtig sind meine Ideen, die ich hier durchsetzen will?
> Es geht nicht um euren tatsächlichen Einfluß in der Gruppe, sondern um den Platz, den ihr gern haben möchtet.
> Jeder Platz darf nur einmal besetzt werden, ihr dürft also nicht nebeneinander stehen, sondern nur hintereinander. Nehmt euch Zeit, euren Platz auf dieser Linie zu finden.
> Ihr dürft nicht miteinander sprechen. Wenn ein anderer ebenfalls den von euch gewünschten Platz einnehmen möchte, setzt euch nonverbal mit ihm auseinander.

Wenn der Prozeß der Rangbildung abgeschlossen ist, soll jeder noch an seinem Platz stehenbleiben und den anderen nun kurz seine Gründe für diese Platzwahl mitteilen. Dabei können die Teilnehmer einander gleichfalls ihre Beobachtungen mitteilen.
Nun folgt der zweite Teil der Übung:

> Bitte entfernt euch nun wieder von dieser »Einflußlinie«. Wir wollen das Experiment wiederholen. Dieses Mal ist es euch jedoch erlaubt, auch nebeneinander zu stehen, d. h. den Platz mit anderen zu teilen. Auch diesmal dürft ihr nicht dabei sprechen.

* Nach *K. W. Vopel.*

Anschließend äußert sich jeder Teilnehmer zur folgenden Frage:

> Wie ist meine Stellung jetzt? Wie fühle ich mich auf diesem Platz? Was habe ich bei den anderen beobachtet?

• AUSWERTUNGSGESPRÄCH

Bitten Sie die Teilnehmer, ihre Reaktionen auf diese Übung mitzuteilen. Versuchen Sie herauszufinden, was das Ergebnis dieser Gruppenübung sagt über die Über- und Unterordnungsbedürfnisse einzelner Teilnehmer und was das Experiment für die ganze Gruppe bedeuten kann.

• Informationsphase
FÜHRUNG DURCH DIE GRUPPE

Teilen Sie jetzt das Teilnehmermaterial 3 aus, und bitten Sie die Teilnehmer, es im Anschluß an die Sitzung zu lesen.

Das Dilemma einer leitenden Rolle*

Wenn eine Gruppe einen offiziellen Leiter hat, ergibt sich für beide, Leiter und Gruppe, ein grundsätzliches Problem. Die Gruppenmitglieder erwarten von ihrem Leiter aufgrund ihrer eingelernten Rollenerwartungen eine Art Allwissenheit, d. h., der Leiter muß nach Ansicht der meisten Teilnehmer vollen Überblick über seine Aufgabe und die damit zusammenhängende Umweltsituation haben. Aufgrund der gleichen Rollenvorstellung erwartet oft auch der Leiter dasselbe, so daß er meint, er müsse unfehlbar sein, wenn er ein guter Gruppenleiter sein will.

Aus dem, was wir über Störungen und Beschränkungen der Kommunikation gelernt haben, geht aber schon hervor, daß sehr reale Beschränkungen eine Allwissenheit und Unfehlbarkeit des Leiters verhindern und denjenigen, der eine leitende Rolle einnimmt, somit in ein Dilemma stürzen müssen. Zunächst einmal ist die reine Zahl der Nachrichten im Normalverlauf einer Gruppeninteraktion größer, als Teilnehmer und Leiter aufnehmen können. Aber selbst bei einer verbesserten Wirksamkeit seiner Beobachtung sieht sich der Träger einer leitenden Rolle noch einer wesentlichen Wissensbeschränkung gegenüber: dem eigenen Widerstand und dem der Gruppenmitglieder gegen Selbst-Bewußtheit!

Wir haben gelernt, daß wir unbewußte Wünsche und Bedürfnisse haben, auf deren Kenntnisnahme wir nicht vorbereitet sind und gegen die wir uns verteidigen. Wir bemühen uns,

* Nach *Th. Mills,* 1971.

gewisse Dinge unserem Bewußtsein fernzuhalten. Das aber, was für uns als Individuen gilt, gilt auch mit gewissen Einschränkungen für die Gruppe als Kollektiv.

- Das erste Dilemma des Inhabers einer leitenden Rolle, der die Fähigkeiten der Gruppe verbessern möchte, liegt also darin, daß er eigentlich zu wissen hat, was die Gruppe tatsächlich ist und was aus ihr werden soll. Andererseits aber verhindern die Fülle der Informationen und eingebaute Widerstände die Kenntnis aller Gruppenmitglieder, die genaue Kenntnis der Gruppe und dessen, was in jedem Moment in ihr geschieht.

  Die Anforderungen der Rolle des Gruppenleiters, allwissend zu sein, sind nicht zu erfüllen!

Diese Erkenntnis fügt der Rolle des Leiters eine neue Dimension hinzu: Bescheidenheit, das heißt die Verknüpfung der Bereitschaft zur Aufnahme neuer Informationen – selbst wenn man die alte nicht ganz verstanden hat – mit der Bereitschaft zur Korrektur alter Einschätzungen, selbst wenn diese Korrekturen unvollkommen bleiben müssen.

- Während das erste Dilemma eine bestimmte Kenntnis betrifft, handelt es sich beim zweiten um ein bestimmtes Tun. Angenommen, der Gruppenleiter ist zu einer gewissen Interpretation der augenblicklichen Gruppensituation gekommen, dann kann sein zweites Dilemma darin bestehen, daß er aufgrund seiner Einschätzung der Lage zu wissen meint, was in der Gruppe geändert werden kann und was aus ihr werden könnte – wenn er allmächtig wäre! Gewisse Grundeigenschaften der Persönlichkeit, der Gruppe und der Umwelt aber stehen dem Willen desjenigen, der sie ändern möchte, entgegen.

  Überlegen Sie einmal, durch welche Handlungen Sie zum Beispiel die Sicherheit, den Hunger oder Durst, die Sexualität eines anderen beeinflussen können. Welche Möglichkeiten gibt es, Angst, Furcht, Widerstand und Mißtrauen zu verändern? Wie kann ich die Hemmungen eines anderen abbauen? Wie kann ich die Natur einer bestimmten Gruppe verändern?

Der Grundwiderspruch in einer leitenden Rolle, der darin besteht, die Gruppe von »außen« zu beobachten, während man in ihr handelt, wird also durch die Schwierigkeit verstärkt, für

die Selbstaufklärung und Selbstbestimmung der Gruppe verantwortlich zu sein – bei gleichzeitigem Wissen, daß das nicht möglich ist.
Dieses Dilemma bringt den Träger einer Leitungsrolle in einen Konflikt, auf den er unterschiedlich reagieren kann. Die jeweiligen Reaktionen wirken sich entscheidend auf die Gruppe aus.
Einige Leiter entziehen sich dem Konflikt, indem sie ihn antizipieren und sich dann einfach weigern, die Rolle zu übernehmen. Sie ziehen es vor, andere Rollen zu übernehmen, die sich mehr an der Basis der Verantwortungspyramide der Gruppe befinden.
Einige Leiter rufen in Krisenzeichen nach Hilfe von außen, nach dem Arzt, dem Priester, dem Rechtsanwalt. Diese Lösung bietet sich unbewußt als Lösung des Leiterdilemmas an, obwohl sie in Wirklichkeit keine ist.
Im folgenden möchten wir vier Pseudolösungen beschreiben, wie man sie immer wieder beobachten kann:

1. Aufdringlichkeit und Manipulation

Weil er die realistischen Grenzen einer totalen Information sowie einer absoluten Kontrolle nicht erkennen will, greift der Leiter in aggressiver Weise diese Grenzen an. Er wird vielleicht versuchen, einzelne Gruppenmitglieder psychologisch zu entblößen und mit dem Anspruch, die wahre Natur der Gruppe zu enthüllen, wirkliche und eingebildete Gruppenbeziehungen bloßzulegen.
Ein derartig totalitäres Programm wird dann moralisch durch Maximen gerechtfertigt wie »Erkenne dich selbst« usw.
Wir wollen hier nicht gegen das Bestreben reden, das eigene Verhalten besser zu erkennen, sondern gegen das Gefühl der Allmacht, das aufkommt, wenn man solche Kenntnis über sich und andere gegen andere benutzt.

2. Obstruktion

Der Leiter meint, die Gefahren eines eigenen falschen Verhaltens zu erkennen, und versucht, solche Handlungen zu blockieren. Die Zurückhaltung seiner Informationen führt aber dazu, Situationen zu verschleiern und den Entscheidungsprozeß einer Gruppe zu hemmen. Dahinter steht die falsche Überzeugung des Leiters, daß man einer Gruppe mehr Schaden zufügt, wenn man auf sie einwirkt, als wenn man einfach die naturgegebenen Prozesse ablaufen läßt. Obstruktion ist also das Gegenteil von Manipulation und hat seine Ursache in der Angst des Leiters, sich zu entscheiden und eine Situation offen zu beeinflussen.

3. Vereinfachung und Unterdrückung

Der Leiter wird durch die komplexen Prozesse, welche sich in der Gruppe abspielen, förmlich überwältigt. Da er meint, in der Gruppe eine gewisse Effizienz erreichen zu müssen, beschränkt er die Größe seines Verantwortungsbereichs dadurch, daß er für ein vereinfachtes Modell vom Menschen und von der Gruppe plädiert: »Der Mensch ist rational. – Gruppenprozesse laufen in logischen Bahnen ab und sind rational erklärbar.« Entsprechend versucht er, andere zu beeinflussen, den weniger klaren und logischen Prozessen des Unbewußten, Emotionalen nicht zu glauben. Gleichzeitig bemüht er sich, Informationen und Wünsche der Gruppenmitglieder zu unterdrücken, die seiner Sichtweise widersprechen. Der Leiter versucht, die Kompetenz, die er für seine Rolle benötigt, zu gewinnen, indem er nur die offen zutage liegenden Informationen und Wünsche in der Gruppe beachtet – da es ja verborgene nicht geben kann!

4. Selbsttäuschung

Der Leiter greift aufgrund seiner Rolle aktiv in das Gruppengeschehen ein und beeinflußt dadurch die Gruppe, er hat aber falsche Vorstellungen davon, was er durch seine Aktionen tatsächlich bewirkt. Obwohl er glaubt, sich dessen bewußt zu sein, was in der Gruppe vor sich geht, und glaubt, durch seine Handlungen die Gruppe positiv zu beeinflussen, trägt er in Wirklichkeit wenig zur Bewußtheit der Gruppe und zu ihrer Eigenbestimmung bei. Er beobachtet, aber verknüpft nicht eine Beobachtung mit der anderen – er interpretiert, mißt seine Interpretationen aber nicht an der Wirklichkeit. Dieser Leiter vollzieht Einzelheiten des Leitungsprozesses, aber er versteht sie nicht wirklich und kann keine Konsequenzen aus

ihnen ziehen. Dadurch wird seine Selbsttäuschung meistens dann noch verstärkt.
Keine dieser vier Reaktionen löst die Schwierigkeiten der Leitungsfunktionen, die Entwicklung des Gruppenprozesses und die Fähigkeiten der Gruppe werden durch sie eher noch verzögert.
Nur die folgende Reaktion verspricht einen Fortschritt:

▶ Zunächst muß der Leiter damit beginnen zu lernen, wie man in einer Gruppe lernt. Das bedeutet:
   - er muß in Gruppen offen sein für neue Erfahrungen,
   - er muß offen sein sowohl für das Verhalten anderer als auch für das eigene Verhalten und seine Wirkungen,
   - er muß vermeiden, an alle beobachteten Vorgänge mit einem Modell oder einer Ideologie heranzugehen und alle Ereignisse nach diesem Modell oder nach dieser Ideologie zu interpretieren,
   - er muß vermeiden zu vereinfachen, d. h. er muß vermeiden, das, was er nicht sehen will, zu unterdrücken oder zu negieren.

Das bedeutet, daß der Leiter sich bei seinen Beobachtungen und Interpretationen dieser Beobachtungen immer wieder die folgenden Fragen stellen muß:
- Welche Vorgänge in dieser Gruppe sind wirklich bedeutungsvoll für den Gruppenprozeß?
- Welche meiner Interpretationen der Situation sind von Bedeutung, welche sind nebensächlich?
- Stimme ich mit meiner Einschätzung der Situation mit anderen überein, oder ergeben sich grundsätzliche Differenzen (Feedback)?

Leiterverhalten und Auswirkungen*

Die Art, wie eine Gruppe zusammenarbeitet, hängt nicht nur vom Verhalten der Teilnehmer ab. Auch der Leiter ist dafür verantwortlich, ob in einer Gruppe eine vertrauensvolle, offene Atmosphäre herrscht oder ob ein Kampf »alle gegen alle« das Bild der Gruppe bestimmt. Auch wenn ein Leiter nicht so viel Wert auf diese Position innerhalb der Gruppe legt, sondern mehr auf seine Funktion als Gruppenmitglied – er hebt sich doch durch seine Stellung aus der Gruppe hervor.
Sein Verhalten ist also nicht das Verhalten irgendeines Teilnehmers, sondern es hat Modellcharakter: ist der Leiter aggressiv, werden auch die Teilnehmer diese Tendenz haben. Spricht er offen über sich und seine Ziele, wird sein Vorbild auch die Teilnehmer dazu ermutigen.

Wir wollen damit nicht sagen, daß der Leiter einen Zustand des Gruppenkonformismus anstreben soll, bei dem alle gleichbleibend freundlich und nett um den heißen Brei herumreden und versuchen, sich gegenseitig möglichst nicht weh zu tun. Ein gutes Gruppenklima ist daran zu erkennen, daß die Teilnehmer ihre realen, unterschiedlichen Ziele, Bedürfnisse und die daraus entstehenden Konflikte anerkennen und sich offen bemühen, eine Lösung zu finden. Wir können im wesentlichen zwei gegensätzliche Arten beobachten, mit der Leiter versuchen, ihre Führungsaufgabe zu meistern: die autokratisch-persuasive Technik und die demokratisch-partizipative Technik.

- *Der autokratisch-persuasive Gruppenleiter*

Die Grundeinstellung dieses Leiters besteht aus Mißtrauen und Furcht. Er hat wenig Zutrauen in die Fähigkeiten und Motive der Teilnehmer. Deshalb versucht er durch Befehle, Überredung, offene oder geheime Beeinflussung, die Teilnehmer zu steuern und damit das Lern- oder Arbeitsziel der Gruppe zu erreichen.
Das Kommunikationsverhalten des persuasiven Leiters ist strategisch: er behält sich vor, letzte Entscheidungen zu tref-

* Aus: *R. E. Kirsten*, 1973 – nach *J. R. Gibb*, 1972.

fen. Alle wichtigen Informationen in der Gruppe sollen möglichst über ihn laufen, damit er sie kontrollieren kann und jederzeit der bestinformierte Mann der Gruppe ist.
Um seine Entscheidungen durchzusetzen, wendet er Schmeichelei oder Drohung an. Treten Komplikationen in der Gruppe auf, neigt er zur Geheimhaltung: Er versucht dann, Informationen vor der eigentlichen Arbeit der Gruppe zu sammeln und Entscheidungen ohne sie zu treffen.
Organisationsprobleme bewältigt er durch Kontrolle. Die Organisation ist dazu da, die Teilnehmer in Abhängigkeit zu halten. Er bevorzugt eine formale Hierarchie, klar abgegrenzte Autoritätsbereiche, Arbeitsvorschriften und Tagesordnungen. Stößt dieser Leiter auf Widerstand, werden seine Kontrollen lediglich versteckter und subtiler.

- *Der demokratisch-partizipative Gruppenleiter*

Oberstes Ziel des partizipativen Leiters ist die Entwicklung von Vertrauen und Akzeptierung in den Beziehungen der Teilnehmer untereinander. Er will dem einzelnen in der Gruppe ein hohes Maß an Freiheit gewähren, eigene Bedürfnisse selbst einzuschätzen und über eigene Ziele selbst zu entscheiden.
In der partizipativ geführten Gruppe werden alle an den Entscheidungsprozessen beteiligt. Jede Information oder Planung spielt sich innerhalb der Gruppe ab. Der Leiter besteht nicht auf Formalitäten oder strenger Befolgung von Vorschriften, sondern ermutigt zu spontanem Handeln. Er ist ein Vorbild in der Äußerung eigener Gefühle und Bedürfnisse und in der Akzeptierung der Gefühle und Bedürfnisse anderer. Die Organisation der Gruppenarbeit ist so frei und ohne Vorschriften, wie es die Gruppengröße und das herrschende Vertrauensklima gestatten. Die Verteilung der Aufgaben und Verantwortungen unter den Mitgliedern wird nicht durch Formalitäten, Machtansprüche oder Manipulationen geregelt, sondern nach den Fähigkeiten und Wünschen der Teilnehmer und nach sachlichen Erfordernissen.

Welches Klima in einer Arbeitsgruppe vorherrschend ist, kann man daran erkennen, wie in der Gruppe die folgenden vier Fragen gelöst werden:

- Wie sehen die Beziehungen der Teilnehmer untereinander aus?
- Wie wird mit Informationen umgegangen?
- Wie werden die Ziele der Gruppe bestimmt?
- Wie wird das Problem der Organisation und Kontrolle der Arbeit gelöst?

Im folgenden ist dargestellt, wie diese Fragen in unterschiedlich geleiteten Gruppen gelöst werden:

- *Gruppenreaktionen auf persuasive Leiter*

Beziehungen

Mißtrauen im gegenseitigen Umgang – Befürchtung persönlicher Unzulänglichkeit – Widerstand gegen Initiativen – formelle Höflichkeit – Schutzsuche in der Paarbildung – Suche nach Anerkennung – konformes und rituelles Verhalten.

Informationen

Austausch von strategischen Informationen – Anwendungen von Kniffen und Tricks – Geheimhaltung und Verzerrung von Informationen – Unterdrückung von Informationen – Flüsterpropaganda – Verstellung und Vorsicht.

Ziele

Aktiver oder passiver Widerstand – geringes Engagement – übersteigerter Ehrgeiz – extrem hektisches oder extrem apathisches Arbeiten – Konkurrenz, Rivalität und Eifersucht – Rufe nach Autoritäten und Führern.

Organisation

Besorgnis um Macht und Einfluß in der Hierarchie – Formalisierung von Strukturen und Verfahrensfragen – formelle Arbeitsvorschriften – Verteilung der Arbeit nach Machtgesichtspunkten – Chaos oder rigider Zwang.

- *Gruppenreaktionen auf partizipative Leiter*

Beziehungen

Positive Gefühle für Gruppenmitglieder – Gefühl persönlicher Zulänglichkeit – Akzeptieren der Motive anderer – offener Ausdruck von Gefühlen und Konflikten.

Informationen

Offener Austausch von Informationen – hohes Ausmaß an gegenseitigem Feedback – Akzeptierung neuer Informationen – Mitteilung der hinter den Zielen liegenden Informationen und Bedürfnissen – hohes Ausmaß an Informationen mit emotionalem Gehalt – Abbau eines fassadenhaften Gesprächsverhaltens.

Ziele

Lösung von Konflikten – großes Engagement und Beteiligung – gemeinsame Lösungsvorschläge – Abbau von Konkurrenzverhalten.

Organisation

Geringes Bedürfnis nach einer Arbeitsstruktur – die Arbeitsverteilung ist sachorientiert – flexible Organisation der Arbeit – gemeinsame Verteilung der Aufgaben – spontane und kreative Aufgabenlösung – geringes Interesse an Hierarchie- und Statusfragen.

Manche Leiter sind der Auffassung, daß der Versuch der Führung in jedem Falle schädlich sei, sei es nun in autokratisch-persuasiver oder in demokratisch-partizipativer Form. Sie wählen daher eine Art Laissez-faire-Stil und meinen, daß das Führungsproblem in einer Gruppe dadurch ausgeschaltet sei.
Wie aber in einer folgenden Übung gezeigt werden soll, sind Führungsansprüche und das Bedürfnis nach Macht und Einfluß ganz reale Phänomene in einer Gruppe. Verzichtet der offizielle Gruppenleiter auf seine Leitungsfunktion, entsteht ein Vakuum, das andere Teilnehmer versuchen, in mehr oder weniger offener Form auszufüllen. Verzichtet ein offizieller Gruppenleiter also auf seine Funktion, schafft dies eher Verwirrung, als daß es zum Funktionieren einer Gruppe beiträgt. In Wahrheit mißachtet der Leiter bei einem solchen Verhalten seine unvermeidliche Beteiligung am Gruppen-Lern- oder Arbeitsprozeß durch eigenes Engagement, indem er sich selbst aus diesem Prozeß (vielleicht aufgrund seiner Ängste) herauszunehmen sucht.
Zwischen den beiden Polen »autoritär« und »laissez-faire« gibt es natürlich eine breite Skala von Verhaltensmöglichkeiten.

Nehmen wir für eine Beschreibung noch die beiden Pole »sachorientiert« und »personenorientiert« hinzu, können wir einige typische Verhaltensstile von Gruppenleitern in das Koordinatensystem auf der folgenden Seite einordnen.

Erklärungen zum Koordinatensystem

1. Sachlicher Technokrat

Er hat immer die Aufgabe, die erledigt werden soll, im Blick. Aggressionen werden abgewehrt mit dem Hinweis, doch lieber bei der Sache zu bleiben. Wie bei den anderen Teilnehmern blockt er auch bei sich selbst Emotionen als nicht zur Sache gehörend ab. Er ist kühl, aber stets höflich und daher nie angreifbar. Sollten doch Angriffe erfolgen, quittiert er sie mit hochgezogenen Augenbrauen.

2. Freundlicher Autokrat

Er betont, daß alle »im gleichen Boot sitzen«. Sein Führungsanspruch resultiert daher, daß es zum besten aller geschieht. Er wird menschlich, wenn er andere davon überzeugen muß, daß sie unrecht haben. Wenn er glaubt, eine ausreichende Mehrheit hinter sich zu haben, ist er nicht mehr zu bremsen.

3. Gefühlvoller Seelendoktor

Konflikte werden möglichst vermieden. Treten welche auf, versucht er, sie sofort zu schlichten. Sein Motto heißt: Seid nett zueinander. Er ist stets bereit, Aufgaben zugunsten der persönlichen Belange der Mitglieder zurückzuschieben. Er stürzt sich mit Begeisterung auf die persönlichen Probleme einzelner und gibt sich erst dann zufrieden, wenn er seine Diagnose und seine Therapie angebracht hat. Natürlich hat er Verständnis für alle menschlichen Schwächen und ist auch sofort bereit, diese aufzugreifen, gibt es irgendwelche Äußerungen in dieser Hinsicht zu entdecken.

4. U-Boot-Fahrer

Er zieht den Kopf ein, wenn es kracht. Konflikte und Aggressivität werden ängstlich vermieden, stellt er diese bei anderen fest, taucht er sofort unter. Er ist stets bereit, sich anzupassen, wenn er eine sichere Mehrheit findet. Aber auch dann legt

er sich nie endgültig fest. (»Dafür könnt ihr mich nicht verantwortlich machen!«)

5. Friedensrichter

Er steht unangreifbar über allen und über allem. Er ist selbst natürlich jederzeit unparteiisch und stets objektiv. Daher hat er das Recht, den anderen zu sagen, was diese falsch machen. Seine vornehmste Aufgabe ist es, zu schlichten und zu urteilen, wie es besser gemacht werden soll.

Führung durch die Gruppe*

Führung ist lediglich eine bestimmte Art der Interaktion. Diese Definition geht davon aus, daß es für die Zusammenarbeit einer Gruppe notwendig ist, daß die Teilnehmer eine gewisse Arbeitsteilung vornehmen müssen. Diese Arbeitsteilung ordnet den verschiedenen Teilnehmern verschiedene Rollen zu, und diese Rollen werden mit einem ganz bestimmten Verhalten verbunden. Demgemäß ist also auch die Führungsaufgabe nur eine ganz bestimmte Rollendefinition in der Gruppe und resultiert aus dem Zwang zur Arbeitsteilung.
Moderne Gruppentheorien versuchen sogar, den Begriff der Führung ganz fallenzulassen, und sprechen nur noch von einer spezifischen Interaktionsweise einer Gruppe.

Damit kommen wir zur Forderung nach einer Führung durch die Gruppe selbst. Führung wird hier nicht mehr als die Funktion eines Leiters oder Vorsitzenden angesehen, sondern als eine Funktion der Gruppe selbst. In einer solchen Gruppe sind die verschiedenen Rollenfunktionen zugleich Führungsfunktionen, die ständig wechseln und an denen alle in dem Maß ihrer individuellen Fähigkeiten spontan und voll partizipieren. Da wir in dieser Form der Führung wenig geübt sind, sind wir meistens noch relativ stark auf einen festen Leiter fixiert, und wir werden verhaltensunsicher, wenn wir gezwungen sind, Kooperation in einer Gruppe selbst organisieren zu müssen. Führung durch die Gruppe selbst ist also nur möglich, wenn das dazu erforderliche neue Verhalten eingeübt wird – beispielsweise durch ein gruppendynamisches Training.

* Nach *Antons,* 1973.

Ungeübte Gruppen sind in der Regel nicht fähig, sich selbst im Sinne einer »Führung durch die Gruppe« zu strukturieren. Hier ist zunächst ein partizipativer Leitungsstil notwendig. Hierbei geht es darum, aus einer kooperativen Grundhaltung heraus die Gruppe zu kooperativen Verhaltensweisen untereinander zu führen. Der Leiter ist Vorbild in dem Sinne, daß er die anderen Teilnehmer als gleichwertige Partner achtet – mit einem Recht auf Selbstbestimmung und Selbstentfaltung. Die Gruppe wird zum Raum, in dem gelernt werden kann: Anhören anderer Meinungen, Tolerieren des Andersseins, gegenseitiges Mitteilen von Interessen und Bedürfnissen, die Fähigkeit, eigene Ansichten und eigene Interessen in angemessener Form zu vertreten.

Diese Verhaltensweisen können besonders dann geübt werden, wenn die Gruppe Gelegenheit hat, selbständige Entscheidungen zu treffen. Der Leiter muß daher Probleme zur Diskussion stellen, statt Lösungen mitzuteilen. Er hat die wichtige Aufgabe, Entscheidungen nicht vorwegzunehmen, sich aber auch nicht auszuschließen, sondern Verfahrenshilfen zu geben, damit Beschlüsse gefaßt und ausgeführt werden können. Der Leiter wird zum Berater und Mentor der Gruppe.

In einer Gruppe ohne offiziellen Leiter geht die Führung – sehr vereinfacht gesprochen – auf ein bestimmtes Mitglied der Gruppe über, sobald die Teilnehmer erkennen, daß dieser die Mittel in der Hand hat, die augenblicklichen Bedürfnisse der Gruppe zu befriedigen. Jemand führt eine Gruppe, wenn er das tut, was die Gruppe zur Befriedigung ihrer Bedürfnisse und zur Erreichung ihres Ziels braucht. Insofern kann man sagen, daß der Leiter einer Gruppe in gewisser Hinsicht unfreier ist als die einzelnen Mitglieder. Da eine Gruppe vielerlei Führungsfunktionen braucht, übernehmen bei der Führung durch die Gruppe die Teilnehmer Funktionen im Wechsel, wenn sie notwendig sind. Wichtig ist, daß die notwendigen Führungsfunktionen ausgeübt werden, nicht aber, von wem sie ausgeübt werden.

Wir müssen noch einmal darauf hinweisen, daß die meisten Gruppen einen eigenen, auf verbindliche Weise aufgestellten Leiter haben, dem wir aufgrund unserer Lernerfahrungen eine gewisse Autorität zusprechen (auch wenn diese sich durch Konterdependenz – also durch Angriffe auf die Autorität um jeden Preis – äußert). Durch die Aufstellung eines solchen Leiters soll sichergestellt werden, daß jemand die der Gruppe notwendigen Funktionen übernimmt. Nur in reifen Gruppen kann jeder bei Bedarf eine bestimmte Funktion übernehmen.

▶ Dies setzt aber zwei wesentliche Fähigkeiten der Teilnehmer voraus: Sie müssen gelernt haben, das zu erkennen, was in der Gruppe geschieht. Sie müssen sich engagieren, wenn sie eine bestimmte Funktion übernehmen wollen.
Diese Form der Zusammenarbeit wird nur in Gruppen mit einem hohen Maß an Vertrauen erreicht.

Konsensusbildung

▶ LERNZIELE

Die Teilnehmer erfahren in dieser Sitzung etwas über die Art, wie in einer Gruppe mit der Möglichkeit, Entscheidungen zu beeinflussen,umgegangen wird. Sie lernen außerdem verschiedene Stufen des Gruppenkonsensus kennen und sie zu beurteilen.
Teilnehmermaterial: 1) Konfliktbehandlung und Entscheidungsverhalten in Gruppen – 2) Entwicklung des Gruppenkonsensus.

▶ ÜBUNGSANWEISUNGEN

Bitte geben Sie zunächst einen Überblick über die Lernziele dieser Sitzung und über die einzelnen Aktivitäten dieser Einheit.

- Informationsphase
  KONFLIKTBEHANDLUNG UND ENTSCHEIDUNGS-VERHALTEN

Teilen Sie das Teilnehmermaterial 1 aus, und geben Sie der Gruppe Zeit zum Durchlesen des Papiers. Anschließend fordern Sie auf zu einem kurzen Reaktionsaustausch.

- Paarübung
  EINIGUNG DER HÄNDE

Bitten Sie die Teilnehmer, Paare zu bilden, und zwar nach Möglichkeit mit einem Partner, mit dem sie bislang noch nicht in einer Übung zusammen waren. Sagen Sie dann etwa folgendes:

> Setzt euch jetzt bitte einander gegenüber und hebt eure beiden Hände so, daß ihr die Innenflächen eurer Hände dem Partner zuwendet. Eure linke Handinnenfläche soll jetzt der rechten Handinnenfläche eures Partners gegenüberstehen und eure rechte der linken Partnerhandfläche. Bitte berührt euch aber nicht dabei. Haltet einen Abstand von etwa 4 cm.

> Eure Handflächen sollen nun gemeinsam mit den Handflächen eures Partners einen Spaziergang unternehmen. Laßt eure Handflächen sich verständigen, in welche Richtung sie sich bewegen wollen – berührt euch aber nicht dabei! Es ist wichtig, daß die Hände immer gemeinsam gehen, eure Hand und die eures Partners. Verständigt euch nur mit euren Händen, nicht mit Worten. Überlaßt die Kommunikation euren Händen.

Geben Sie für diese Übung etwa zwei Minuten Zeit. Länger sollte sie nicht dauern, weil sonst die Arme zu sehr ermüden. Geben Sie anschließend Gelegenheit zu einem kurzen Austausch der Reaktionen zwischen den beiden Partnern. Bieten Sie dazu die folgenden Fragen an:

> War es einfach oder schwierig für unsere Hände, sich zu verständigen?
> War einer von uns eher aktiv, der andere eher passiv?

- AUSWERTUNGSGESPRÄCH

Stellen Sie das Auswertungsgespräch im Plenum anschließend unter das folgende Thema:

> Welche Möglichkeiten habe ich genutzt, um mit meinem Partner einen Konsensus zu finden – habe ich noch andere Möglichkeiten, die ich nicht verwirklichte?
> Wie versuche ich sonst hier in der Gruppe, mit anderen zu einem Konsensus zu gelangen?

- Informationsphase
  ENTWICKLUNG DES GRUPPENKONSENSUS

Teilen Sie Teilnehmermaterial 2 aus, und geben Sie Zeit zum Durchlesen.

- Gruppenübung
  KONSENSUS IM FISHBOWL*

Bitten Sie die Gruppe, sich zu unterteilen. Es soll wieder eine Innen- und eine Außengruppe gebildet werden, wobei jeder Teilnehmer der Innengruppe einen Teilnehmer der Außengruppe bittet, sein Beobachter zu sein.

---

* Entwickelt von *K. W. Vopel* und *R. Kirsten*.

Geben Sie jetzt der Innengruppe ihre Aufgabe:
Die Gruppe soll sich innerhalb von zwanzig Minuten einigen, wer in dieser Teilgruppe Leiter sein soll. Dabei soll für die Gruppe offenbleiben, welche Funktionen dieser Leiter in der Gruppe erfüllen soll bzw. welche Rechte er in der Gruppe haben wird. Das ist deshalb wichtig, damit die Entscheidung der Gruppe nicht durch Vorentscheidungen über die Funktion des Leiters erleichtert und verfälscht wird.
Nach 20 Minuten unterbrechen Sie bitte das Gespräch der Innengruppe. Die Gruppe bekommt nun weitere 10 Minuten Zeit, um sich darüber zu unterhalten, wie der Entscheidungsprozeß gelaufen ist und welche Rollen die einzelnen Teilnehmer in diesem Entscheidungsprozeß übernahmen.
Anschließend wechselt die Innengruppe mit der Außengruppe. Es ist wichtig, daß sich die Teilnehmer der neuen Innengruppe andere Beobachter suchen.
Auch die neue Innengruppe soll innerhalb von zwanzig Minuten versuchen, den Leiter dieser Gruppe zu wählen.
Im Anschluß daran geben Sie auch dieser Gruppe Gelegenheit für eine zehnminütige Reflexion über den Gruppenprozeß.

- AUSWERTUNGSGESPRÄCH

Im Plenum haben die Teilnehmer hinterher Gelegenheit, von ihren Beobachtern Feedback darüber zu bekommen, wie sie die Möglichkeit, Entscheidungen zu beeinflussen, genutzt oder nicht genutzt haben. Das Feedback soll nicht in den Paaren, sondern im Plenum nacheinander erfolgen, damit auch die anderen Gelegenheit haben, das einzelne Feedback mit den von ihnen gemachten Beobachtungen zu ergänzen.

Konfliktbehandlung und Entscheidungsverhalten in Gruppen*

Eine Arbeitsgruppe ist dauernd damit beschäftigt, Entscheidungen zu treffen und Beschlüsse zu fassen. Das Entscheiden bestimmt daher dauernd die Eigenart der Beziehungen zwischen den Mitgliedern einer Gruppe, eine Eigenart, die jeder einzelne Teilnehmer dauernd bedeutsam mitbestimmt. Es ist daher verständlich, daß die meisten Gruppen Schwierigkeiten haben, wenn es darauf ankommt, Entscheidungen zu treffen:

- *Übergehen*

Jemand schlägt eine Lösung vor, aber niemand achtet darauf. Dieses Übergehen findet sich häufig in neuen Gruppen, die mit vielfältigen Problemen konfrontiert sind, wo die Problemebenen und Motivationsstrukturen der Teilnehmer noch nicht bekannt sind.

- *Abweichen vom Thema*

Eine Entscheidung wird verhindert, indem immer ein neues Thema eingeführt wird. Das ist die Flucht einer Gruppe vor einem Problem, deren Gründe sehr vielfältig sein können.
Entsprechend solchen Verhaltensweisen kommt es in ungeübten Gruppen oft zu Entscheidungen, die die Teilnehmer eigentlich gar nicht anstrebten.

- *Durch angemaßtes Recht eines einzelnen*

Der einzelne maßt sich das Recht an, die Entscheidung im Namen der ganzen Gruppe zu treffen. Wird eine solche Entscheidung vorgeschlagen, ist es oft für die Gruppe leichter, zuzustimmen als abzulehnen, obgleich einzelne anderer Meinung über die zu treffende Entscheidung sein mögen. Sie teilen aber ihre eigentlichen Wünsche aus Mißtrauen oder Furcht nicht mit.

---

* Nach *K. Antons*, 1973.

- *Durch einen Zweierzusammenschluß*

Zwei Mitglieder verbünden sich, um eine Entscheidung zu erreichen. Solche Entscheidungen tauchen oft so plötzlich auf, daß die anderen Teilnehmer davon überrascht werden und zugleich noch das Problem zu lösen haben, wie sie mit den beiden Personen zur gleichen Zeit fertigwerden können.

- *Durch Cliquenbildung*

Mehrere Mitglieder einer Gruppe legen sich schon im voraus auf eine bestimmte Entscheidung fest. Auch wenn die Entscheidung gut ist, ist doch die Wirkung einer derartigen Absprache negativ auf das Vertrauen und auf den Gruppenzusammenhalt.

- *Durch Mehrheitsbeschluß*

Dieser traditionelle Weg der Abstimmung scheint oft der einzige und beste zu sein, um zu einer Entscheidung zu kommen. Es sollte jedoch bedacht werden, daß trotz der Abstimmung die Minorität die Entscheidung weiterhin ablehnen wird und vermutlich bald versucht, die Entscheidung zu revidieren.

- *Durch das Ausüben von Druck*

Ist jemand dagegen? – Wenn eine Gruppe mit dieser Frage konfrontiert wird, werden nur wenige Teilnehmer mutig genug sein, Ja zu sagen. Sie müssen fürchten, von niemandem unterstützt zu werden. »Wir alle stimmen doch zu« hat übrigens die gleiche Wirkung.

- *Durch scheinbare Einstimmigkeit*

Die Entscheidung wird durch ein nur scheinbar einstimmiges Übereinkommen getroffen. Die Angst, als einziger anderer Meinung zu sein, kann so groß sein, daß eine hundertprozentige Übereinstimmung erreicht wird. Trotzdem ist es möglich, daß die meisten Teilnehmer innerlich nicht mit der Entscheidung zufrieden sind.

• *Konsensus*

Die beste Art, in einer Gruppe zu Entscheidungen zu gelangen, ist eine echte Konsensusbildung. Eine Entscheidung wird getroffen, nachdem alle die Möglichkeit hatten, die verschiedenen Seiten des Problems so ausgiebig zu erörtern, daß sie am Ende darin übereinstimmen, daß die vorgeschlagene Entscheidung die bestmögliche ist.

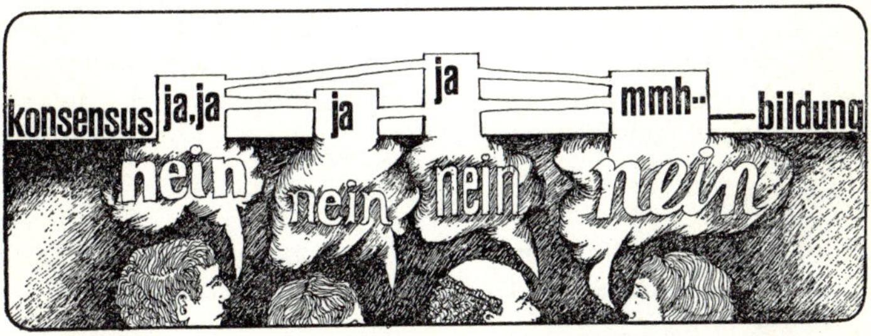

In der folgenden Übung können Sie überprüfen, wie Sie und die anderen Teilnehmer mit dem Entscheidungsproblem umgehen.

Entwicklung des Gruppenkonsensus*

Zwei Ebenen bestimmen die Entwicklung eines »Wir«-Gefühls und des Konsensus in einer Arbeitsgruppe: die sachliche Ebene der Übereinstimmung und die emotionale Ebene des Vertrauens. Diese Ebenen müssen sich nicht unbedingt dekken, so können wir beispielsweise einem Freund auch dann vertrauen, wenn wir seine Meinung nicht teilen. Entsprechend der Entwicklung von Übereinstimmung und Vertrauen können wir bei der Diagnose einer Gruppe die folgenden Entwicklungsphasen feststellen:

1. Konflikt

Gegenseitiges Mißtrauen – geringe Übereinstimmung über Gruppenziele und Arbeitsverfahren – kein »Wir«-Gefühl

2. Anpassung

Wenig persönliches Vertrauen – aber Annäherung der sachlichen Standpunkte – Ansätze eines »Wir«-Gefühls.

3. Uneinigkeit

Wachsendes Vertrauen auf der persönlichen Ebene – noch keine Übereinstimmung auf der sachlichen Ebene – wachsendes »Wir«-Gefühl.

4. Einigkeit

Hoher Vertrauensgrad zwischen den Mitgliedern und gemeinsame Gruppeninteressen – starkes »Wir«-Gefühl.

Auf dem Weg vom Konflikt zur Einigkeit wechseln die Phasen der Anpassung und der Uneinigkeit ständig. Zwischen diesen beiden Polen – im gegenseitigen Abgrenzen oder Akzeptieren der Standpunkte – entwickelt sich allmählich das »Wir«-Gefühl der Gruppe. Vielleicht erscheint zunächst überraschend, daß die Gruppe in der Phase der Uneinigkeit ein größeres Wir-Gefühl haben soll als in der Phase der Anpassung. Wenn Sie aber an Ihre eigenen Gesprächserfahrungen denken, so werden Sie feststellen, daß es vielfach im Kreis guter Freunde

* Nach *A. Coser*, 1972.

leichter ist als bei Fremden, auch gegensätzliche Meinungen offen zu vertreten. Das heftige Aufeinanderprallen von Meinungen ist oft mehr ein Zeichen des Vertrauens als des Mißtrauens.

Vertrauen der Gruppenmitglieder untereinander entwickelt sich erst dann, wenn die Gruppe sich allmählich von ihrer Abhängigkeit vom Leiter (Dependenz) löst. Ein Zeichen dafür ist, daß das Problem der gegenseitigen Zu- und Abneigung die Teilnehmer zu beschäftigen beginnt. Der Unterschied zur Anfangsphase der Gruppe wird besonders dadurch deutlich, daß jetzt die Teilnehmer viel eher bereit sind, aufeinander zu hören, unterschiedliche Zielvorstellungen zu akzeptieren und sich gegenseitig bei Problemen zu helfen.

Wir haben die Phase, die eine Gruppe erreichen soll, um wirksam miteinander leben und arbeiten zu können, als die Phase der Interdependenz bezeichnet. Das bedeutet, daß die Teilnehmer die Haltung einer völlig egoistischen Selbständigkeit ebenso wie die völlige Abhängigkeit von einem Gruppenleiter oder von den anderen Gruppenmitgliedern aufgegeben haben. Jeder hat seine Rolle und seine Arbeit gefunden, bei der es ihm möglich ist, entsprechend seinen Möglichkeiten und Fähigkeiten beizutragen. Die Teilnehmer haben gelernt, Abhängigkeit zu akzeptieren, wenn es wirklich notwendig ist.

An der Art, wie eine Gruppe Konflikte bewältigt und Konsensus herstellt, läßt sich ihr Weg von einem dependenten bzw. konterdependenten Verhalten zur Interdependenz erkennen:

▶ *Dependenz / Konterdependenz, Ignoranz*

Probleme und Konflikte in der Gruppe werden übergangen, ängstlich totgeschwiegen oder nicht erkannt.

▶ *Unterdrückung*

Bei Meinungsverschiedenheiten gilt das »Recht der Mehrheit«. Entscheidungsprobleme werden per Abstimmung gelöst, Minderheiten werden unterdrückt.

▶ *Zustimmung*

Die Gemeinsamkeit der Gruppe wird betont und ein Führer gesucht, dem man bedingungslos folgt. Man will Einigkeit um jeden Preis.

▶ *Kompromiß*

Bei abweichenden Wünschen werden Zugeständnisse gemacht, um die Gruppe zu erhalten. Dieses Aushandeln wird aber insgeheim nicht als befriedigende Lösung empfunden.

▶ *Allianz*

Gegensätzliche Standpunkte bleiben unverändert, man geht eine begrenzte Zeit ein Bündnis ein, um ein gemeinsam akzeptiertes Ziel zu erreichen.

▶ *Integration*

Konflikte und Meinungsverschiedenheiten, unterschiedliche Zielvorstellungen werden offen ausgesprochen und diskutiert. Die Interessen der Gruppenmitglieder werden gemeinsam gegeneinander abgewogen, neu formuliert und eine Lösung erarbeitet, die alle befriedigt.

▶ *Interdependenz*

Kreativität und Gruppe

▶ LERNZIELE

Die Teilnehmer sollen neue Möglichkeiten der Ideenfindung und der Zusammenarbeit in einer Gruppe kennenlernen.
Sie können dabei das Ausmaß ihrer eigenen Spontaneität und Kreativität erfahren und die Bedingungen für Spontaneität und Kreativität in einer Gruppe analysieren.
Teilnehmermaterial: Die Gruppe als Kreativitätsfaktor.

▶ ÜBUNGSANWEISUNGEN

Unterrichten Sie die Teilnehmer kurz über die Lernziele dieser Übungseinheit.

- Gruppenübung
  KREATIVE BEGRÜSSUNG

Bitten Sie die Teilnehmer, Paare zu bilden. Dabei sollen möglichst Partner gewählt werden, auf die die Teilnehmer im Augenblick besonders neugierig sind. Sagen Sie dann etwa folgendes:

> Bitte stellt euch jetzt vor, daß ihr einen alten Bekannten trefft, den ihr lange nicht gesehen habt. Ihr freut euch sehr, ihn wiederzusehen. Versucht einmal, eure Freude nonverbal zum Ausdruck zu bringen. Ihr dürft nicht sprechen. Erfindet eine völlig neue Form einer freudigen Begrüßung. Eurem Erfindungsreichtum sind dabei keine Grenzen gesetzt.

Geben Sie den Teilnehmern fünf Minuten Gelegenheit, einander nonverbal ihre Freude zum Ausdruck zu bringen.
Anschließend haben beide Partner etwa fünf Minuten Zeit, darüber zu sprechen, wie sie die Begrüßung durch den anderen empfunden haben.
Bitten Sie die Teilnehmer in den großen Kreis zurück, und geben Sie ihnen Zeit für einen kurzen Reaktionsaustausch über diese Übung.

- Informationsphase
  DIE GRUPPE ALS KREATIVITÄTSFAKTOR

Teilen Sie das Teilnehmermaterial aus, und geben Sie den Gruppenmitgliedern Zeit, sich gründlich mit dem Inhalt vertraut zu machen.

- Gruppenübung
  BRAINSTORMING*

Bitten Sie die Gruppe, sich für die folgende Übung in zwei Kleingruppen zu teilen. Die Kleingruppen sollen sich möglichst unter dem Gesichtspunkt des geringen Bekanntheitsgrades finden. Bitten Sie also die Teilnehmer, die sich schon besser kennen, möglichst nicht in die gleiche Gruppe zu gehen.
Bitten Sie nun beide Gruppen, sich jeweils einen Leiter zu wählen, der auf die Einhaltung der Brainstorming-Regeln zu achten hat, und einen Protokollführer, der die Ideen sammelt.
Geben Sie dann das Thema für das Brainstorming bekannt:

> Drei Schiffbrüchige sind unbekleidet auf einer einsamen Insel gestrandet. Die einzigen Gegenstände, die sie bei sich tragen, sind: 1 Gürtel, 1 Flasche, 1 Geige.
> Was können die Schiffbrüchigen mit diesen Gegenständen in ihrer Notsituation anfangen?
> Je zahlreicher, spontaner, ausgefallener, ungewöhnlicher, verschrobener, unorthodoxer, skurriler die Ideen sind – desto besser!
> Welche Gruppe hat die besten Ideen?

Geben Sie der Gruppe für das Brainstorming etwa 15 Minuten Zeit.

- AUSWERTUNGSGESPRÄCH

Nachdem die Ideen der Gruppen bekanntgegeben wurden, leiten Sie das Auswertungsgespräch ein unter folgender Fragestellung:
Konnte ich meinen Einfallsreichtum ungehemmt entfalten? – Was hat mich bestärkt, was hat mich gehindert?

---

* Nach *Ch. Clark,* 1967.

- Gruppenübung
  OBJEKTWEITERGABE*

Bitten Sie nun die Teilnehmer, sich folgendes vorzustellen:

> In der Mitte des Raumes liegt ein kugelförmiger, leichter Gegenstand. Dieser Gegenstand soll symbolisch für irgendeine Idee oder einen Einfall stehen (den wir aber nicht besonders benennen wollen).
> Diese Idee wollen wir jetzt – ohne dabei zu sprechen – an andere Gruppenmitglieder weiterrreichen. Die Idee kann an ein beliebiges anderes Gruppenmitglied auf beliebige Art und Weise weitergegeben werden. Sie kann dabei auch in beliebiger Form verändert werden.

Beginnen Sie nun, indem Sie die »Idee« aufheben, verformen, wenn Sie dies möchten, und geben Sie sie auf irgendeine Weise an ein Gruppenmitglied Ihrer Wahl weiter. Achten Sie unbedingt darauf, daß während der Übung nicht gesprochen wird.
Zeitdauer insgesamt zwischen fünf und zehn Minuten.

- AUSWERTUNGSGESPRÄCH

Berücksichtigen Sie dabei die folgenden Fragen:
Welche Gefühle hatte ich, als ich die Idee bekam? Wie war es, diese Idee zu verformen und dann weiterzugeben? Wie wurde die Idee verformt und weitergegeben? Wie fühlten sich die Teilnehmer, die an der Weitergabe nicht beteiligt waren?

* Entwickelt nach einer Übung in *Pfeiffer/Jones*, 1967.

Die Gruppe als Kreativitätsfaktor

Mangelnde Vorstellungskraft und eingefahrene Gewohnheiten blockieren oft unser Denken. Unsere Alltagserfahrungen werden schnell zu Verallgemeinerungen. Wir bilden Begriffe und Kategorien und teilen damit unsere Umwelt ein. Kategorien und Begriffe sind für eine Gruppe notwendig, wenn sie sich verständigen will. Kategorien und Begriffe sind sogar Voraussetzung für die kreative Leistung eines einzelnen, auf denen er aufbauen und Neues entwickeln kann. Auf der anderen Seite aber sorgt auch ein gewisser Konformitätsdruck der Gruppe dafür, daß aus dem schöpferischen Einzelgänger das angepaßte Gruppenmitglied wird, das die Dinge so sieht, wie man sie zu sehen hat.
Dazu ein interessantes Experiment von *E. Asch*:

> In diesem Experiment mußten Versuchspersonen eine bestimmte Linie aus mehreren aufgezeichneten verschiedener Länge herausfinden, die genauso lang wie eine vorher gezeigte Vergleichslinie war.
>
> Allein konnten diese Aufgabe alle Versuchspersonen leicht lösen. Wurde die Aufgabe aber in einer vorher entsprechend instruierten Gruppe gestellt, die einstimmig eine falsche Linie als die richtige bezeichnete, dann löste ein großer Teil der Versuchspersonen die Aufgabe ebenfalls falsch.

Je größer die Dependenz von Gruppenmitgliedern ist, desto weniger werden kreative Prozesse in der Gruppe in Gang gesetzt. Umgekehrt ist das Ausmaß der Kreativität einer Gruppe um so größer, je größer das Ausmaß des Vertrauens zwischen den Teilnehmern ist. Die Mitglieder einer Gruppe sind nur dann bereit, ausgetretene Gleise zu verlassen und neue Ideen frei zu entwickeln, wenn sie das Gefühl haben, von der Gruppe akzeptiert zu werden und in ihr Ideen frei entfalten zu können.

Jeder kennt die folgenden Ideenbremsen, mit denen so gern in einer Gruppe unorthodoxe Gedanken abgewürgt werden:

Das ist doch alles graue Theorie!
So sind wir noch nie an eine Sache herangegangen!
Das geht uns nichts an!
Wie sollen wir denn das erreichen?!
Sie übersehen die entscheidende Tatsache, daß ...!
Das hat sich nicht bewährt!

Vertrauen in einer Arbeitsgruppe äußert sich durch gegenseitige Akzeptierung der Mitglieder und einen ungehinderten Informationsfluß. Das Problem der Akzeptierung hat zu tun mit der Bildung von Vertrauen und Anerkennung für sich selbst und andere, mit der Verminderung der Furcht vor sich selbst und vor anderen und dem daraus folgenden Anwachsen des Selbstvertrauens.

Das Problem des Informationsflusses hat zu tun mit dem Austausch von Gefühls- und Wahrnehmungsdaten zwischen den Mitgliedern der Gruppe und mit den Interaktionsformen der Mitglieder.

Besonders in den frühen Stadien der Gruppenbildung erkennt man viele Symptome mangelnder Akzeptierung und des Mißtrauens:

Ständiges Verteidigen des eigenen Images vor den anderen – Versuche, die Einstellung und Überzeugung der anderen zu ändern – Versuche, Entscheidungen für andere zu treffen – Vermeidung von Gefühlen und Konflikten – Freigebigkeit mit Ratschlägen – Schmeichelei – Zynismus und Abwertung hinsichtlich der Fähigkeiten der anderen – Formalität im gegenseitigen Verhalten –

Fehlendes Vertrauen in den Sinn der Aktivitäten der Gruppe.

In Aktionsgruppen mit stark ausgeprägtem Mißtrauen besteht eine Tendenz zu formalen Kontrollmechanismen, strenger Vorausplanung der Tagesordnung, Wahrung sozialer Distanz oder Furcht vor Kontroversen.

Ein weiteres Problem neuer Arbeitsgruppen ist eine besondere Art von Informationslosigkeit, die ihren Ausdruck im allgemeinen Austausch belangloser Informationen findet. Auf jeden Fall werden dann Fassaden aufgerichtet, die den ungehinderten Austausch von Informationen verhindern. Die Mitglieder einer Gruppe können vielerlei Strategien zur Verdeckung von Gefühlen und Wahrnehmungen verfolgen: Sie verleugnen Gefühle z. B. der Furcht oder des Ärgers, sie sprechen mit gezwungener Höflichkeit, zeigen sich sehr besorgt, jemandes Gefühle zu verletzen, und lassen sich auf unverbindliches Gerede ein. Sogar die Wahrnehmung wird im defensiven Klima einer neuen Arbeitsgruppe reduziert, es entstehen unbegründete Phantasien und Vermutungen über das, was in der Gruppe vorgeht.

BRAINSTORMING-REGELN

Eine gute Technik, die obengenannten Schwierigkeiten schneller abzubauen als gewöhnlich, ist das sogenannte Brainstorming. Durch die Regeln des Brainstorming werden wir gezwungen, zunächst auf alle Urteile und kritischen Haltungen – Verhaltensweisen, die andere leicht blockieren können – zu verzichten. Wir schaffen damit Bedingungen, unter denen die Gruppenmitglieder gewissermaßen für ihre Ideen nicht verantwortlich gemacht werden können. Dadurch sind sie leichter in der Lage, anderen angstfrei ihre Gedanken mitzuteilen, ohne sich durch Kritik persönlich getroffen fühlen zu müssen. Mit der Technik des Brainstorming wird die Vertrauensproblematik der Gruppe zunächst also umgangen.

Die wichtigsten Grundregeln eines Brainstorming, die vom Gruppenleiter und von den Teilnehmern beachtet werden müssen, sind hier zusammengefaßt:

▶ *Kritik ist grundsätzlich verboten.*

Jede Idee ist erlaubt.

Jeder soll so viele Ideen entwickeln wie möglich.

Jeder darf Ideen aufgreifen und weiter entwickeln.

Jede Idee ist als Leistung des Teams, nicht als die eines einzelnen zu betrachten!

Planen und entscheiden

▶ LERNZIELE

Diese Sitzung konfrontiert die Teilnehmer mit Planungs- und Entscheidungsproblemen in Gruppen. Sie erfahren dabei die Problematik von Intergruppenbeziehungen.
Teilnehmermaterial: 1) Planspiele – 2) Planungsaufgaben – 3) Intergruppen-Beziehungen.

▶ ÜBUNGSANWEISUNGEN

Geben Sie zunächst einen Überblick über die Lernziele dieser Übungseinheit.

- Informationsphase
  PLANSPIELE

Teilen Sie nun Teilnehmermaterial 1 aus, und geben Sie genügend Zeit zum Durchlesen.

- Gruppenübung
  ABENTEUERSPIELPLATZ*

Erklären Sie die Planungsaufgabe anhand des Teilnehmermaterials 2, und lassen Sie dann drei entsprechende Gruppen bilden.
Danach geben Sie jeder Gruppe die entsprechende Planspielanweisung (A, B, C). Die Gruppen sollen dann getrennt mit dem ersten Teil ihrer Planungsaufgabe beginnen: Jede Gruppe soll zunächst eine Strategie erarbeiten, die dann anschließend im vorgesehenen Gespräch mit den anderen Gruppen verfolgt werden soll. Geben Sie für diese erste Phase 30 Minuten Zeit.
Lassen Sie anschließend in den drei Gruppen kurze Zeit darüber diskutieren, ob eine zufriedenstellende Zusammenarbeit erreicht worden ist und ob die getroffene Entscheidung für das folgende Gespräch von allen akzeptiert wird.
Im Anschluß an diese Kurzdiskussion sollen die Gruppen je

* Entwickelt von *R. E. Kirsten.*

zwei Vertreter für den Planungsausschuß wählen. Geben Sie dafür etwa 10 Minuten Zeit.
Dann beginnt der Planungsausschuß, der sich aus den gewählten Vertretern der drei Gruppen zusammensetzt, mit seiner Beratung. Die anderen setzen sich in einen Außenkreis und spielen die Rolle der öffentlichen Beobachter. Der Planungsausschuß hat für seine Beratungen etwa 20 Minuten Zeit, um zu einer Einigung zu kommen.

- Informationsphase
  INTERGRUPPEN-BEZIEHUNGEN

Teilen Sie jetzt Teilnehmermaterial 3 aus, und geben Sie Zeit zum Durcharbeiten.

- AUSWERTUNGSGESPRÄCH

Je nach Interessenlage des Plenums können Sie dann im Auswertungsgespräch folgende Schwerpunkte setzen:
Wie haben wir uns verhalten, als wir uns auf eine gemeinsame Strategie einigen mußten? – Wie haben wir uns verhalten, als es darum ging, in unserer Gruppe einen Vertreter zu wählen? – Wie haben sich die Vertreter im gemeinsamen Gespräch verhalten – welche Gefühle hatte ich dabei, als ich zuhörte?

Planspiele

▶ »Der sich entwickelnde Mensch, der Primitive und das Kind, versuchen, sich erfolgreich mit der Wirklichkeit auseinanderzusetzen, indem sie Modelle von den Dingen, die sie für wichtig halten, herstellen.«

Mit dieser Bemerkung leitet *C. Abt* sein Buch über Planspiele ein. Auch durchaus ernstzunehmende Männer der Geschichte haben sich mit »Sandkastenspielen« beschäftigt. Die Militärgeschichte bietet ein gutes Beispiel dafür. Das Spiel ist eben »ein weites Feld für eine risikolose aktive Erkundung ernster theoretischer und gesellschaftlicher Probleme« *(C. Abt)*. Es ist tatsächlich »gespielte Wirklichkeit«.

Und die Wirklichkeit sieht dabei so aus, daß die Bearbeitung sachlicher Probleme nicht allein von der Sachproblematik, sondern – besonders in großen Organisationen – von einem relativ starren Muster vorgeschriebener Verhaltensweisen und damit Rollendefinitionen bestimmt wird. Diese starren Muster erschweren es, daß die Verhandlungspartner in unkonventioneller und kreativer Weise Probleme lösen, die intensive Zusammenarbeit erfordern.

Hier ist die Simulation sozialer Wirklichkeit – das Planspiel – hervorragend in der Lage, nicht nur das Bewußtsein für solche Probleme zu wecken, sondern diese in konkreten Entscheidungssituationen – in der Nachbildung der Realität – unmittelbar erlebbar zu machen. Das Scheitern einer Aufgabe wird oft nicht durch falsche Entscheidungen verursacht, sondern durch falsche Entscheidungsverläufe. Im Alltag werden solche Prozesse oft nicht unmittelbar sichtbar. Der Zeitraffer des Planspiels ist aber hervorragend geeignet, diese Vorgänge deutlich zu machen:

- Die Zeitkompression im Planspiel bedeutet eine Erlebnis- und Erfahrungskompression und damit die Simulation eines Entscheidungs- und Ergebnistrends in einer Dichte, der die komplexen Elemente von Entscheidungsprozessen in einem Maße bewußtmacht, wie es im Streß des Alltags nie erreicht werden kann.
- Die simulierte Entscheidungssituation macht Zusammenhänge selbständig überschaubar und erfahrbar. Die Spiel-

aufgabe gibt dabei den Beteiligten keine Entlastungs- oder Ausfluchtmöglichkeiten aus den von ihnen herbeigeführten Folgen ihrer Entscheidungen.

- Eine rein verbale Darstellung sozialer Phänomene bei Entscheidungsprozessen kann diese für die Betroffenen nicht erlebbar machen. Ein Simulationsspiel dagegen bietet durch das eigene Erleben einen weit besseren Reflexionsansatz als nur theoretische Erörterungen.

- Verbunden damit vollzieht sich wie in einem Zeitraffer der Prozeß der Organisation einer Zusammenarbeit im Team. Das durch die Eigenaktivität bedingte starke Engagement der Teilnehmer zusammen mit dem kompetitiven Charakter des Planspiels führt dabei zu einer intensiven Kooperation und Entwicklung von Teamgeist mit dem Effekt der gegenseitigen Erziehung und der Selbstkorrektur durch den Gruppenprozeß und die Gruppenteilnehmer.

Formulierungen und Ausgestaltungen wirklichkeitsnaher Konfliktsituationen können ohne großen Arbeitsaufwand erstellt werden. Als Beispiele seien hier genannt:
Tarifverhandlungen mit Gewerkschaften – Bau eines Schwimmbades für eine Gemeinde – Konflikt zwischen Eltern und Lehrern einer Schule in einer Disziplinarfrage.
Ein Durchspielen eines Problems mit verteilten Rollen ist manchmal die einzige Möglichkeit, eine schwer abschätzbare Situation in den Griff zu bekommen. Als positiver Nebeneffekt dürfte dabei auch das gesteigerte Verständnis für die Situation der Interaktions- oder Verhandlungspartner zu werten sein – durch den Zwang, im Spiel dessen Rolle übernehmen zu müssen.

Wichtige Entscheidungen sind meistens nicht nur in ihren Auswirkungen schwer abzuschätzen, sondern vor allen Dingen kurzfristig nicht mehr zu korrigieren. Man kann oder sollte die Relevanz dieser Entscheidungen nicht erst an der Realität prüfen, weil es dann meistens zu spät für entscheidende Änderungen ist und sich Konflikte bereits festgefahren haben.

Planspiel Abenteuerspielplatz

Initiativgruppe – Planungsaufgabe A

Sie sind Mitglied einer Bürgerinitiative, die für die Kinder eines neugebauten Wohnungsbezirks einen Abenteuerspielplatz errichten möchte.
In dem neuen Wohnviertel leben 30 000 Menschen. Es gibt keine Spielstraßen und keine Spielplätze. Raum für Kinderläden ist von der Baugesellschaft »Gemeinbau« in den Wohnungen nicht vorgesehen. Ein Kindergarten ist vorhanden, es konnten jedoch nur 30 Prozent der Antragsteller berücksichtigt werden, weil nicht mehr Plätze und Arbeitskräfte vorhanden sind.

In der nächsten Woche wollen Sie sich gemeinsam mit Vertretern der Baugesellschaft und des Senats besprechen. Erarbeiten Sie für diese Besprechung heute eine Strategie. Sie wissen, daß im Planungsausschuß der Wohnungsbaugesellschaft ein Vertreter des Senats sitzt und daß der Leiter des Stadtbauamtes zum Vorstand der »Gemeinbau« gehört.
Ihnen ist bekannt, daß die Baugesellschaft anstelle eines Spielplatzes eine Parkanlage mit Spazierwegen und Ruhebänken vorgesehen hat. Die Kosten für den geplanten Abenteuerspielplatz würden sich auf 60 000 DM belaufen, für den Park jedoch nur auf 40 000 DM. Die jährlich anfallenden Kosten für Wartung und Pflege würden 10 000 DM anstatt 6000 DM für die Parkanlage betragen.
Die Baugesellschaft will diese zusätzlichen Kosten nicht tragen, hat aber in den bisherigen Verhandlungen zu erkennen gegeben, daß sie eventuell Wohnraum für die Errichtung von Kinderläden günstig zur Verfügung stellen will.

Bitte verteilen Sie in Ihrer Initiativgruppe die folgenden Rollen:

Stadtverordneter
Inhaber einer kleineren Baufirma
Arzt
Lehrer
Hausfrau
Facharbeiter.

Planspiel Abenteuerspielplatz

Planungsgruppe Gemeinbau – Planungsaufgabe B

Sie sind Angehöriger eines Planungsausschusses der Städtebaugesellschaft »Gemeinbau«. Ihre Gesellschaft hat vor kurzem einen Wohnbezirk für 30 000 Menschen errichtet.
In der nächsten Woche findet ein Gespräch mit einer Bürgerinitiativgruppe statt, die sich für die Errichtung eines Abenteuerspielplatzes in dem neuen Wohnbezirk einsetzt. In Ihrer Planung war dagegen eine Parkanlage mit Spazierwegen und Ruhebänken vorgesehen. Außer Ihnen werden noch Vertreter des Senats an diesem Gespräch teilnehmen.
Erarbeiten Sie bitte entsprechende Argumente für die Sitzung in der nächsten Woche, um Ihren Standpunkt zu vertreten.
Darstellung der Lage:
In dem Wohnbezirk gibt es keine Spielstraßen und Spielplätze. Raum für private Kinderläden ist nicht eingeplant, aber um Entgegenkommen zu zeigen, wollen Sie eventuell der Initiativgruppe Wohnraum für die Errichtung von privaten Kinderläden günstig anbieten. Ein städtischer Kindergarten ist zwar vorhanden, es konnten jedoch nur 30 Prozent der Antragsteller berücksichtigt werden, da zu wenig Plätze und Arbeitskräfte zur Verfügung stehen.
Sie lehnen den Abenteuerspielplatz hauptsächlich aus Kostengründen ab. Sie müßten für diesen Spielplatz 60 000 DM aufbringen, während die Parkanlage nur Kosten von 40 000 DM verursachen würde. Außerdem würden jährliche Aufwendungen für Erhaltung und Pflege von 10 000 DM anstatt 6000 DM für die Parkanlage entstehen. Außerdem fürchten Sie die Lärmbelästigung der Anwohner durch die Kinder auf einem Abenteuerspielplatz.
Der Leiter des städtischen Bauamtes ist im Vorstand Ihrer Gesellschaft. Sie hoffen dadurch, auch den Ausschuß des Senats bei dem kommenden Gespräch auf Ihrer Seite zu haben.
Bitte verteilen Sie in Ihrer Gesprächsgruppe die folgenden Rollen:
Pressesprecher, Vertreter der Baubehörde (ständiges Mitglied des Planungsausschusses), Soziologe (Spezialgebiet: Stadtplanung), Leiter der Finanzabteilung, Chefarchitekt.

Planspiel Abenteuerspielplatz

Senatsausschuß – Planungsaufgabe C

Sie sind Angehöriger eines Senatsausschusses. Sie vertreten die Interessen des Senats im Zuge der Errichtung eines neuen Wohnbezirks für etwa 30 000 Menschen, der vor kurzem fertiggestellt wurde.
In der nächsten Woche müssen Sie ein Gespräch mit den Vertretern einer Bürgerinitiativgruppe führen, die sich für die Errichtung eines Abenteuerspielplatzes in dem neuen Stadtteil einsetzen.
An diesem Gespräch werden auch Vertreter der Baugesellschaft »Gemeinbau« teilnehmen, die im Auftrag der Stadt den neuen Wohnbezirk errichtet hat. Sie wissen, daß die Gemeinbau statt eines Abenteuerspielplatzes eine Parkanlage mit Spazierwegen und Ruhebänken geplant hat. Bitte bereiten Sie Argumente für das kommende Gespräch vor, um Ihren Standpunkt zu vertreten.
Informationen zur Lage:
Im neuen Wohnbezirk gibt es keine Spielstraßen oder Spielplätze. Ihres Wissens ist auch kein Raum für die Errichtung von privaten Kinderläden vorgesehen. Es ist ein städtischer Kindergarten vorhanden, dieser konnte jedoch nur 30 Prozent der Aufnahmeanträge berücksichtigen, weil zuwenig Plätze und vor allem zuwenig Arbeitskräfte zur Verfügung stehen.
Der Senat hat für das kommende Haushaltsjahr schon alle im Haushaltsplan für eventuelle Zuschüsse vorgesehenen Gelder für ähnliche Projekte verplant. Außerdem erscheint Ihnen die Frage der Aufsicht im geplanten Abenteuerspielplatz ungeklärt. Ihrer Ansicht nach müßte eine ausgebildete, hauptamtliche Aufsichtskraft mindestens zur Verfügung stehen. Um der Initiativgruppe entgegenzukommen, wollen Sie jedoch den langfristigen Ausbau des städtischen Kindergartens anbieten.
Zusatzinformation:
Im Planungsausschuß der Gemeinbau sitzt ein Behördenvertreter, der für den Kontakt zum Senat bei der Durchführung von städtisch geförderten Bauprojekten zuständig ist.
Bitte verteilen Sie in Ihrer Gruppe die folgenden Rollen:

Bürgermeister
Leiter des städtischen Bauamtes (zugleich Vorstandsmitglied der Gemeinbau)
Vorsitzender des Finanzausschusses
Vertreter der Jugendbehörde
Verteter der Gesundheitsbehörde.

Intergruppen-Beziehungen*

Als Gruppe zu kommunizieren bedeutet für eine Gruppe, daß sie eine »Stimme« hat. Damit die Stimme zusammenhängend und nicht nur außerhalb, sondern auch innerhalb der Gruppe verständlich wird, muß ein Prozeß stattfinden, in dem sich die Gruppe darüber einig wird, was ihre Stimme sagen soll. Außerdem muß sie sich darüber einigen, nach welchem Mechanismus die Kommunikationen anderer Gruppen empfangen und innerhalb welchen Bezugssystems von Überzeugungen und Einstellungen diese Kommunikation gedeutet werden sollen.
Die Repräsentation von Gruppen umfaßt mindestens vier Arten von Beziehungen:

- *Zwischen einem Repräsentanten und der Gruppe, die er repräsentiert oder repräsentieren soll*

Die Gruppe muß sich darüber klarwerden, was in ihrem Namen gesagt wird oder gesagt worden ist. Der Repräsentant muß sich über die oft wirren Maßnahmen und Aussagen klarwerden, die er kommunizieren soll.

- *Zwischen dem Repräsentanten einer Gruppe und der Gruppe, die er im Namen seiner Gruppe aufsucht*

Er muß wissen, welche Rolle er übernimmt und welche Rolle die Gruppe, die er aufsucht, ihm zuweist. Die Gruppe muß seine Aussage und seine Rolle interpretieren und sich über die Diskrepanz zwischen beiden klarwerden.

- *Zwischen den Repräsentanten verschiedener Gruppen*

Diese Beziehung wird beeinflußt von dem Grad, in dem jeder Repräsentant als loyal gegen seine eigene Gruppe angesehen wird, durch die Glaubwürdigkeit des Standpunkts, den er vertritt, und durch die Entwicklung des Eigengruppengefühls unter den Repräsentanten – den Grad, in dem die Repräsentanten eine eigene Gruppe bilden, die mit den Gruppen, die sie repräsentieren, in Konflikt steht.

- *Zwischen den Repräsentierten, die zurückbleiben, wenn der Repräsentant fort ist, um sie zu repräsentieren*

* Nach *A. Rice*, 1971.

Die restlichen Mitglieder der Gruppe müssen sich mit Zweifeln und Befürchtungen darüber auseinandersetzen, wie sie repräsentiert werden und welche Auswirkungen sich daraus für sie selbst und für ihre Einstellung zu dem, was sie getan oder nicht getan haben, ergeben.

Grob gesehen, lassen sich drei Arten von Repräsentation unterscheiden. Es kommt dabei weniger darauf an, mit welchen Bezeichnungen die verschiedenen Typen markiert werden, sondern vielmehr darauf, die Unterschiede ihrer Funktionen klar verständlich zu machen:

- *Der Beobachter*

Ein Abgesandter, der herausfinden soll, was andernorts vor sich geht, der versucht, von anderen Gruppen Informationen zu erhalten, ohne jedoch befugt zu sein, im Namen seiner Gruppe zu sprechen oder zu handeln. Seine Aufgabe ist zu beobachten, nicht aber Informationen zu geben.

- *Der Delegierte*

Ein Repräsentant, den man entsendet, damit er für die Gruppe eine Botschaft übermittelt, einen festen Standpunkt zum Ausdruck bringt oder eine bestimmte, fest umschriebene Handlung ausführt. Er repräsentiert, hat jedoch keine Befugnis, die Botschaft, den Standpunkt oder die Handlung angesichts der Bedingungen außerhalb der Gruppe zu verändern. Stellt er fest, daß er auf seine Botschaft keine Antwort erhält, daß der Standpunkt für andere unannehmbar ist, daß er seinen Handlungsauftrag nicht ausführen kann, muß er sich – ehe er eine Abänderung vornimmt – erst wieder an seine Gruppe wenden.

- *Der Generalbevollmächtigte*

Er wird mit flexiblen Richtlinien entsandt. Er soll sein Bestmögliches im Sinne der ihm bekannten Standpunkte und Absichten der Gruppe tun. Es können ihm Grenzen gesetzt werden, über die er nicht hinausgehen darf. Innerhalb dieser Richtlinien jedoch kann er seine Gruppe auf einen Standpunkt oder einen Handlungsablauf festlegen.

Kontrolle und Einfluß

▶ LERNZIELE

Die Teilnehmer können überprüfen, in welchem Maße ihre eigenen Verhaltensweisen und Entscheidungen von Gruppennormen beeinflußt werden.
Teilnehmermaterial: Spielregeln einer Gruppe.

▶ ÜBUNGSANWEISUNGEN

Bitte informieren Sie die Gruppenmitglieder kurz über die Lernziele deser Übungseinheit.

- Informationsphase
  SPIELREGELN EINER GRUPPE

Teilen Sie das Teilnehmermaterial dieser Sitzung aus, und geben Sie genügend Zeit zum Durchlesen.

- Paarübung
  MACHT UND ABHÄNGIGKEIT*

Lassen Sie die Gruppe Paare bilden, und zwar möglichst von Partnern, die ungeklärte oder negative Beziehungen haben. Sagen Sie zur Übung nun etwa folgendes:

> Der größere von euch legt jetzt bitte die Hände auf die Schultern des Partners und versucht dann, ihn auf irgendeine Art zu Boden zu pressen. Ihr könnt jede euch geeignet erscheinende Methode anwenden, dürft dabei jedoch nur den Druck eurer Hände benutzen. Versucht, den anderen so auf den Boden zu drücken, daß er flach auf dem Rücken liegt.
> Euer Partner kann dabei Widerstand leisten oder tun, was er sonst für richtig hält. Wenn er auf dem Boden liegt, sollt ihr ihm anschließend helfen, wieder aufzustehen.
> Auch dabei kann er – je nachdem, wie ihm zumute ist – mitwirken, Widerstand leisten oder sich ganz einfach

* Nach *W. Schutz*, 1971.

passiv verhalten. Wiederholt dann bitte die Übung mit vertauschten Rollen.
Bitte achtet darauf, daß ihr genügend Spielraum für diese Übung habt und sich keine zerbrechlichen oder scharfen Gegenstände in eurer Nähe befinden. Nehmt auch Brillen, Uhren, Ohrringe oder andere Sachen ab, die vielleicht zerbrechen oder dem anderen wehtun können. Bitte fangt jetzt an.

Geben Sie für diese Übung etwa 10 Minuten Zeit für beide Runden.
Anschließend bitten Sie die Partner, etwa 10 Minuten darüber zu sprechen, welche Gefühle sie füreinander und über sich selbst während dieser Übung hatten. Thema sind die Gefühle und Reaktionen, die bei den vier Phasen der Übung entstanden: die Gefühle, die beim Unterdrücken, beim Unterdrücktwerden, beim Aufstehen-Helfen und beim Hilfe-Bekommen entstanden.

- AUSWERTUNGSGESPRÄCH

Lassen Sie anschließend die ganze Gruppe wieder im Kreis zusammenkommen, und sprechen Sie gemeinsam über die bei der Übung gemachten Erfahrungen.

- Gruppenübung
  ICH DARF – ICH DARF NICHT*

Erklären Sie zunächst einleitend, daß diese Übung den Zweck hat, Normen, die sich in der Gruppe im Verlauf des Gruppenprozesses gebildet haben, noch einmal zu überdenken und dabei festzustellen, inwieweit diese Normen den einzelnen in der Gruppe gefördert und behindert haben. Geben Sie etwa die folgende Übungsanweisung:

Ich bitte euch, daß ihr euch einmal überlegt, welche Normen ihr hier in der Gruppe gesehen habt, und dann, welche dieser Normen euch gefördert und welche euch behindert haben.
Anschließend möchte ich, daß jeder von euch schwei-

* Entwickelt von *K. W. Vopel.*

> gend diese Normen für diese Gruppe nach einem kleinen Ritual niederschreibt, welches ich euch jetzt gleich erklären werde.
> Ich habe zwei Packpapierbogen vorbereitet, die ich an die Wand hänge. Auf dem einen Bogen steht »In dieser Gruppe darf ich ...«, auf dem anderen steht: »In dieser Gruppe darf ich nicht ...«
> Jeder schreibt nun bitte auf jeden Bogen das entsprechende Satzende, d. h. auf den einen Bogen eine Norm, die er in dieser Gruppe positiv fand, auf den anderen Bogen eine Norm, die ihn an seiner freien Teilnahme eher behinderte, die er negativ fand.
> Es geht bei dieser Übung nicht darum herauszufinden, was für die ganze Gruppe verbindlich war, sondern einander mitzuteilen, welche Beschränkungen oder Befreiungen ihr ganz persönlich in dieser Gruppe empfunden habt. Bitte fangt jetzt an.

Bitten Sie anschließend die Gruppe, die festgehaltenen positiven und negativen Gruppennormen noch einmal durchzulesen. Jeder Teilnehmer soll sich dabei Gedanken machen, inwieweit er selbst zur Entstehung der einzelnen Normen in dieser Gruppe beigetragen hat. Dann soll jeder seinen Namen hinter die Normen setzen, die auch für ihn gelten.

- AUSWERTUNGSGESPRÄCH

In dem anschließenden Auswertungsgespräch hat dann jeder Gelegenheit, seine Reaktion mitzuteilen und Fragen zu stellen.

- Gruppenübung
  NORMEN BRECHEN

Im Anschluß an die vorige Übung sollten Sie jedem noch einmal die Erfahrungsmöglichkeit geben, ob die Normen für ihn wirklich so bindend sind. Sagen Sie dazu etwa folgendes:

> Bitte betrachtet jetzt noch einmal die beiden Bogen. Überlegt euch bitte jeder, welche Norm euch eigentlich am stärksten in dieser Gruppe behindert hat. Bitte überlegt euch, auf welche Weise ihr hier in dieser Gruppe

diese Norm durchbrechen wollt, die euch gehindert hat.
Wenn z. B. eure Norm heißt »Ich darf nicht aggressiv sein«, dann tut so, als ob die Norm jetzt heißt »Ich darf aggressiv sein«, sucht euch dann vielleicht einen Partner, mit dem ihr einen zweiminütigen Schimpfdialog machen wollt.
Wenn z. B. eure Norm heißt »Ich darf nicht schwach sein«, dann tut so, als ob die Norm jetzt heißt »Ich darf schwach sein«, sucht euch dann vielleicht einen Partner, der euch eine Weile auf den Schoß nimmt und euch wiegt wie ein kleines Kind.
Ich selbst werde jetzt beginnen.

Bitte achten Sie darauf, daß während dieser Übung nicht diskutiert wird. Bitten Sie anschließend die Teilnehmer, daß sie einander ihre Gefühle mitteilen, die sie hatten, als sie aktiv ihre Norm durchbrachen.

• AUSWERTUNGSGESPRÄCH

Beenden Sie die Sitzung mit einem kurzen Auswertungsgespräch. Sie werden vermutlich erfahren, daß das Durchbrechen einer Norm Erleichterung bringen kann und oft viel weniger schwer durchzuführen ist, als Sie es vorher gedacht haben.

Spielregeln einer Gruppe*

Im Verlauf eines Gruppenlebens muß eine Gruppe zur Regelung bestimmter Problembereiche eine Art »Verfahrensvorschriften« entwickeln, und zwar in den Bereichen

- *Mitgliedschaft und Aufnahme*

Die Gruppe muß herausfinden, welches die Bedingungen für Mitgliedschaft sind. Sie muß herausfinden, welche Art Führerschaft Anhänger und Unterstützung findet. Sie muß die Grenzen des für die Mitglieder akzeptablen Verhaltens entdecken. Sie muß beschließen, wie auf abweichendes oder unpopuläres Verhalten reagiert werden soll. Sie muß einen Verhaltensmodus gegenüber speziellen Mitgliedern, z. B. Moderatoren, finden. Sie muß ihre Normen und Standards entwickeln und festlegen. Sie muß entdecken, wer »drinnen« und wer »draußen« ist und warum.

- *Kontrollen*

Sie muß für das, was in ihr vorgeht, spezifische Verfahrensweisen entwickeln. Eine dieser spezifischen Verfahrensweisen ist die, nach der Entscheidungen getroffen werden. Sie muß Ziele entwickeln, die den Bedürfnissen ihrer individuellen Mitglieder entsprechen.

- *Persönlicher Kontakt*

Die Gruppe muß eine brauchbare Kommunikationsmethode finden, die es den Mitgliedern möglich macht, nicht nur zu verstehen, was die anderen sagen, sondern auch, was sie meinen. Die Gruppe muß eine entsprechende Methode des Feedback zwischen einzelnen Mitgliedern und Gruppe finden. Sie muß genügend Kohäsion entwickeln, um arbeitsfähig zu sein. Kohäsion ist die Summe der Anziehungskraft der Gruppe auf alle ihre Mitglieder. Die Gruppe muß entsprechende Nor-

* Nach *K. Antons,* 1973, und *R. Kirsten,* 1973.

men und Grenzen für die Handhabung persönlicher Gefühle entwickeln.
Die spezifische Regelung dieser Verfahrensweisen führt allmählich zu einer Art »Gruppenidentität«:
Überall kann man beobachten, daß neu gebildete Gruppen sehr schnell bestimmte Verhaltensweisen und »Riten« entwickeln, die sie von anderen Gruppen unterscheiden. Zum Zugehörigkeitsgefühl gehört eben auch das gleichzeitige Distanzieren von anderen, die dann als fremd oder sogar als »etwas seltsam« empfunden werden.

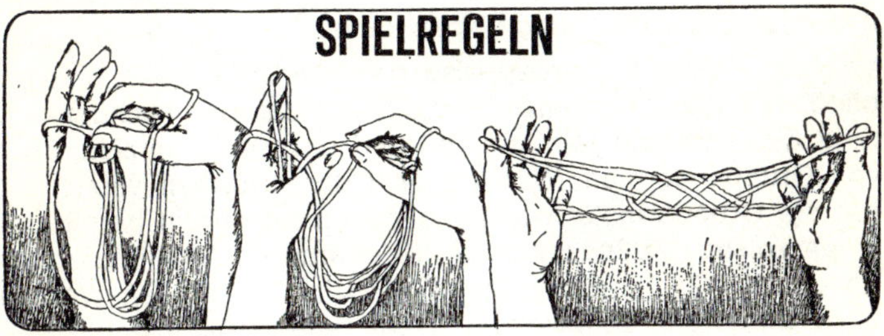

Wenn eine Schulklasse davon redet, wie lächerlich und wie dumm doch eigentlich die Kinder in der Nachbarklasse sind, dann richtet sich solche Überzeugung eigentlich gar nicht gegen die anderen, sondern demonstriert nur die Solidarität der Wir-Gruppe: Wir gehören zusammen.
Die Schulklasse entwickelt beispielsweise eine bestimmte Geheimsprache, mit der sie sich nur untereinander verständigen kann, der Ritterschlag demonstriert dem Knappen feierlich die Aufnahme in den Ritterstand, die Seeleute haben die etwas rauhere Sitte der Äquatortaufe, und dem Manager eines Industriekonzerns vermittelt der »echte« Teppich im Büro oder eine bestimmte Wagenklasse das beruhigende Gefühl, daß er unter Gleichgesinnten zu Hause ist.
Im Verlauf ihres Zusammenseins entwickeln Gruppen auch bestimmte Regeln darüber, was in dieser Gruppe erlaubt sein soll und was nicht. Diese Regeln werden zumeist unbewußt gehandhabt – eine Gruppe klammert z. B. sexuelle Themen aus, die andere einigt sich stillschweigend, nicht über Politik zu reden, in einer dritten Gruppe ist es vielleicht zur Regel

geworden, ein besonders schwach scheinendes Gruppenmitglied nicht anzugreifen.

Die Teilnehmer arbeiten – ob sie nun darauf hingewiesen werden oder durch unbewußte Mechanismen dazu gelangen – zusammen, um diese Dinge nicht ins Bewußtsein zu rücken und sie irgendwelchen Fragen gegenüber geheimzuhalten. Wenn man noch überlegt, daß auch der Gruppenleiter unbewußten Bedürfnissen und Wünschen unterworfen und mit der Gruppe emotional und durch gleiche kulturelle Normen und Ziele verbunden ist, so erkennt man leicht, wie hartnäckig sich eine Gruppe der Bewußtwerdung ihrer eigenen Regeln und ihres Zustandes widersetzen kann.

Von einer Gruppe werden also gewisse Spielregeln befolgt, ohne daß die Betroffenen jeweils klar darüber nachdenken. Sind diese Regeln relativ stabil und dauerhaft, sprechen wir von Gruppennormen. Wird gegen solche Normen verstoßen, hat die Gruppe meist wirksame Verhaltensweisen bereit, um einen solchen Außenseiter zu ächten oder ihn schnell wieder an seine Pflichten zu erinnern. Solche Sanktionen werden auch unbewußt angewendet, wenn ein Gruppenmitglied – vielleicht ebenso unbewußt – gegen die in der Gruppe geltenden Gesprächsnormen verstößt. Sie überhören den Sprecher einfach oder finden ein anderes Thema.

Die Entwicklung von Gruppennormen ist einmal von den individuellen, im Erziehungs- und Sozialisierungsprozeß erworbenen Normen abhängig – diese Abhängigkeiten konnten im Kommunikationskurs überprüft werden. Aber auch unabhängig davon entwickeln sich bei den einzelnen Teilnehmern Vorstellungen über das, was sie in einer bestimmten Situation tun oder nicht tun dürfen. Solche Vorstellungen beruhen aber meist auf subjektiven Vermutungen und verhindern oft, daß Probleme angesprochen und gelöst werden. Aus diesem Grund ist es wichtig, sich einmal klarzumachen, welche unbewußten Gruppennormen das eigene Verhalten im Sinne einer Einschränkung beeinflussen.

Dies können Sie in der folgenden Übung überprüfen. Damit aber nicht der Eindruck entsteht, daß Gruppennormen generell etwas Negatives sind, soll abschließend hier *A. Oldendorff* zitiert werden:

> »Wir können die Spielregeln der Konvention tatsächlich mit den Regeln des Straßenverkehrs vergleichen. Wenn es uns selbst überlassen wäre, ob wir rechts oder links fahren, würden wir ständig mit der Frage beschäftigt sein, was der andere wohl tun wird, was er von uns erwartet und wie er auf uns reagieren wird, während die Zahl der Zusammenstöße (!) ins Unermeßliche steigen würde.«

Wir sollten dabei aber nicht vergessen, daß man Verkehrsordnungen auch ändern kann und muß, wenn diese unzweckmäßig geworden sind.

Veränderung von Beziehungen

▶ LERNZIELE

In dieser Sitzung haben die Teilnehmer noch einmal Gelegenheit zu überprüfen, inwieweit ihre Erwartungen hinsichtlich dieses Kurses erfüllt wurden. Sie haben dabei die Chance, ihre Beziehungen und die Veränderung dieser Beziehungen zu den anderen Teilnehmern zu analysieren und auszudrücken.
Teilnehmermaterial: Faktoren der interpersonellen Wahrnehmung.

▶ ÜBUNGSANWEISUNGEN

Bitte informieren Sie die Teilnehmer kurz über die Lernziele dieser letzten Übungseinheit.

- Informationsphase
  FAKTOREN DER INTERPERSONELLEN WAHRNEHMUNG

Verteilen Sie das Teilnehmermaterial, und geben Sie Zeit zum Durcharbeiten.

- Gruppenübung
  MASKEN*

Beginnen Sie die Übung etwa mit den folgenden Worten:

> Sicher habt ihr im Verlauf dieses Kurses festgestellt, daß ihr selbst und auch die anderen heute – also jetzt in diesem Augenblick – sich anders verhalten, als dies während der ersten Sitzung der Fall war. Bitte überlegt einmal, wie sich das Verhalten der einzelnen in dieser Gruppe geändert hat. Für die folgende kleine Übung möchte ich euch bitten, euch einen Partner zu suchen, dem ihr mitteilen wollt, wie er sich nach eurer Meinung verändert hat.

Lassen Sie jetzt im Rundgang einen Partner wählen, bitten Sie jedoch die Teilnehmer, auf ihren Plätzen im Kreis zu bleiben. Beschreiben Sie dann das Ritual der Übung:

---

* Entwickelt von *R. E. Kirsten.*

Ich möchte jetzt, daß jeder die Verhaltensänderung des Partners, den er sich gewählt hat, etwa in der folgenden Form beschreibt:

Beginnen Sie jetzt mit dem Gruppenmitglied, das Sie selbst sich als Partner gewählt haben.

Beispiel: Peter, am Anfang dieses Kurses bist du für mich hinter einer Maske versteckt gewesen, und zwar schienst du mir zurückhaltend und trocken zu sein, deine Gesprächsbeiträge fand ich oft langweilig und nüchtern. Jetzt hast du für mich diese Maske fallengelassen, und ich habe dich warmherzig und manchmal humorvoll kennengelernt und als genauen Beobachter.

Bitten Sie das von Ihnen angesprochene Gruppenmitglied um eine kurze Reaktion. Dann fährt ein anderer Teilnehmer fort, seinen gewählten Partner zu beschreiben. Im Anschluß an diese Übung können Sie mit der Gruppe kurz über die beobachteten Veränderungen sprechen. Sie sollten jetzt auch anregen, noch einmal über den Gruppenprozeß während des ganzen Kurses zu sprechen.

- Schlußauswertung
  BACK-HOME

Bitten Sie jetzt die Teilnehmer, die Lust haben, abschließend noch ein kleines Rollenspiel in einer Dreiergruppe zu spielen: Ein Gruppenmitglied spielt einen Teilnehmer, der gerade vom Kooperationskurs nach Hause kommt und jetzt seinen Freunden erzählen will, was er erlebt und gelernt hat. Ein zweiter Teilnehmer spielt einen interessierten Bekannten, der ursprünglich ebenfalls teilnehmen wollte, aber wegen anderer Verpflichtungen absagen mußte. Das dritte Gruppenmitglied spielt einen Skeptiker, der ganz allgemein gruppendynamischen Veranstaltungen mißtrauisch gegenübersteht.

Sie können dieses Rollenspiel mehrmals spielen und dann anschließend über die einzelnen Aussagen sprechen. Sie können auch über die typischen Schwierigkeiten sprechen, die Sie voraussichtlich haben werden, wenn Sie das Gelernte auf die Situation zu Hause übertragen wollen. Und Sie können schließlich gemeinsam Lösungsmöglichkeiten erarbeiten, um diesen zu erwartenden Schwierigkeiten zu begegnen.

Faktoren der interpersonellen Wahrnehmung*

- *Verhaltensinterpretationen von Persönlichkeitszügen*

Eine der Hauptarten, das Verhalten eines anderen zu interpretieren, besteht darin, ihm eine bestimmte Persönlichkeit zuzuschreiben. Die Wahrnehmung von Ellen durch Fritz führt nicht nur dazu, daß Fritz sich Ellen gegenüber in einer bestimmten Weise verhält, sondern auch dazu, daß er eine Vorstellung von Ellens Persönlichkeit (oder einen Teil davon) formt. Von einem bestimmten Verhalten allein können wir aber noch keine Rückschlüsse auf die Persönlichkeit ziehen. Jemand, den man lachen sieht, wird nicht notwendigerweise dauernd glücklich sein.
Wir müssen noch etwas berücksichtigen, wenn wir von unseren Wahrnehmungen auf die Persönlichkeit des anderen schließen wollen, nämlich die Anwesenheit des Wahrnehmenden selbst! Dem Professor in einer Prüfung würde es zum Beispiel schwerfallen, sich seinen höflichen und aufmerksamen Examenskandidaten als Teilnehmer an einer militanten Demonstration vorzustellen. Verhalten hängt eben nicht nur von z. B. eigenen Motiven oder der Interaktionsweise des Partners ab, sondern auch von der eigenen Vorstellung darüber, wie man sich in einer bestimmten Situation verhalten soll oder darf. Man hat festgestellt, daß verschiedene Beurteiler von Bewerbungen beispielsweise oft einen ganz unterschiedlichen Eindruck von dem Kandidaten haben. Der Grund liegt z. T. darin, daß sich der Kandidat den verschiedenen Beurteilern gegenüber tatsächlich unterschiedlich verhalten hat.

- *Verhaltensinterpretationen von Emotionen*

Besonders die Wahrnehmung von Emotionen stößt auf bestimmte grundlegende Schwierigkeiten. Eine ist die, daß eine Emotion auf sehr verschiedene Weise ausgedrückt werden kann. Sogar ein und dieselbe Person kann zu verschiedenen Gelegenheiten verschiedene Ausdrucksmöglichkeiten verwen-

* Nach *M. Argyle*, 1972.

den. Auch zwischen Individuen bestehen Unterschiede, erst recht zwischen Kulturen und sozialen Klassen.

Emotionen können nicht richtig beurteilt werden, wenn nicht der Zusammenhang des sichtbaren Ausdrucks bekannt ist. Wir sollten also vorsichtig sein, ein bestimmtes nonverbales oder verbales Verhalten spontan zu interpretieren – besonders, wenn uns die betreffende Person fremd ist. Wäre z. B. jemand normalerweise meistens fröhlich, bei einer bestimmten Gelegenheit aber sehr ruhig, dann würden diejenigen, die ihn länger kennen, die Schweigsamkeit anders interpretieren als jemand, der ihn heute erst kennengelernt hat.

- *Auswirkungen von Vorinformationen*

Zum Schluß möchten wir noch erwähnen, daß die Vorinformationen, die wir von einem anderen Menschen haben, seien sie richtig oder nicht, unsere Wahrnehmung beeinflussen. Dies zeigt z. B. die folgende Untersuchung: Beurteilern wurden kurze Skizzen (Persönlichkeitsbeschreibungen) gegeben, bevor sie mit den zu Beurteilenden zusammengebracht wurden – in einigen dieser Beschreibungen kam das Wort »warm«, in anderen das Wort »kalt« vor. Die Beobachter, die die »warm«-Beschreibungen erhielten, nahmen bei den Beobachteten auch andere günstige Züge wahr. Vorinformationen über einen anderen Menschen bringen uns dazu, unbewußt nach bestimmten Schlüsselreizen zu suchen, die unsere Vorinformation bestätigen sollen – wir erwarten und suchen sie, so daß wir sie dann auch tatsächlich wahrnehmen.

Auch auf unser eigenes Verhalten wird sich eine solche Vorinformation höchstwahrscheinlich auswirken – die »warm«-Informationen werden bei uns wahrscheinlich ein freundliches Verhalten induzieren, wodurch dann umgekehrt bei der Zielperson ein freundliches Verhalten hervorgerufen wird. Diesen Prozeß bezeichnet man auch als »self-fulfilling prophecy«: Wir erwarten von einem anderen Menschen etwas ganz Bestimmtes, verhalten uns auch nach dieser Erwartung, und der andere reagiert entsprechend (auf diese Weise kommen z. B. viele Lehrer zu dem Ergebnis, daß ihre Schüler dumm und faul sind).

Literaturhinweise

Abt, Clark C., Ernste Spiele. Lernen durch gespielte Wirklichkeit. Köln 1971.

Antons, K., Praxis der Gruppendynamik. Übungen und Techniken. Göttingen 1973.

Argyle, M., Soziale Interaktion Köln 1972.

Assagioli, R., Psychosynthesis: A Manual of Principles and Techniques. New York 1965.

Bach, G., Bernhard, Y., Aggression Lab. Das Trainingsmanual für faires Streiten um Veränderung. München 1972.

Bales, R. F., Interaction Process Analysis. Cambridge, Mass. 1950.

Bennis, W., Entwicklungsmuster der T-Gruppe. In: *Bradford/Gibb/Benne*, Gruppen-Training. Stuttgart 1972.

Berlin, J., Wyckoff, L., General Relationship Improvement Program. Atlanta 1964.

Berlin, J., Management Improvement Program. Atlanta 1965.

Berlin, J., Program Learning for Personal and Interpersonal Improvement. 1964.

Berzon, B., Solomon, L. N., Research Frontier: The Self-directed therapeutic group. Three studies. In: Journal of Counseling Psychology, 1966.

Berzon, B., Solomon, L. N., Reisel, J., Self-directed Small Group Programs. La Jolla 1968.

Berzon, B., Reisel, J., Davis, D., Peer, An Audio Tape Program for Self-directed Small Groups. In: Journal of Humanistic Psychology. Spring 1969.

Borton, T., Reach, Touch and Teach. New York 1970.

Brocher, T., Gruppendynamik und Erwachsenenbildung. Braunschweig 1967.

Clark, Ch., Brainstorming. Methoden zur Zusammenarbeit und Ideenfindung. München 1967.

Cohn, R. C., The Theme-centered Interactional Method: Group Therapists as Group Educators. In: The Journal of Group Psychoanalysis and Process. Vol. 2, 1969.

Cohn, R. C., Das Thema als Mittelpunkt interaktioneller Gruppen. In: Gruppenpsychotherapie und Gruppendynamik. Göttingen 1970, Bd. 3, Heft 2.

Coser, L. A., Theorie sozialer Konflikte. Neuwied–Berlin 1972.

Fast, J., Körpersprache. Reinbek 1971.

Flanders, N. A., Analyzing Teaching Behavior. Menlo Park 1970.

Glasser, W., Schools Without Failure. New York 1969.

Gibb, J. R., Climate for Trust Formation. In: *Bradford, L. P.,* T-Group Theory and Laboratory Method. New York 1964.
Gibb, J. R., Gibb, L. M., Emergence Therapy: The TORI Process in an Emergent Group. In: *Gazda, G. M.,* Innovations to Group Psychotherapy. Springfield 1968.
Gibb, J. R., Das Vertrauensklima. In: *Bradford/Gibb/Benne,* Gruppentraining. Stuttgart 1972.
Gibb, J. R., The Effects of Human Relations Training. In: *A. E. Bergin* and *S. L. Sarfield* (Eds.), Handbook of Psychotherapy and Behavior Change: An Empirical Analysis. New York 1971.
Huxley, L. A., You are not the Target. New York 1963.
Johnson, D. L. et al., Follow-up Evaluation of Human Relations Training for Psychiatric Patients. In: *E. H. Schein* and *W. G. Bennis* (Eds.), Personal and Organizational Change through Group Methods. New York 1965.
Jones, E. E., Gerard, H. B., Foundations of Social Psychology. New York 1967.
Jung, Ch. et al., Interpersonal Communications. Portland 1971.
Kirsten, R. E., Müller-Schwarz, J., Gruppen-Training. Ein gruppendynamisches Übungsbuch. Stuttgart 1973.
Kröger, M., Themenzentrierte Seelsorge. Stuttgart 1973.
Malamud, D. I., Machover, S., Toward Self-Understanding: Group Techniques in Self-Confrontation. Springfield 1963.
Malamud, D. I., The Second-Chance Family. A Medium for Self-directed Growth. In: *L. Blank,* Confrontation. New York 1971.
Mills, Th., Soziologie der Gruppe. München 1971.
NTL Institute for Applied Behavioral Science (Eds.), Laboratories in Human Relations Training. Washington D.C. 1971.
Oldendorff, A., Grundzüge der Sozialpsychologie. Köln 1965.
Perls, F. et al., Gestalt Therapy. New York 1951.
Pfeiffer, J. W., Jones, J. E., A Handbook of Structured Experiences for Human Relations Training. Vol. 1, 2, 3. Iowa 1969, 1970, 1971.
Rice, A. K., Führung und Gruppe. Stuttgart 1971.
Rogers, C. R., Freedom to Learn. Columbus, Ohio 1969.
Sader, M. et al., Kleine Fibel zum Hochschulunterricht. München 1970.
Schutz, W. C., Joy. New York 1967.
Shifman, M., Self Therapy: Techniques for Personal Growth. Menlo Park 1967.
Shostrom, E. L., Manual for Self-Actualization Workshop. Santa Anna 1967.
Solomon, L. N., Berzon, B., Weedman, C. W., The Programmed Group. International Journal of Group Psychotherapy, 1969.
Sperling, E., Zum Problem der psychosozialen Erfahrungserweiterung von Hochschullehrern durch Gruppen. In: Gruppenpsychotherapie und Gruppendynamik, 1970, 2.

Stiftung Volkswagenwerk, Tutorenprogramm. Loseblattsammlung. Hannover 1970.

Vopel, K. W., Zur Theorie der themenzentrierten interaktuellen Methode. In: *Genser, Vopel* et al., Lernen in Gruppe. Theorie und Praxis der themenzentrierten interaktionellen Methode. Blickpunkt Hochschuldidaktik 25, Hamburg 1972.

Vopel, K. W. (Hrsg.), Gruppendynamische Experimente im Hochschulbereich. Blickpunkt Hochschuldidaktik 24, Hamburg 1972.

Vopel, K. W., Konfrontation als Kontakt. In: *O. Betz* (Hrsg.), Die Gruppe als Weg. München 1973.